ひといちばい敏感な子

子どもたちは、パレットに並んだ絵の具のように、
さまざまな個性を持っている

エレイン・N・アーロン 著

明橋大二 訳

スクールカウンセラー
精神科医

1万年堂出版

世界中の、ひといちばい敏感な子どもたちへ。

そして、彼らをこの世に送り出そうとしている、

全ての親へ。　　　　　——エレイン・N・アーロン

THE HIGHLY SENSITIVE CHILD

by

Elaine N. Aron

Copyright © 2002 by Elaine N. Aron

Translated by

Daiji Akehashi

First published 2015 in Japan by

Ichimannendo Publishing Co. Ltd.

Japanese translation published by

arrangement with

Elaine N. Aron c/o Betsy Amster Literary Enterprises

through

The English Agency (Japan) Ltd.

──訳者まえがき──

「敏感さ」という特性に
関心を持つようになったきっかけ

明橋　大二

　30年近く、心療内科医、スクールカウンセラーとして、私はさまざまな子どもたちに関わってきました。その中でいつも考えてきたのは、この子はどうしてこういう症状を出すようになったのかということです。

　過大なストレスがあったからだ、という人があります。親の育て方が原因だ、という人もあります。最近では、脳が原因だ、という人も増えてきました。

　ところが、私がさまざまな子どもたちを診ていくうちに、気づいたことがありました。同じ環境でも、それをあまり意に介さず流せる子と、敏感に反応する子がいるということ。親や他人の気持ちを敏感に察知して、相手に合わせた行動を執る子と、マイペースな子がいるということ。

　敏感な子は、大人にとっては、ある意味、いい子だけれど、本人としては、けっこうしんどい生き方をしています。そのしんどさが積もり積もった時、身体や行動上の、さまざまなSOSとして出してくることもあるのではないか。

　それは、学校現場でも同じでした。必ずしもひどいいじめに遭ったわけではない、家で虐待を受けているわけでもない、しかしどうしても教室に入れなくなる子どもがあります。そんな子どもの話をよくよく聞くと、「先生が他の子を怒る声が怖い」「騒がしい教室が苦手」と言います。そんなささいなことでと思いますが、その子にとっては本当に恐怖で苦痛なことのようなのです。

そういう目で見ると、拒食症を病む人や、若い人のうつの中にも、たくさんそういう人がありました。それらの人に、私から「この世には、人一倍敏感な人というのがいるんだよ」と紹介すると、驚いて、「自分は全くそのとおりだ」と言うのです。

　次第に私は、相談に来る人に、この「敏感さ」という特性を伝えるようになりました。

　また、そうすると、病気でない子の中にも、「この子は、人一倍敏感だな」と感ずる子に出会うようになりました。敏感さの長所にも気づくようになりました。

　むしろ、敏感な子は、人の痛みや苦痛に気づきやすく、人を心地よくすることにたけています。環境の微妙な変化に気づき、さまざまな危険を回避することができます。この社会は、そういう敏感な人のおかげで、多くの恩恵を受けていることにも気づいてきました。

　そんな時に、エレイン・N・アーロン氏の「HSP（Highly Sensitive Person）」（人一倍敏感な人）という言葉を知り、まさに自分が診察の中で感じていたことそのものだ、と、強く共感を覚えたのです。

　そんなおり、ある、教室に入りづらくなった男の子のことについて、親御さんと話をしていた時のことです。その子は、まさに人一倍敏感な子どもでした。

　ところが親御さんは言われたのです。

「相談の先生から、この子、発達障がいじゃないかと言われたんです」

　私は、愕然としました。確かに、感覚の過敏さというところでは共通することもありますが、発達障がいと、この子の特性は、全く違います。ですから、適切な対応というのも、それぞれ異なります。それを誤解されたまま、誤った対応を続けられたら、決してこの子の回復はありえない。

発達障がいについては、ここ10年で随分、学校の理解も進み、保護者や地域の理解も進んできました。それは発達障がいの子どもにとっては、とても幸せなことだったと思います。それと同じことが、人一倍敏感な子にもいえます。しかし敏感な子の特徴については、少なくとも日本では全くといっていいほど、知られていません。

　そう感じていた頃、先ほどのエレイン・N・アーロン氏が、『ザ・ハイリー・センシティブ・チャイルド（The Highly Sensitive Child）』という、まさに子どもに特化した本を出版していると知りました。しかもまだ日本では邦訳されていないということも。

　ぜひこれは翻訳して、多くの人に、この「敏感さ」という特性を知ってもらいたいと思いました。

　こういう子がこの世に存在すること（そしてその頻度は決して少なくない。アーロン氏は、15～20パーセントと言っています）、その適切な対応について、特に親や、学校の先生にぜひ知ってもらいたい、それが、この本の翻訳を思い立ったきっかけです。

　敏感な子どもも含めて、全ての子どもたちが、その特性に配慮され、適切な関わりを受ける世の中になることを心から願わずにおれません。

ひといちばい敏感な子　もくじ
The Highly Sensitive Child

訳者まえがき　　　　　　　　　　　　　　　　　　　　　　　　　*3*

はじめに　　　　　　　　　　　　　　　　　　　　　　　　　　*23*

パート1 ＊ HSC を理解するための基礎編

その子の「敏感さ」を知ることは、
子育てでとても大切なことです

第1章
人一倍敏感で、育てにくい子
それはもしかすると、HSC かもしれません

◆「他の子と違う」と言われたことはありませんか　　　　　　*32*

◆5人に1人が、「生まれつき敏感な子」　　　　　　　　　　　*34*

◆「人一倍敏感」ってどういうこと？　　　　　　　　　　　　*37*
- HSC の脳の仕組みは、オレンジの選別工場に例えると……
- 敏感さは、程度の問題ではなく、一つの個性です
- ちょっとした変化や、相手の気持ちによく気がつく
- かんしゃくを起こす子と、ひたすら言うとおりにする子がいます
- 敏感でも、臆病になるかならないかは育ち方しだい

もくじ　7

◆お子さんは、HSC でしょうか *44*
　• 大胆派と慎重派がいて、人類は生き延びてきた

◆敏感なタイプは、昔から、医者や弁護士、芸術家、
　科学者などに多い *46*
　• 呼び名にとらわれず、色とりどりの個性に目を向けて

◆ HSC にさまざまなタイプがある理由①
　～心も体も、何に敏感かは、一人ひとり違います *49*
　• ベビーサークルから離れなかった男の子、エミリオの例

◆ HSC にさまざまなタイプがある理由②
　～「用心システム」と「冒険システム」のバランスが関係しています *52*

◆ HSC にさまざまなタイプがある理由③
　～敏感さを、別の観点で見てみると…… *54*
　• トマスとチェスの「9 つの気質」

◆子どもに貼られたレッテルを、はがしてみましょう *58*

◆よくある誤解 —— HSC かどうか、最終的な結論を出す前に *63*
　• 多くの HSC が、ADHD と誤診されています
　• HSC は、自閉症やアスペルガーとも違います
　• 悩んだ時は、さまざまな専門家からのアプローチを

◆ HSC を育てることは、最高に幸せな挑戦です *69*

◆学んだことを実践してみましょう *70*
　• 敏感さのタイプ　チェックリスト

第2章

親のちょっとした理解とスキルによって、
子どもの成長は大きく変わります

◆柔軟な子育てで、自信に満ちた大人へ
　～ハーバード大学を首席で卒業したマリアの例　　　　　　　　*76*

◆ HSC に特に必要なのは、「助けてくれる人がいる」
　という安心感　　　　　　　　　　　　　　　　　　　　　　*79*

◆その子のありのままを受け入れることが大切です　　　　　　*81*
　• 個性に合わせた子育てを　～ビーグル犬とコリー犬の例
　• 「困った子」「育て方が悪かった」と落ち込むことはありません

◆育てにくい子は、長い目で見れば、心配のない子です　　　　*85*
　• 頑張ってもうまくいかない時、悪循環から抜け出すには？
　• 転機は「息子に合わせて変えていけばいい」と思えたこと

◆ HSC の6つの特徴を知っておくと安心です　　　　　　　　*88*
　① 細かいことに気づく
　② 刺激を受けやすい
　③ 強い感情に揺さぶられる
　④ 他人の気持ちにとても敏感
　⑤ 石橋をたたき過ぎる
　⑥ よくも悪くも、注目されやすい

◆「他とは違う子」に向き合う親だけが、
　知ることのできる喜び　　　　　　　　　　　　　　　　　　*109*

もくじ　9

第3章

親が HSP でない場合
違いを認め合えば、実はとてもうまくやっていけます

◆大切なのは、それぞれの関係を見つめ直すこと
〜家族みんなで、HSP のチェックテストをしてみましょう　112

◆敏感さと、強い好奇心を併せ持ったタイプの注意点　113

◆自分の子にはない宝を探すよりも、すでに持っている
宝を大切に　115
・理解ある先生のおかげで、ランドールは幼稚園が大好きな子に

◆親が HSP でない場合のメリット　120

◆こんな時は、どうしたら？
〜子どもに合わせた子育てのヒント　121

◆鋭い指摘をしてきても、大人の態度で受け止めて　133

◆社会の荒波を乗り切っていくために　135

◆ HSP チェックリスト　138

第4章

親子で同じ敏感タイプだった場合
親が肩の力を抜けば、子どもも楽になります

◆家族に協力してもらいましょう
　〜子育てには、余裕が必要です　　　　　　　　　　　　　　*140*

◆母親のケアを優先するのは、自分勝手なことではありません　*143*

◆敏感さを生かした子育てのメリット　　　　　　　　　　　　*144*

◆「子どもに何が必要かは、私がいちばんよく分かります」
　〜ストレスの少ない家庭作りの秘訣　　　　　　　　　　　　*146*

◆親も敏感タイプの時、気をつけたほうがいいこと　　　　　　*148*
　• 自己肯定感を持ちづらかった私と、息子との根本的な違い

◆「この子はこの子」──長所を伸ばす10のアドバイス　　　　*151*

◆母親が働くのに、罪の意識を持たなくていい
　〜親の仕事を誇りに思う子に　　　　　　　　　　　　　　　*155*

◆両親が、それぞれのよさを発揮した子育てを　　　　　　　　*156*
　• 夫婦げんかのタネにしてはいけません

◆きょうだいは、褒め方・叱り方に気をつけて　　　　　　　　*158*
　• 何があっても、「悪い子」のレッテルを貼らない
　　〜弟をいじめるようになったジャックの例
　• 子どもはけんかで人間関係の練習をしています

もくじ　11

◆家族全員の性格を語り合ってみる　　　　　　　　　　　*163*
　• 相手に伝える時は、感じたままを、ポジティブな言葉で

◆「敏感さ」を話し始めると、面白い変化が起こります　　*165*

第5章

輝ける子に育つために
幸せの扉を開く、4つのカギ

◆キーポイント① 自己肯定感を育む
　〜心の土台がないと、悪い影響をまともに受けてしまいます　　*168*
　• 自信といっても、存在への自信と、能力への自信があります
　• 自己肯定感を高めるために、親ができること

◆キーポイント② 自己否定感を取り除く
　〜「自分はだめだ」という思いに、押しつぶされないために　　*178*
　• 和を重んじる日本などでは、見方が違う
　• 自己否定感を持たせないために、気をつけること

◆キーポイント③ いけない理由が分かるしつけを
　〜「捕まるのが嫌だから」ではなく、「悪いことだから」しない子に　　*184*
　• 罰はいらない、話して聞かせるだけでじゅうぶんです
　• 叱るようなことが起こる前に、ルールを一緒に作っておく
　• 息子が大目玉をくらった、おふろ事件の教訓から
　• ルールを破ってしまうのは、子どもの心のメッセージ

- 叱り方の基本　5つのステップ
- 叱り方番外編
- ペナルティーが必要な時の、設定のしかた
- うそをついたり、人の物を盗んだりした時
- 手に負えない時も、気持ちには共感、ルールは曲げず
- 親がカッとなった時の注意点

◆キーポイント④ 敏感な個性をポジティブに伝える　　*203*
- 敏感さについて、子どもにどう伝えるか
- 周りの人に打ち明ける時、気をつけたいこと
- 伝える言葉、疑問への答えを用意しておきましょう

◆他人と自分との間に、しっかり境界線を引けば、
　イキイキと生きていくことができます　　*211*

◆学んだことを実践してみましょう　　*213*

パート2＊年齢別悩み解決編

人一倍敏感な子のための、子育てアドバイス
赤ちゃんから思春期まで

第6章

乳児期
HSCには、赤ちゃんの時からすでに
いくつかの特徴があります

◆よりよいスタートを切るために、知っておきたいこと
　～よく泣くのは、刺激が原因かもしれません　　　　　　　*216*

◆その子その子に合わせた柔軟な子育てを　　　　　　　　*218*

◆敏感な赤ちゃんのためのアドバイス　　　　　　　　　　*220*

　• 泣きやまない時は、どうしたら？
　• 赤ちゃんが「泣き過ぎる」と感じた時

◆新生児の頃から、HSCは親の気持ちを感じやすい　　　　*225*

　• おなかの中で、赤ちゃんは学習を始めています

◆生後2〜6カ月は、刺激をコントロールすることが大切　　*227*

　• 文化が違えば、子育ても違う〜オランダ流に学ぶ
　• 「いないいないばあ」が、過剰な刺激源になることも
　• 「眠らない」「すぐに目を覚ます」子のほとんどがHSC
　• かまうと泣く子は、父親が抱っこするのも得策です

14

◆生後6カ月〜1歳の子育てのキーワードは、愛着、同調、
自己コントロール　　　　　　　　　　　　　　　　　　　　234

◆1．愛着（アタッチメント）──心から頼りにできるという安心感　　235
　・あなたの愛着スタイルは、何型？
　・柔軟で温かく、行き届いた養育者が必要です

◆2．同調（アチューンメント）──理解し共感し合う　　　　　　　239
　・「ママは分かってくれている」そう思える瞬間が大切
　・同調してもらえないことも、一つの学びです
　・子どもがひとりになりたがっている時

◆3．自己コントロール（セルフコントロール）──適切な行動を選ぶ力　242
　・親のサポートが、大きく影響します

◆手がかかる子も、やがて大人になり、よき友達になる時が
来ます　　　　　　　　　　　　　　　　　　　　　　　　244

第7章

幼児期（家庭生活）
育児の悩みを乗り切り、無理なく生活習慣を身につけるには

◆初めての食べ物、習慣の変化、下の子が生まれた……
　〜日常のさまざまなことが、トラブルのもとに　　　　　　　246

◆1．変化への対応──敏感な子の気持ちになって　　　　　　247
　・親が刺激から守る必要があります
　・親が知っておきたい、9つの心得
　・変化を負担に感じさせない、6つの工夫

もくじ　15

◆2．刺激を減らす方法　──省エネモードで　　　　254

◆3．強い感情への対処　──気持ちを言葉にする　　　255
- 目の前にいるのはギャングではなく、まだ幼い子ども
- かんしゃくを静める、5つの魔法
- ぐずりが長引く時の、7つの処方箋
- 攻撃してくるのは、追い詰められている証拠
- 子どもの「怒り」とうまくつきあう方法

◆1〜2歳児の時に、よくある悩み　　　　264
　卒乳、食事／初めて親と離れる時／トイレトレーニング／
　性器に触る／イヤイヤ期

◆日常生活で起こりがちな問題で、知っておきたいこと　　　269
　悪夢を見る／怖い映画やテレビ番組を見た時／
　好き嫌い、食事のマナー／外食をする時／
　服選び、タンスの整理／寝つかせる時、起こす時／
　外出する時の約束事／ドライブでは／子ども部屋について

◆毎日ではないけれど、時々起こること　　　276
- かかりつけ医の選び方
- 「赤ちゃんはどこから来るの？」と聞いてきたら
- 誕生パーティーや遊びの約束

◆今を思い切り楽しんで
　〜「最後のだっこ」までの時間は、あと少しです　　　280

第8章

幼児期（外の世界へ）
最初のハードルをうまくサポートすれば、
次からは自分で乗り越えていけます

◆新しいことにチャレンジする自信を与えましょう　　　*282*
- HSC が、内気だとは限りません

◆不安は、克服するより予防するほうがずっと簡単　　　*284*

◆親は背中を押したり、守ったりするバランスを大切に　　　*286*
- いい子過ぎる子どもには、感情を話せるようにしむけましょう

◆初めての人や場に溶け込むための、3つのステップ　　　*289*
- ステップ1　入念な準備と予習が、必ず役立ちます
- ステップ2　体験している最中は、程良く見守ることです
- ステップ3　成功はもちろん、進歩や挑戦したことを喜びましょう

◆人見知りがひどくても、心の中では冒険心が動いています　　　*296*
- 本当に独りぼっちになってしまわないために
- むしろ早いうちから、子どもたちの輪に入れていく

◆外の世界へのサポートには、保育園や幼稚園が効果的　　　*301*
- 友達作りが楽しいと思えるように
- HSC を理解してくれる保育環境を選びましょう
- 初めての登園を乗り切るには

◆防ぎようのない怖いことに遭ってしまったら　　　*308*

◆人生旅立ちの始まりに、親の責任は重大です　　　*311*

もくじ　17

第9章

小学生時代を健やかに過ごし、
生きる力を育むために

◆学童期は、独特の才能を開花させる時期です　312

◆日常生活で気をつけたいこと　314
  • よい習慣やマナーを無理なく身につけるには？
  • 激しいけんかも、話し合いのルールを学ぶ機会
  • 連休や長期休みは、ゆったり、楽しい思い出作りを
  • 引っ越しは、苗木を移植するように慎重に

◆嫌な時、落ち込んだ時の不安解消法　320

◆刺激にあふれたストレス社会を生き抜くために　325
  • 守られていた幼い時代とは、さよならしなくてはなりません
  • ストレスを減らす効果的な方法　〈短期編〉
  • ストレスを減らす効果的な方法　〈長期編〉

◆育てにくいタイプの子は、傷つきやすさを隠しています　333
  • 子どもの感情に流されないで、怒らず、あきらめず

◆学んだことを実践してみましょう　338

第10章

学校生活は、学び友情を深めながら、社会へ巣立つための土台に

◆学校が楽しみになるようなサポートを　340
- HSC にとって、学校は刺激が多過ぎる難所です
- ヨーロッパの教室は、まるで家庭のよう
- ホームエデュケーションという選択肢もあります

◆学校生活の課題①　友達関係
　〜親友がいることで、自己肯定感が高まります　346
- クラスの内外で、心通い合う友達を作るために
- 人見知りを克服した子と、そうでない子
- 子どもを変えるか、社会を変える子に育てるか
- たくましい HSC に育てるためのヒント
- いつもと違う経験を積ませましょう
- 社会的スキルを身につけるには

◆学校生活の課題②　環境作り
　〜できるだけの準備をしておきましょう　358
- 担任の先生の理解が、強い味方に
- スクールバスや遠足、放課後児童クラブなどでの注意点

◆学校生活の課題③　勉強
　〜勉強と、他に大切なこととの両立　362
- 完璧主義で、勉強に時間をかけ過ぎていませんか
- 授業が退屈という HSC には、興味を持てる工夫を
- 子どもの好きな学び方を尊重しましょう

もくじ　19

◆いじめのターゲットにされてしまった時　　　*368*
- 母親同士の連携で、いじめを防いだマリリンの例

◆学んだことを実践してみましょう　　　*372*

第11章

中学、高校、そして大人の世界へ
人生の船出へ送り出す、最後の仕上げにかかりましょう

◆思春期から青年期に、親ができること　　　*374*
- 大人への一歩に、揺らぐ心を理解する
- 思春期は、意外と手がかかりません

◆小さい頃からの内気さを克服した、リバーの例　　　*377*
- HSC も、10代になると大胆になります

◆大人の顔と子どもの顔、２つの対応が必要　　　*380*

◆家庭で気をつけたいこと　　　*384*
- 自立の準備としてプライバシーを守る
- できるだけ子どもに任せていく
- バイトや、車の運転も大きな自信に

◆学校生活をのびのびと過ごしていくために　　　*387*
- 期待に応えようと無理をした、キャサリンとジャネットのケース
- 学業面では、先生の影響が大きい
- 大学進学は、高校に入った時から考えておきましょう
- 教授やスタッフの目が行き届きやすい大学を

◆仲間が増えていく時期、活動量のバランスは自分で学ぶ　　392

- 傷つきやすさから守るには
- 男女交際は急がない
- ネットにのめり込んだら
- 精神世界や宗教について

◆最も大きな変化、経済的自立に向けて　　399

- 親は客観的に、幅広い意見や情報を提供する
- 子どもの計画が無謀だと感じたら
- 計画が慎重過ぎると感じたら

◆子どもの自立のためには、親も子離れすることが大切です　　406

◆学校の先生のための20のヒント　　407

日本語版の発刊に際して
HSC を育てることは、世界への大きな貢献になるでしょう　　423

訳者あとがき　　443

──はじめに──

HSCを育てるのは、大きな喜びです

エレイン・N・アーロン

　この本を手に取られたということは、「うちの子は、他の子よりも敏感なのではないか」と思うところがあるからでしょう。それなら、28〜29ページのチェックリストをごらんください。子どもにあてはまることが多いなら、ぜひ本書を読み進めてみてください。

　生まれたばかりの赤ちゃんにも、性格があります。「この子は赤ん坊の頃から、聞かん坊でした」という親もいれば、「この子は大抵機嫌がよく、何があっても動じません」という親もいます。どの子どもにも、生まれ持った性格というものがあると思います。しかし、その中でも、ある程度共通する性格をまとめて、「意志が強い子」「気立てが優しい子」などのようにタイプ分けすることができます。

　そしてそういった、性格（タイプ）の一つが「人一倍敏感である」ということです。

　これは、子どもの15〜20パーセントに見られます。男児と女児で割合は同じです。幼児の中には、食べ物や部屋の温度を全くといっていいほど気にしない子もいますが、人一倍敏感な子は、ちょっとした味の違いや、室温の変化でぐずりだし、大きな音や、まぶしい光にびっくりして泣きだします。もう少し大きくなると、心の面でも傷つきやすく、あれこれと心配し、逆に幸せ過ぎても調子を崩すこともあります。

　よく見て考えてから行動するので、臆病だとか、怖がりだと思われたりします。細かなことに気がつき、不公平なこと、残酷なこと、無責任なことには腹を立てます。

「人一倍敏感な子」（このような子のことを、これから「HSC＝

Highly Sensitive Child」と呼びます）には、他にもさまざまな特性があります。生まれ持ったものだけではなく、育ち方や学校生活にも影響を受けるため、一人ひとり個性は違います。外向的な子もいれば、ひとりで遊ぶのが好きな子もいます。粘り強く一つのことに取り組む子もいれば、気が散りやすい子もいます。わがままな子もいれば、「いい子過ぎる」子もいます。でも、「敏感である」というのは共通しています。

　ここで、私が「人一倍敏感な人（HSP = Highly Sensitive Person）」と、HSCについて研究してきた経緯をお話ししたいと思います。私は心理学者として、研究と臨床に携わってきました。また、私自身もHSPで、HSCを持つ親でもあります。第1章で述べますが、12年前に気質の研究を始め、何百人、何千人ものHSP、HSCにインタビューしてきました。また、数千人にアンケートした結果を基に専門誌に発表もしました。本書に載っている情報は、しっかりした根拠のあるものです。

　実は、「敏感な人」の研究は、50年ほど前からありましたが、「敏感」という言葉ではなく、「感覚的な刺激を受けやすい」「恥ずかしがり屋」「内向的」「怖がり」「引っ込み思案」「消極的」「臆病」と表現されてきました。この本を書いた理由の一つは、敏感な子どもに対し、このような言葉を使ってほしくない、もっと正確で、敏感な気質を新しい角度からとらえるような名前が欲しいと思ったからです。

　例えば、子どもが行動を起こす前に立ち止まっているように見えるのは、「状況をよく観察してから動く」というHSC特有の行動なのに、「この子は恥ずかしがり屋だ」「怖がりだ」と思われがちです。また、細かなことに気づくと、「敏感過ぎる」「神経質だ」と言われたりもします。でも、細かいことに気がつくのは決して悪いことではありません。それに、神経質だと言い切れるでしょうか。例えば、「非常口が

どこにあるか」に気づくのは、いったん火事が起きると、細かいことではなく、最も必要な情報となります。

もっと適切な名前をつけたい理由のもう一つは、私自身がHSPで、人一倍敏感な人のことを少しは理解できてきたからです。

確かにHSPは、自分に合わない環境では、臆病になったり不安になったりしがちです。しかし自信を持っていえるのは、生まれつきなのは、臆病や怖がりではなく、敏感なことなのです。

また、他の研究者からも、敏感な気質が長所となるのか、それとも不安のもとになるかは、育て方で決まるという結果が示されています。人口の20パーセントがHSPなのは、この気質に何か意義があるということでしょう。もしこの気質が明らかに悪いものなら、進化の過程で淘汰されていたはずです。

この敏感な気質を理解すれば、よい面もよく分かります。周囲で輝く、たくさんのHSPの存在に気づきます。この気質を的確に説明できるようになり、何よりも、HSCを適切に育てることができるようになります。

拙著『ささいなことにもすぐに「動揺」してしまうあなたへ。』や、『敏感すぎてすぐ「恋」に動揺してしまうあなたへ。』の読者から、「まるで自分のことだと思いました。私のように、ダウンタイム（休憩）と静かな時間が必要で、他の人の気持ちに気づいてしまい、きちんとできているかどうかいつも心配になっている人が他にもいることを、初めて知りました」という感想をたくさん頂きました（多くの人の共感を得て、これらの本はベストセラーになり、オランダ語、日本語、中国語、ギリシャ語、ポーランド語に翻訳されています）。

私の所に来る人の中には、「親がもっとこの気質を理解して育ててくれたらよかったのに」「自分のHSCを育てるうえでアドバイスがほしい」と言う人も大勢います。

一般の子育て本の多くは、HSCに必要な「最適な刺激を保つこと、

はじめに　25

そのためにはどうしたらいいか」というような情報が書かれていません。しつけの方法も、HSCには刺激が強過ぎるものです。これまで、HSCの育て方について書かれた本はありませんでした。

　HSCを育てるのは大変です。私は自分の体験でよく分かっています。だからこそ、この本を書きたいと思いました。皆さんの中には、「自分の子どもがおかしいのでは……」「自分の子育ては間違っているのでは……」と考えている人がいるかもしれません。この本は、そのような方への救いになると思います。親が肩の力を抜けば、子どもも肩の力を抜くことができます。

　本書のパート1では、親の気質が子育てに与える影響や、HSCが直面する問題など、「敏感である」という気質について、年齢に関係なく一般的なことを見ていきます。パート2は、生まれてから、大人になって自立するまで、乳児、幼児と、年齢別に注意点を見ていきます。ぜひ全ての章を読んでいただきたいと思います。というのは、それぞれの章のポイントは、どの年齢のHSCにも生かすことができるからです。

　また、HSCは、ストレスがかかる状況では赤ちゃん返りし、気分がよい時には年齢よりも大人びた行動をするので、子どもの年齢の章の内容が、現実に当てはまらない可能性もあるからです。

　さらに、これまでにどのようなことが起こってきたか、これからどのようなことが起こるかを理解していくことが、今の子どものサポートに役立つからです。

　いくつかの章の終わりには、「学んだことを実践してみましょう」の項を設けてあります。できるところから実践してみてください。紹介するケーススタディは、実際にあったケースで、名称を変えたものです。

　ぜひこの本を楽しんでください。HSCを育てるのは大きな喜びで

す。確かに、自分の子どもが「他の子と違う」ことには複雑な気持ちになるかもしれません。でも、「他とは違う子の親になるなら、他とは違う親になる覚悟が必要です」。これがモットーであり、私の座右の銘です。私は、自分の子どもがHSCと分かる前から、この言葉を自分に言い聞かせてきました。皆さんもぜひ、そうしてください。この本が、あなたの「他の子とは違うけれども、健康で、愛すべき子ども」が、社会にうまく適応し、幸せに生きる大きな助けとなることを願っています。

◆ HSC かどうかを知るための、23のチェックリスト

次の質問に、感じたままを答えてください。子どもについて、どちらかといえば当てはまる場合、あるいは、過去に多く当てはまっていた場合には「はい」、全く当てはまらないか、ほぼ当てはまらない場合には、「いいえ」と答えてください。

1. すぐにびっくりする　　　　　　　　　　　　　　はい　いいえ

2. 服の布地がチクチクしたり、靴下の縫い目や
   服のラベルが肌に当たったりするのを嫌がる　　　はい　いいえ

3. 驚かされるのが苦手である　　　　　　　　　　　はい　いいえ

4. しつけは、強い罰よりも、
   優しい注意のほうが効果がある　　　　　　　　　はい　いいえ

5. 親の心を読む　　　　　　　　　　　　　　　　　はい　いいえ

6. 年齢の割りに難しい言葉を使う　　　　　　　　　はい　いいえ

7. いつもと違う臭いに気づく　　　　　　　　　　　はい　いいえ

8. ユーモアのセンスがある　　　　　　　　　　　　はい　いいえ

9. 直感力に優れている　　　　　　　　　　　　　　はい　いいえ

10. 興奮したあとはなかなか寝つけない　　　　　　　はい　いいえ

11. 大きな変化にうまく適応できない　　　　　　　　はい　いいえ

12. たくさんのことを質問する　　　　　　　　　　　はい　いいえ

13. 服がぬれたり、砂がついたりすると、
    着替えたがる   はい　いいえ

14. 完璧主義である   はい　いいえ

15. 誰かがつらい思いをしていることに気づく   はい　いいえ

16. 静かに遊ぶのを好む   はい　いいえ

17. 考えさせられる深い質問をする   はい　いいえ

18. 痛みに敏感である   はい　いいえ

19. うるさい場所を嫌がる   はい　いいえ

20. 細かいこと
    （物の移動、人の外見の変化など）に気づく   はい　いいえ

21. 石橋をたたいて渡る   はい　いいえ

22. 人前で発表する時には、知っている人だけの
    ほうがうまくいく   はい　いいえ

23. 物事を深く考える   はい　いいえ

得点評価
　13個以上に「はい」なら、お子さんはおそらく HSC でしょう。
しかし、心理テストよりも、子どもを観察する親の感覚のほうが
正確です。たとえ「はい」が 1 つか 2 つでも、その度合いが極端
に強ければ、お子さんは HSC の可能性があります。

パート1
＊
HSCを理解するための
基礎編

その子の「敏感さ」を知ることは、子育てでとても大切なことです

第1章

人一倍敏感で、育てにくい子
それはもしかすると、HSCかもしれません

　この章では、子どもが、HSC（Highly Sensitive Child ＝
人一倍敏感な子）なのかどうかを知るための手がかりをお伝
えします。

　HSCの特性を掘り下げるとともに、子どもが持って生ま
れた、他の気質についても考えていきます。HSCを正しく
理解し、病気や障害とは違うことも知ってもらいたいと思い
ます。

◆「他の子と違う」と言われたことはありませんか

「○○君は、食べ物に好き嫌いが多いのね。うちの子は何でも食べる
けど」

「○○ちゃん、あまりしゃべらないですよね。一度、お医者さんに診
てもらったほうがいいんじゃない？」

「○○君は、小さいのにとっても落ち着いているのね。でも、いつも
何か考えごとをしているわ。親として心配じゃない？」

「○○ちゃんは、とても傷つきやすい子ですね。本を読んで悲しい場
面になった時も、友達がいじめられたり、ケガをしたりした時も、一

緒に泣きだしてしまうことがあります」

「○○ちゃんは、幼稚園の集団遊びの時間なのに、どうしても輪に加わろうとしないんです。家でもこんなに頑固なんですか？」

こんな言葉に聞き覚えはありませんか。

これは、この本を書く時、取材に協力してくださったHSCの子を持つ親が、周りの人たちから言われていた言葉です。

子どもは、繊細で気配りができる子なのに、ママ友達や学校の先生から、「他の子と違う」と言われたことがあるとしたら、それはもしかすると、HSCかもしれません。

しかも、周囲のアドバイスに従って、子どもに嫌がるものを食べさせたり、無理にみんなと一緒の行動をさせたり、医者に連れていったりしても、余計に子どもを追い詰めるだけ、ということも分かっています。

子どものペースを尊重すれば、子どもがイキイキとしてくることは分かっているのですが、周囲との板挟みにあって、「やっぱり自分の考え方がおかしいのだろうか？」「自分の育て方が間違っているのだろうか？」と思い悩んでいる親がたくさんいます。

抱えておられる問題は、子どもがご飯を食べない、人見知りする、怖い夢を見る、心配性、神経質、といったものではないかと思います。ところが、子育て本の大半は、落ち着きがない、注意力が散漫だ、乱暴だ、攻撃的だ、といった「問題行動」の解決方法ばかりが書かれています。あなたの悩みに答えるようなアドバイスはなかなか得られません。「しつけ」という名の下に行われる罰もありますが、うまくいきません。

まずは、周りから変わった子だと言われても、その言葉を真に受けないこと、子どもにもそう思わせないことが大切です。

「子どもや親に何か悪いところがあるからうまくいかないのだ」という考えは捨ててしまいましょう。子どもが、他の子と違うのは、あな

第1章　人一倍敏感で、育てにくい子　33

たのせいではありません。

この本では、専門家としてだけではなく、私も敏感な子を持つ親の
ひとりとして、同じことに悩む親の成長を後押しし、応援していきた
いと思います。

◆５人に１人が、「生まれつき敏感な子」

私は、「人一倍敏感であること（High Sensitivity）」について研究し
てきました。
「敏感」という言葉は使っていなくても、多くの専門家がそういった
特性を研究しています。今では、子ども全体の15 〜 20パーセント
（ほぼ５人に１人）が、HSCであることが分かっています。この数字
からも、子どもは決して異常とはいえないでしょう。

研究によると、どの人種にも一定の割合で敏感な人がいて、人種に
よる差はなかったそうです。そういった特性が存在することは、進化
論からいっても、しかるべき理由があるはずです。その点は後に詳し
く説明しますが、まずはこの特性の発見についてお話ししたいと思い
ます。

私が「敏感さ」の研究を始めたのは、1991年、あるセラピスト仲間
に、「あなたは人一倍敏感ですね」と言われたのがきっかけでした。

最初は本にするどころか、誰かに話すつもりすらなく、ただ個人的
に興味を覚え、まずは近所や勤務先の大学で、「体や感情に対する刺
激に敏感だ」という人にインタビューするところからスタートしまし
た。

当初、「敏感さ」と「内向的」は、一緒のことだと考えていました。
内向的とは、集団に属したり、知らない人と会ったりするよりも、ご

く限られた人と親しくなるのを好む性格のことです。反対に外交的とは、大勢で集まったり、いろいろな人と知り合ったり、広く浅くつきあうのを楽しむ性格です。

　調べていくうちに、敏感であることと、内向的であることとは、違うことが分かりました。

　実は、HSP（Highly Sensitive People ＝ 人一倍敏感な人）の70パーセントは内向的でしたが、30パーセントは外交的だったのです。おそらく70パーセントの人は、外から受ける刺激を減らす一つの方法として、内向的になったのでしょう。ですが、30パーセントの人が外交的だったのは、私にとって新しい発見でした。

　では、なぜ、30パーセントの HSP が外交的なのでしょうか。

　私がインタビューした外向的な HSP の多くは、安心できる環境で、周囲の愛情をたくさん受けて育てられてきました。彼らにとって人の集団とは、慣れ親しんだ安全なものだったのです。

　また、家族から社交的になるようしつけられた人もいました。周囲の期待に応えるため、厳しい訓練を受けてきたわけです。他にも、外交的になる決心をした時のことを覚えている女性もいました。彼女はたったひとりの親友を失い、これからは決して、誰かひとりに依存するようなことはしまいと心に決めたそうです。

「敏感であることと、内向的であることとは違う」という発見に続き、臆病や神経質、心配性や落ち込みがちな性格というのも、HSP が持って生まれた遺伝的なものではなく、後天的なものであることが分かってきました。臆病や神経質といった性格は、HSP だけではなく、そうでない人にも多く見られるものです。

　ボランティアで取材に協力してくれる HSP を募集したところ、応募者が殺到しました。そこで最終的に、年齢も人生経験もさまざまな男女40名に、ひとり３時間のインタビューをしました。

　彼らは、人一倍敏感であることと、自分にとって「HSP」という言

第１章　人一倍敏感で、育てにくい子　35

葉に出合ったことが、どれほど意味深いか聞いてほしいという強い欲求を持っていました（その多くは、拙著『ささいなことにもすぐに「動揺」してしまうあなたへ。』を読んでいました。それは、この本で紹介されている HSP だと分かったからです。あなたも、子どもが HSC だと思ったから、本書を手に取られたのでしょう）。

　インタビューを通して、敏感さについていろいろなことがつかめてきたので、それを基に長い質問リストを作成しました。そのあとに、もう少し短い質問リスト（138 ～ 139ページ参照）を作って、何千人もの人々からアンケートを取りました。

　HSP（全体の約20パーセント）は、大抵すぐに質問の意味を理解しました。反対に HSP でない約80パーセントの人々は、質問を理解できず、中には、どの質問にも「いいえ」と答えた人もいました。無作為に抽出された人を対象に電話調査をした結果も同様でした。敏感な人々は、「性質の異なる」人であることが分かってきました。

　それ以来、このテーマでさまざまな執筆・講演活動を行っていくうちに、「敏感な子どもの育て方」についての本が必要だと考えるようになりました。人一倍敏感な大人から、小さい頃のつらい体験をたくさん聞いたからです。

　親が敏感な子の育て方を知らないと、子どもによかれと思ってすることが、逆に苦しみを与えてしまうことがあるのです。そこで私は親子にインタビューをし、それを基に作成した質問リストを多くの親たちに配ってきました。

「はじめに」の次に紹介した、HSC かどうかを見極めるためのチェックリストは、こうして仕上がったのです。

◆「人一倍敏感」ってどういうこと？

　HSPでない人は、それほど周りを気にせず、思ったとおりに行動しますが、HSPは生まれつきよく気がつき、深く考えてから行動をします。そのため、大人も子どもも共感力があり、聡明で直感が鋭く、創造性が豊かで、思慮深く慎重な傾向があります。間違ったことをするとどうなるかがよく分かるので、行動を慎むのです。

　一方、大きな音や大量の情報には、すぐに圧倒されてしまいます。刺激を避けようとするので、「臆病で引っ込み思案だから、場に溶け込めないのだ」と思われます。刺激を避けきれなかった時は、過敏で、動揺しやすくなります。

　HSPは注意力にたけていますが、必ずしも、視力や聴力、嗅覚、味覚が発達しているわけではありません。中には、いずれかの感覚が極めて鋭い人はいますが、何といっても、脳が情報を徹底的に処理するところに特徴があります。

　反射（脊髄神経を介して起こる反応）のスピードが速く、痛みや刺激を受けやすいため、薬にもすぐに反応します。また、免疫システムも敏感で、アレルギー反応が出やすい傾向があります。いわば、体全体で、あらゆる出来事を敏感に正確に感じ取っているのです。

■ HSCの脳の仕組みは、オレンジの選別工場に例えると……

　小さい頃、父はよく工場見学に連れていってくれました。係の人に工場の中を案内してもらうのですが、製鋼所やガラス工場は、とても大きな音がするし、暑いし、あちこちで炎が上がります。

　HSCであった私は、そんな状況に圧倒され、耐えられずにいつも泣いていました。私にとって、工場見学は怖いものでしかなかったのです。家族は私のせいで見学が中断されるのにイライラしていました。

　でも、私にも好きな工場がありました。オレンジを包装する工場で

す。震動するベルトコンベアの上をオレンジが流れていくのですが、そこに大中小の３つの穴があり、選別されていく巧妙な仕掛けに魅了されました。

　ここで、このオレンジ工場の話から、HSCの脳の仕組みを説明したいと思います。ベルトコンベアには、流れてくる物を分類するための３種類の穴があります。HSCの脳の場合、微妙な差を判別する15種類の穴があると考えてください。いつもは順調に機能していても、一度に流れてくるオレンジの量が多過ぎると、瞬時に15とおりに分別しなければならず、混乱し、作業停止状態になってしまいます。

　そのようなわけで、大抵のHSCは、騒々しい音楽のレストランや、にぎやかな誕生パーティー、動きの速いチーム競技への参加、教室など皆が注目する中での発言が苦手です。

　しかし、ギターの調弦をしてほしい、パーティーで配る記念品を決めてほしいといった場面では、最強の助っ人になります。機転の利いた言葉遊びや、チェスなど結果を予測して微妙な違いを察知する能力が求められるゲームも得意です。

▌敏感さは、程度の問題ではなく、一つの個性です

　子どもが、「実は少し敏感なだけ」という可能性はあるでしょうか。

　研究者の中には、「敏感か、敏感でないか、そのどちらかだ[*1]」と言う人がいます。一方で、「敏感さの程度は連続的なもので、一人ひとり違う[*2]」と言う人もいます。

　私の研究結果からは、そのどちらも真実です。HSCの中にも、とりわけ敏感な子と、そうでない子がいるようです。おそらく、子どもを取り巻くさまざまな要因によって、敏感さの表現が増えたり減ったりするからでしょう。

　でも、敏感さが身長や体重と同じようなものだとすれば、大半が中間層になり、グラフにするとなだらかな山形になると思われます。と

ころが実際の分布図は、台形に近い形になり、むしろ両端（「人一倍敏感である」と、「全く敏感でない」）が少し多くなります。

■ ちょっとした変化や、相手の気持ちによく気がつく

HSCの特徴を、もう少し見ていきましょう。

いろいろなことによく気がつくといっても、それぞれに得意分野があります。雰囲気や表情、態度を敏感に読み取る子もいれば、天候や植物の様子など、自然環境の変化を察知する子もいます。動物とのコミュニケーション能力に優れた子、微妙な概念やユーモア、皮肉が得意な子もいます。新しい環境に入るのが苦手な子もいれば、慣れた環境が変わるのを嫌がる子もいます。ですが、どの子も人より多くのことを感じ取っているのです。

他にも、自分が気づいたことをじっくり考える特徴があります。ここにもまた、それぞれの個性が見られます。「お母さんはなぜそんなことをしたの？」「なぜあの子は友達をいじめるの？」と聞く子もいれば、もっと大きな社会問題について、じっくり考えて質問してくる子もいます。難しい数学や論理パズルの問題に挑戦する子、「どんな結果になるか」心配する子、空想物語を作ったり、飼っているネコの気持ちを想像したりする子もいるかもしれません。子どもなら大抵このようなことをしますが、HSCは特にその傾向が大きいようです。

HSCは、起こったことや見聞きしたことを、意識的にじっくり考えている時もあれば、無意識の直感で感じている時もあります（もっともHSCに早く決断させようとするのは、おなかをすかせたネコに、魚屋の前を素通りさせるぐらい難しいものですが）。

ですから、一瞬で情報を処理することもあれば、時間がかかることもあるということです。普通は気づかないことでも、「何か起こった」「お母さんが僕のシーツを変えた」と気づいたかと思うと、ずっと後になってから、何かしら鋭いことを言ってくることもあります。

第1章 人一倍敏感で、育てにくい子　39

HSCは、他の人よりもたくさんのことを徹底的に受け止めるので、心を揺さぶられるようなことがあった時は、強い感情が生じます。深い愛情や尊敬の念、喜びを感じることもあります。ただ、ストレスがかかるような場合は、当然、恐怖や怒り、悲しみを感じることもあります。そしてその感じ方は、他の人よりずっと強烈なのです。

また、感受性が強く物事を深く考えるため、感情移入しやすく、他の子が傷ついているのを見ると、自分もそれ以上に傷ついてしまいます。

早くから社会的公正さに関心を抱くようになります。言葉でコミュニケーションが取れないような植物や動物、体からの声、赤ちゃんや外国人、認知症の高齢者の心がよく理解できます。豊かな内面生活を持ち、年の割りに善悪の判断がつき、「みんながそのようなことをしたらどうなるか」を考えることができるのです。そして、幼い頃から、人生の意味を探求する傾向にあります。

ですが、HSCは聖人君子ではありません。特に嫌な思いをした時には、他の子よりも臆病になったり、怖がったり、落ち込んだりします。でもまた、ちょっとしたきっかけさえあれば、素晴らしい創造性や協調性、優しさを発揮することができます。いずれにせよ、HSCは目立ってしまうことが多いのです。

私は、息子がHSCだと分かる前から、ずっと「他の子と違う」と思っていました。息子は敏感で、驚くほど創造性があり、新しい環境には慎重で、周囲のことで傷つきやすく、荒っぽい遊びや運動を好まず、喜怒哀楽の激しいところがありました。ある意味では育てにくい子でしたが、考えようによっては育てやすい子だったともいえます。そして、いつも独りぼっちで目立っていました。私は、「はじめに」で紹介したフレーズを自分の座右の銘にしました。

「他とは違う子の親になるなら、他とは違う親になる覚悟がなくてはなりません」

■ かんしゃくを起こす子と、ひたすら言うとおりにする子がいます

　HSC の長所ばかりをここに並べることもできますが、それだけでは助けになりません。残念ながら、多くの人は敏感であることのマイナス面ばかりに目が向きがちです。

　親だって例外ではありません。子どもが、他の子なら気づかないようなことを気にしたり、教室や親戚の集まりなど、目まぐるしく、騒がしい所では、ことごとく圧倒されてしまったりするからです。それが長時間ともなるとなおさらです。

　ところが周りにはそんな子は少ないので、異様に映ってしまうのです。あなた自身も、この子はおかしいのではないかと考えてしまうのも当然かもしれません。

　過剰な刺激への HSC の対応はさまざまです。このようなことに思い当たりませんか。

　まずよくあるのが、不満が多いことです。暑い、寒い、服がチクチクする、食べ物が辛い、部屋が臭う、など、他の子なら気にしないようなことに文句を言うのです。

　また、ひとりで遊ぶ、輪から離れて静かに状況を観察している、好き嫌いが多い、部屋に閉じこもる、外に出ても決まった所にしか行かないといったことがあります。大人や知らない人とは口をきこうとせず、学校でも何日も、場合によっては何カ月も黙ったままのこともあります。キャンプやサッカー、パーティーやデートなど、楽しいはずの行動を嫌がる子もいます。

　嫌なことを避けたい、負けたくないという気持ちから、かんしゃくを起こし、怒りをぶつける子どももいます。一方で、周りに気づかれないよう、期待されないよう願いながら、問題を起こすのを避けて、ひたすら言うとおりにしている子もいます。パソコンの前から動かなかったり、一日中本を読んでいたりと、狭い世界に入り込む子もいます。スターになったり、完璧になったりすることで、自らの欠点（だ

第1章　人一倍敏感で、育てにくい子　41

と思っているもの）を補おうと必死になる子もいます。

　過剰な刺激を受けて錯乱状態になり、ADD（Attention Deficit Disorder ＝注意欠陥障害）のような症状を見せる子もいます（でも、そのような刺激を受けていない時の注意力は良好で、大切なことに集中することができます。これについては後で述べます）。

　あるいは、高ぶる感情をコントロールできなくなり、床に寝そべって泣き叫ぶ子、黙り込む子もいます。腹痛や、頭痛を訴える子もいます。このような反応が表れたら、その場から離れ、休ませてみるのも一つの方法でしょう。

　また、後で述べますが、あらゆることをやったうえで、「もうだめだ」とあきらめてしまっている子もいます。怖がって内にこもり、望みをなくしてしまうのです。

　もちろん、刺激を受ける以外の理由で、このような行動をとることもありますし、HSCでなくても、どんな子でも、刺激を過剰に受け取ることはあります。しかし、子どもが怒ったり、ふさぎ込んだり、錯乱したり、腹痛を起こしたり、頑張った結果燃え尽きたりする時、その理由が「敏感さ」にあるかもしれないことに、大人はなかなか気がつきません。

　本書によって、「敏感さ」という可能性が見過ごされずに済むことを、私は心から望んでいます。この章の最後に、興奮状態のHSCとそうでない子の違いや、もっと深刻な問題を抱えている子との見極め方について述べます。

▌ 敏感でも、臆病になるかならないかは育ち方しだい

　今日では、性格の約50パーセントは生まれつきで、残りの半分は、経験や環境などの育ちによって形成されるといわれています。しかし、つい最近まで、心理学者たちは完全に経験（特に家庭環境）によって、

性格は決まるのだと信じていました。

　気質について研究を始めた人たちは、研究室や学校で活発に振る舞う子どもの行動や、気持ちを説明することは簡単でしたが、部屋の後ろに立っている子や、黙っている子についてはそうはいきませんでした。

　どの民族にも、活発な人とそうでない人がいます。活発でないと一言でいっても、なぜその子がそうなっているかを説明するのが難しかったのです。そのため、静かな子は、みんな内気で怖がりで、社交性がなく、引っ込み思案だと研究者は決めてかかりがちでした。しかし、「敏感さ」という気質を調べていく中で、もっと正確な見方ができるようになったのです。

　私の知る限り、子どもが、"生まれつき"怖がり、内気、臆病、ネガティブ、人見知りであるというデータはありません。人間は社会的な動物なので、もし生まれつきこのような特性を持っているとしたら、それは弱点になってしまいます。人間の進化の過程で、その弱点が淘汰されず受け継がれてきたとは考えにくいのです。

　このような反応や性格がある場合、それは、もっと基本的な「敏感さ」という気質によって、後から生じた脆弱さだと考えたほうがいいでしょう（臆病で内気な反応をする子の中で、遺伝的に敏感でない子がいるとすれば、それは、何かしらの悪い経験が原因と考えられます）。

　このような子どもの気質を何と呼べばいいかは、とても重要な問題です。名前（レッテル）によって、私たちはそれがどういうものかを知ろうとするからです。子どもたちが周りからどう見られ、自身のことをどうとらえるかにも影響してきます。

　当然、敏感でない大多数の人は、なぜそのような行動をとるのかを推測して、名前をつけようとします。その時、HSCの中に、自分の中で受け入れ難い嫌な面（おそらく「もろさ」や「弱さ」への恐れのような）を見いだしがちです。しかし、HSCとその親は、そのよう

にいわれる子どもこそ、実は、「生まれつき敏感な子」だと知っているのです。

◆お子さんは、HSC でしょうか

もしまだでしたら、「はじめに」の後にある質問リストをチェックしてみてください。いずれの質問も、「はい」がHSCの特徴に当てはまります。

この質問は、何千人もの子どもにリサーチした結果を基に作成したものです。だからといって、HSC ならば、全てに「はい」となるわけではありません。子どもも大人と同じく、遺伝的な特質も、育ってきた環境も違いがあります。ですから、自分の子どもがHSCかどうかを判断するためには、もう少し本章を読み進めてみてください。

親が、自分の子が敏感だとすぐに気づく場合もあります。どんな子でも幼い時は、ぐずったり夜泣きしたりするものですが、敏感な子どもが泣きだすのは、大抵自分の周りであまりにもたくさんのことが、長時間起こった時です。敏感な幼児は、すぐに許容できる限界を超えてしまいます。また、親の雰囲気（不安な気持ちなど）にも強く影響されます。そのことから悪循環に陥る可能性があるのですが、これについては第6章で詳しく取り上げましょう。

反対に、ほとんど泣かない敏感な子もいます。親が、静かで刺激を抑えた環境を作っているからでしょう。しかし、それでも敏感な幼児には、際立った特徴があります。あらゆる物を目で追い、音や空気の変化、肌にあたる布の感触、ふろの温度など、ことごとく反応する点です。

成長すると、「その服は新しいね」「ブロッコリーにスパゲッティの

ソースがついてる」「ここは木が生えないんだね」「おばあちゃんがソファーを動かした」など、さらにいろいろなことに気づくようになります。そして、一段と圧倒されやすくなっていきます。次から次へと新しい経験がやってきて、慣れる暇がありませんし、感覚情報をカットするすべをまだ学んでいないからです。

■ 大胆派と慎重派がいて、人類は生き延びてきた

　生物学者たちは、かつて、それぞれの種は進化によって生存に適した形になったと考えていました。例えばゾウにはゾウの生活に最適な鼻の長さや体高、皮膚の厚さがあります。そのとおりの特徴を持って生まれたゾウは生き延び、そうでないゾウは死んでいきます。

　しかし大半の、おそらく全ての種には、2種類の「性格」があることが分かりました。一つは、HSCのように敏感で、ささいな情報を察知し、全てを確認してから進むタイプ。もう一つは、大して注意を払うことなく大胆に進んでいくタイプです。前者のタイプは少数派です。

　なぜこのような2種類の性格が存在するのでしょう。想像してみてください。2頭のシカがおいしそうな牧草地にいます。1頭はしばらく動かず、敵が辺りに潜んでいないかを確認しています。もう1頭はすぐに草に飛びつきます。敵がいる状況ならば、辺りを確かめないシカは敵に襲われ死んでしまいます。もし、敵がいない状況ならば、注意深いシカは草を食べ損ね、それが続けば栄養失調や病気で死に至ることもあるでしょう。

　1つの群れに2つの戦略、つまり2つの「種類」のシカがいることにより、その日の状況がどうであれ、群れ全体の生き残る確率が高くなっているのです。

　ハエの研究でもこのような気質の違いが見られ、その違いは遺伝子によって決まることが分かっています[*3]。

ハエの中には、"フォレイジング（狩猟採集）"という遺伝子があり、必要がない限り遠くには行かない「シッター型」のハエと、遠くまで捕食に行く「ローバー型」のハエに分かれます。面白いことに、シッター型のハエは、この遺伝子によってさらに敏感になり、高度な神経系を持つようになります。

　また、ある研究では、パンプキンシード（淡水魚の一種）の性格のタイプを調べるため、池にたくさんのわなを仕掛けたところ、ほとんどの魚はわなにかかるという、大胆で正常な行動を見せましたが、少数の魚は、慎重にわなを回避するという結果が出たそうです。

◆敏感なタイプは、昔から、
　　医者や弁護士、芸術家、科学者などに多い

　考えてから行動をする「少なからぬ少数派」の存在は、人類にとって大きなメリットです。

　このタイプの人は迫りくる危険をいち早く察知するので、そうでない人も急いで備えられ、その興奮を楽しむことすらできるようになります。敏感な人は結果がどうなるかをじっくりと考えます。立ち止まって何が起こるかを予測し、周りに最適な戦略を立てるよう助言もできます。２つのタイプが手を組めば、最強のコンビになるのです。

　昔から、敏感なタイプの人は、科学者やカウンセラー、宗教家、歴史家、弁護士、医師、看護師、教師、芸術家などの職に就いてきました。しかし、次第にそういった分野からは追い出されつつあるようです。その原因は、敏感でないタイプの人が、どんどん意志決定を担う立場になったことでしょう。

　このタイプの人は生まれつき何かを慎重に決めるということをしま

せんし、質を落とさないことや、長期的に見た結果よりも、目先の利益や、分かりやすい成果を重視します。静かな作業環境を作ったり、綿密なスケジュールを立てたりするような、彼らにとって無用なことは撤廃されていきます。

敏感な人は、その存在価値を認められず、決定権も与えられません。我慢するか、去っていくかしかありません。そして、敏感でない人がさらにその職業での主導権を握っていく、という一種のサイクルができてしまうのです。これは不満ではなく、考察です。現在、このような職業が利益重視のほうにシフトしてきているのは、こういったサイクルが影響しているのではないかと私は考えています。

今日の社会でも、上に立つ人が物事の複雑さや結果を見通せないと、危険を招きかねません。居心地のよい社会のためには、人一倍敏感な人と、そうでない人の影響力のバランスが取れていることが不可欠です。

子どもが自信を持って家を巣立ち、その才能を周囲と分かち合い、しっかりした影響力を与えられるようになること、これは人類全体にとって大切なことなのです。

■ 呼び名にとらわれず、色とりどりの個性に目を向けて

この気質を最も的確に表現するには、「敏感である（センシティブ）」という呼び名がいいと書いてきましたが、名前をつけることには問題があります。

いったん名前をつけてしまうと、その瞬間、カメラであれ、シェパードであれ、HSCであれ、対象について分かったような気になってしまうことです。実際にはカメラの1台1台、シェパードの1頭1頭、HSCの一人ひとりのことは、ほとんど分かっていないのです。

本書の執筆のために、HSCとその親にインタビューをした時、大人に比べて子どものほうが、はるかに個性豊かであることに驚きまし

第1章　人一倍敏感で、育てにくい子　47

た。文化人類学者のマーガレット・ミードの言うとおり、生まれた時は、パレットに並んだ絵具のように、実にさまざまな気質があります。でも、社会は特定の色しか育もうとせず*4、それ以外のものは無視され否定されてしまいます。だから大人になる頃には、多様性が失われているのです。

しかし、HSCにはさまざまな個性があります。

ローダというHSPの女性には、22歳、20歳、16歳の、3人の子どもがいます。3人ともHSCで、幼い頃から刺激に敏感なため、周りの子よりも多くの休憩時間、いわゆる「ダウンタイム」を必要としていました。事あるごとに、「敏感過ぎる」と言われてきましたが、それぞれ芸術に取り組み、自分の強い感受性を生かすすべを見つけ、実に個性豊かになりました。

最年長のアンは写真家で、新しい経験が大好きです。バイクを乗り回し、パラグライダーにも挑戦します。真ん中のアンドリューは、慎重派で几帳面、細かいことにこだわる性格です。彼は精緻で丁寧なビジュアルアートを作り出す芸術家です。生まれた時からずっと、音と香りに敏感でした。アンとアンドリューは、感情を表に出しませんが、末っ子のティナの感情表現は激しいです。幼い頃は、よくかんしゃくを起こし、10代では落ち込みやすく、沈みがちでした。風邪を引くと、いつもこじらせて気管支炎や肺炎になり、医者の世話になっているような子でした。彼女の芸術の方法は、詩の朗読です。

◆ HSC にさまざまなタイプがある理由①
～心も体も、何に敏感かは、一人ひとり違います

　HSC にはさまざまなタイプがあります。その理由の一つは、気質というのは、いくつかの遺伝子が集まって生じると考えられるからです[*5]。

　遺伝子が変われば、何に敏感かも変わってきます。ささいなことに敏感な子もいれば、刺激の強いもの、目新しいこと、感情を揺さぶるもの、社会的なもの、肉体的なものに敏感な子もいます。しかし、敏感さの種類は違っても、その根底には共通する何かがあり、それが一緒に遺伝していくようです（もし根底にあるものが一つでなかったなら、私が作成した質問リストでいくつかの要素が抜き出せたかもしれませんが、共通するのは「敏感である」という一つだけでした）。

　他にもさまざまな HSC がいます。先ほど、ローダの末っ子のティナが、かんしゃく持ちだったという話をしました。多くの幼い HSC は、過剰な刺激にかんしゃくを起こすものですが、3歳のアリスは、かんしゃくを起こしたことがありません。意志が強く、頑固です。何か欲しい時は、その年に似合わない口調でしっかりと要求を伝えます。

　ウォルトは7歳。スポーツが嫌いで、チェスが大好きです。ランドールは9歳。スポーツは野球しかしませんし、それも母親がコーチをしている時だけです。チャックも9歳。スポーツなら何でもできます。特に登山とスキーが好きですが、自分の力と限界が分かっています（最近、スキー旅行をした時、山頂で猛吹雪に襲われましたが、怖くて泣きだしつつも、とにかく降りると言って頑張りました）。

　チャックは、成績はそれほど目立つ生徒ではありませんが、ウォルトとランドールは、成績優秀。キャサリンも、幼稚園の頃からずっとトップクラスの成績でした。高校の卒業生総代を務めたマリアは、ハーバード大学の化学科を最優秀の成績で卒業しました。

第1章　人一倍敏感で、育てにくい子　49

チャックは外交的で、人気があって、すでに女の子の注目の的です。一方、ランドールは、友達づきあいが苦手です。慣れていないことをためらい、友達の家や、知らない親戚の所へは行きたがりません。食べず嫌いも多いです。

　時には、親が最初に気づくのは、他人の気持ちに敏感なところである場合もあります。リバーは10代。人の心をすぐに察知し、公園で見かけたホームレスを泊めてあげたいと母親に頼んだほどです（母親は、息子がこの問題点を理解し、別の解決法を見つけるまで、ホームレスを家に泊めることにしました。3カ月かかりました）。

　8歳のメラニーも、感情の刺激に敏感です。つらい思いをしたり、他の子がいじめられていたりすると、すぐに泣いてしまいます。また、体の痛みにも敏感です。転ぶのが怖くて、なかなか自転車に乗れず、補助輪が外せたのは、3歳下の妹が乗れるようになってからのことでした。彼女のプライドが、最終的にはリスクを選ばせたのです。

　ウォルトは、新しいことや、初対面の人が苦手です。初めて芝生に触れた時には、その感触に驚いて泣きだしてしまいました。母親の話では、その2年後に、妹も同じように芝生に向かっていきましたが、触れても平気で進んでいったそうです。

　現在13歳のラリーは、主に音と布地、食べ物に敏感です。幼稚園まで、スウェットのシャツとパンツしか着られませんでした。ジーンズのザラザラした感触に耐えられなかったのです。ウォルトと同じく、新しいことが苦手で、キャンプや長期の旅行には行きたがりません。

　ミッチェルは5歳。HSCのあらゆる特徴を併せ持っているような子です。特に新しい社会経験の場でもある学校は、通うのに苦労しました。誕生パーティーが好きではなく、仮装大会の衣装も着たがらず、人に注目されるのが嫌いです。一見、言葉を発するのに時間がかかるのは、話す前にあれこれ考え過ぎるからです。年上のいとこが遊びに

来た時、まねをして早く話そうとしたのがうまくいかず、吃音症になりました。味覚や触覚も敏感で、混ぜてある食べ物や、ザラザラした靴下が苦手です。服のタグが首や腰に当たるのを嫌がるので、母親はいつも切り取っていました。

■ ベビーサークルから離れなかった男の子、エミリオの例

エミリオは7歳。他のHSCとあまり似たところはないようですが、基本的な「感覚」には共通するものがあります。とても外向的で、初対面でも平気です。食べ物の好き嫌いはなく、積極性もあり、着る物に文句も言いません。でも、騒音とパーティーが苦手で、たくさんのダウンタイム(休憩)が必要です。また、予定を立てないと動くことができません。自分が幼い頃に執るようになった対処行動を見ると、彼が敏感であったことがよく分かります。とても賢く対応していたということでしょう。

生まれてからの2カ月間、エミリオは毎晩決まった時間に泣きました。痛ましいほどでした。両親はベビーサークルを買いましたが、それをとても気に入ってしまい、今度は他の場所に行きたがらなくなりました。食べるのも、眠るのも、遊ぶのもサークルの中。母親が外に出そうとすると泣きわめき、ハイハイができるようになってからも、すぐにサークルに戻ってくるようになりました。戸棚やクローゼットには興味を示さず、ベビーサークルが彼の世界全てのようでした。

近所や親戚の人たちは、エミリオのことを気の毒に思いました。「そんな牢獄のような所に押し込めているから、外に関心が向かないのだ」と、母親にサークルを片付けるよう言いました。よくある善意の、しかし、子どもにも親にもよくないアドバイスの典型です。

でも、母親は、幼いわが子をサークルから引き離すことができませんでした。それによってエミリオは、最高に幸せな時間を過ごすことができたのです。

第1章 人一倍敏感で、育てにくい子 51

サークルは居間にあったので、家族団欒（だんらん）の中には大抵エミリオがいました。エミリオにとって、サークルは牢屋ではなく、お城だったのです。ですから母親は、まるまる太った息子が跳び跳ねて床にヒビでも入らない限り、サークルのことは構わないでおこうと決めました。大人になっても卒業できないようなことはないと分かっていたからです。そして実際、２歳半で弟にサークルが必要になった時、自分はもう赤ちゃんではないと言って譲りました。

◆ HSC にさまざまなタイプがある理由②
〜「用心システム」と「冒険システム」のバランスが関係しています

HSC にさまざまなタイプがある第２の理由は、脳内の「行動抑制システム」にヒントがあります。

このシステムは、どの人の脳にもありますが、人一倍敏感な人の場合、特に強力で活発に働いていると考えられ、敏感性の原因を示す科学モデルにもなっています。このシステムは、脳の右半球（前頭部皮質という思考をつかさどる部分）と関連しており、右脳の電気活動が活発な赤ん坊が、HSC になりやすいといわれています。

個人的には、このシステムの名前は「用心システム（pause-to-check system）」のほうがふさわしいのではないかと思います。まさに、自分の置かれた状況を見て、過去に似た記憶がないかを確かめているからです。似た経験があっても危険ではなかった場合、「抑制」はほんの一瞬で終わります。似た経験が怖いものであった場合には、確認のために停止した後、すぐに逃げる決断を下します。

敏感な人の場合、あらゆる状況から多くの情報を得て処理するので、おそらく立ち止まって確認したい衝動が強いのだと考えられます。

もう一度、牧草地の端で立ち止まっている２頭のシカを考えてみましょう。敏感なシカは、かすかな臭いや気配、微妙な色の変化、風や捕食者によるひそかな空気の動きを察知します。もう１頭のシカはそのようなことに気づかないので、脳で情報を処理することも、もちろん立ち止まることもありません。

　敏感でないシカは、強い「行動活性システム」を備えています。牧草地に良質の草を見つけると、大して確認もせずにそこに向かいます。このシステム（私は「冒険システム（go-for-it system）」と呼びたいと思います）によって、私たちは人生に意義あることを探究し、やり遂げたいと思うのです。新しい経験を求める心、新しいことに挑戦する意欲、知りたい、手に入れたい、成功したいと願う気持ちの源です。

　誰にもこの両方のシステムが備わっていて、別々の遺伝子によってコントロールされています。ですから、用心システムが非常に強い人、逆に冒険システムが強い人、あるいは２つのシステムがどちらも強い、どちらも弱い、ということがあります。

　アンや、チャックのように、両方のシステムがどちらも強いHSCは、いつも探究心旺盛で、新しいことに挑戦したり、高い所に登ったりするのが好きです。でも、HSCは通常は注意深く、大きなリスクを取ることはしません。自分の限界が分かっているからです。

　つまり、HSCが多様である背景には、この２つのシステムの相対的な力関係があります。これについては第３章で詳しく見ていきましょう。

第１章　人一倍敏感で、育てにくい子　53

◆ HSC にさまざまなタイプがある理由③
～敏感さを、別の観点で見てみると……

HSC にさまざまなタイプがあるのは、
①さまざまな遺伝子の組み合わせによる
②用心システムと冒険システムのバランスの違い
と考えてきました。

　ここから、さらにもう一つの原因、気質についてお話ししましょう。

　気質の研究では、その分類方法がいくつか提唱されています（私はこれを、ワンホールのケーキの切り方に、いろいろな切り分け方があるようなものだと思っています）。

　いちばん知られているのが、アメリカの精神科医、アレクサンダー・トマスと、ステラ・チェスによる、9つの気質でしょう。HSC の子どもを理解するためには、ここに挙げられているような気質の要素を知っておくことが大切です。

　それぞれを敏感さの観点から見てみましょう（気質の定義はジャン・クリスタル著『ザ・テンペラメント・パースペクティヴ（気質の見方）』によります*6）。

トマスとチェスの「9つの気質」

(1) 刺激への感度

　トマスとチェスによる分類の中では、「敏感さ」に相当します。ただし、ここでいう感度とは、主に五感によるもので、経験したことに対する情緒的な反応は含まれていません。

(2) 活動性

　活発な子どもは意欲にあふれ、独立心があり、全てに全身全霊で向かっていきます。このような子は、大抵器用で行動も早く、積極的な

発言をし、学習意欲がありますが、親にとっては手がかかるかもしれません。活発でない子は、静かで、落ち着いていて、慌てることがありません。HSC の活動性は、非 HSC と同様に個人差はありますが（おそらく冒険システムの影響を受けるのでしょう）、活動性は、外の世界へ向かう力になります。ただし、エネルギーレベルを考える時は、見えているところだけではなく、内なる活動性にも注目しましょう。

　子どもたち、特に HSC の中には、静かに見えても、内にはエネルギーがあふれている子がいるものです。

(3) 感情反応の強さ

　感情の激しい子は、喜怒哀楽をストレートに表現するため、親は子どもが何を考えているか分かりやすいです。そうでない子は、嫌なことがあってもそれほど騒がず、控えめで、かんしゃくを起こすこともありません。

　HSC の場合、強く反応はしていても、多くは外に大々的に出すよりも、胃痛や不安といった形で自分の内に出すので、一見、感情が激しくないように見えます。でも注意していれば、このような内側の反応に気づくことは難しくありません。もちろん、感情を外に出すHSC もいます。そのような子は、少なくとも成長した時に、周囲に自分が圧倒されていることを伝えられるという利点があります。

(4) 規則正しさ

　規則正しい子どもの場合、行動の予測は簡単です。いつおなかがすくのか、眠くなるのか、トイレに行きたくなるのかが分かります。成長すると、習慣を大切にし、部屋を片付け、決まった内容の食事を取り、時間どおりに仕事をするようになります。

　HSC のほとんどが、規則正しい生活をします。おそらく秩序が重要な要素になっているからでしょう。これはあなたにとっても、子ど

もにとっても、大きな利点になります。でも、全く予測できないケースもあります。

⑸ 順応性

　順応性の高い子どもは、状況が変わったり中断したりしても、柔軟に対応し、流れに任せて進むことができます。旅などが得意です。順応するのに時間がかかる子どもは、いつ何が起こるかを知りたがり、突然の変化を嫌がります。先が分からない時は、自分で状況をコントロールしようとするため、「食事の時間だよ」と声を掛けられただけで動けなくなったり、かんしゃくを起こしたりすることもあります。

　HSC は、一見順応性が低いようですが、実際は人一倍順応しようとしています。新しい状況では穏やかに過ごせず、予想外のことが起こると圧倒されたり、怖がったりしますが、一方で、順応しないとどうなるかも分かるため、なるべく柔軟に動こうとします。親にとってもどかしいのは、このタイプの子どもたちは、家の外ではしっかりしているのに、帰ってくると、ちょっとしたことでも八つ当たりしたり、泣いたりすることです。これは、社会に適応するため必死で変化に対応しているからです。家庭ではその負担から解放されたと感じるのでしょう。

⑹ チャレンジ力

　物事にすぐに飛び込んでいく子もいれば、準備に時間がかかる子もいます。HSC は特に確認の時間が必要です。ただし、HSC でも冒険システムのレベルが高い子は、安全だと感じさえすれば、新しい人や物事にすぐに関わっていきます。

⑺ **集中力・こだわり**

　一つの作業にこだわる子どもがいます。やり始めたらとことんやる、できるところまで練習しようとします。このような子どもは、問題にならない範囲なら「集中力がある」と言われ、それを超えると「頑固」と呼ばれます。何をやっても続かない子は、一つのことを少しすると、また次に移ります。イライラしやすく、飽き性といえます。

　この気質は敏感さとは別のものですが、その影響を受けます。例えば、HSC は物事を深く処理するので、こだわりやすい傾向があります。一方で、どうしたら完璧にやり遂げられるかを考えるので、それがうまくいかないといらだち、興奮し、挫折感を味わって投げ出したくなり、なかなか続かないケースもあります。あるいは、誰かが自分に別のことをしてほしいと思っていることを察知すると、さっさとやめてしまう、つまりこだわらないこともあります。

⑻ **気の散りやすさ**

　気が散りやすいとは、ある作業から簡単に離れられる、あるいは次の行動へと簡単に移ることができる気質のことです。粘り強さがないこととは違います。気が散りやすい子は、本を読んでいる時に誰かがそばを通ると、本から顔を上げます。その子がこだわりの強い子なら、また読書に戻ります。こだわりのない子なら、通った子に目を向けたままです。また、気が散りにくい子は誰が通っても気づきませんが、その子がこだわりのない子なら、長時間本を読むことはないでしょう。それは必ずしも、気が散りやすいからではありません。

　HSC はたくさんのことに気がつくので、気が散りやすい傾向にあります。ただ通常は、受け取った情報を深く処理する性質のほうが気の散りやすさよりも強く、不安のない静かな場所では集中力を発揮することができます。

⑼ 性格の傾向

「この子は生まれつき明るい」「生まれつき短気」「生まれつき暗い」
などと言われることがありますが、医師やカウンセラーの多くは、今
ではこのような「生まれつき」といった言い方はしません。というの
は、子どもの性格（気分の質）というのは、その子の環境と経験に大
きく影響されることが分かってきたからです。

　私の見てきたところでは、HSC に特によく見られる性格というも
のはありません。ただ通常よりも、人生経験の影響を受けやすいよう
に思います。

◆子どもに貼られたレッテルを、はがしてみましょう

　締めくくりに、HSC に向けられたいくつかの誤解についてお話し
しましょう。

　おそらく周りの人々は、子どもに、もっともらしいさまざまなレッ
テルを貼ってきたと思います。ついついそれを気にしてしまうかもし
れませんが、これからそのレッテルが本当に妥当なものかどうかを考
えてみましょう。

① こだわっているのは、本当に「ささいなこと」ですか

　まず、子どもは本当に「ささいなことにこだわる子」でしょうか。

　HSC は確かに、ちょっとした変化や違いに気づきます。でも、そ
れが「ささいなこと」なのかどうかは人によります。ある人にとって
は、清潔で整頓されていて、臭いもなく快適だと感じていても、別の
人には、汚くてボロボロで、嫌な臭いがすると感じることもあります。

　あなたは、マカロニが貝殻の形をしていようが、穴が開いていよう

が、同じマカロニではないかと思っていても、子どもはそうは思わないかもしれません。子どもの感じ方を尊重しましょう。敏感な子に接する時に大切な基本です。子どもの反応にイライラしてもかまいません。親子それぞれ好き嫌いはあります。ですが、互いを尊重しなくてはなりません。子どもがマカロニの形を気に入らないと言うのなら、そのままにさせておきましょう。ただ、苦手なら苦手と、きちんと伝えさせることが大切です。

第7章では、子どもが不機嫌な時の対応のしかたについてアドバイスします。しかしこの反応は、「ささいなことへのこだわり」とは呼びません。

② 生まれつき臆病な子なのでしょうか

第2に、子どもは生まれつき引っ込み思案だったり、臆病だったりするわけではありません。

人間でも動物でも、生まれつき、あらゆるものをひどく怖がるようなことはないと私は考えています。高所恐怖症などの特殊な例は別として、私たちは恐怖という感情を経験から学んでいくのです。実は、その怖がり方が敏感さによるものか、過去の恐怖体験によるものかを見分けるのは、そう難しくありません。

イヌやネコを飼っている人ならお分かりでしょう。どんなイヌもいきなり飛びついたりはせず、ためらいながら観察しています。でも、敏感なイヌは警戒しつつも好奇心を持って近づき、やがて慣れ親しんできます。そして、次に会った時もそれを覚えています。臆病なイヌはあまりこちらを見ようともせず、落ち着きなくおろおろするばかりで、近づいてくることはまずありません。あったとしても、次の時にはまた最初から同じことを繰り返します。

確かに、HSC は、つらい経験をしていたり、不安を抱えていたりすると、今置かれている状況を過去に照らして安心することができず、

第1章　人一倍敏感で、育てにくい子　59

全てを怖がってしまいます。でも、このような子どもたちを、ただの怖がりだと片付けてしまうと、彼らの本質や価値を見誤ってしまうことになります。色白で、ブロンド髪の青い目の人を見て、「ほら、皮膚がんになりやすい人だよ」とは言わないでしょう。HSC も同じです。怖がりになることばかり心配せず、どんな気質にも何らかの目的があるのだと考え、マイナス面だけではなく、プラスの可能性に目を向けていきましょう。

　HSC はまた、生まれつき「臆病」なわけではありません。他人の言葉を恐れ、自信のなさそうなことを「臆病」というなら、生まれつきそんな人はいません。「臆病」という言葉は、いいかげんな意味で使われています。何か訳があって前に進むのをためらっている人も「臆病」といいますし、動物なんかでも、「生まれた子の 1 匹は臆病だ」などといいます。ためらいや戸惑いをひとくくりに「臆病」と呼んでいたら、実際は敏感なだけの HSC に、間違ったレッテルを貼ることになるでしょう。

　息子の入園日と、その15年後の甥の入園日に付き添った時のことです。息子も甥も HSC で、ただ部屋の後ろに立って、他の子どもたちがおもちゃで遊んだり、動き回ったりするのを見ていました。私には、怖がっているわけではないことは分かっていました。好奇心を持って観察しているだけなのです。でも、息子の時も甥の時も先生がやってきて、「内気な子ね？」「恥ずかしいの？」と尋ねられました。レッテル貼りはすでに始まっていたのです。

③ 内気だからといって、人嫌いなわけではありません

　第 3 に、子どもがもし内向的な HSC だったとしても、「人嫌い」なわけではありません。

　内向的とは、大勢の人といるよりも、1 人 2 人の親しい人といるのを好む性格のことです。初めての人や新しい物事に飛びつかず、じっ

60

くり考えるのに対し、外向的な人は積極的に近づきます。別の言い方をすれば、内向的な人は物事の内側にあるもの、自分の感じ方を大切にし、外向的な人は目に見えるもの、客観的な体験を重視するという言い方もできるでしょう。

この研究を始めた頃、私は「敏感であることと内向的であることは、同じではないか」と考えていたことはすでにお話ししました。

先ほどの説明からすると、確かに同じだといえます。でも多くの人は、内向的とは「社会的内向性」のことだと考えています。もしこの定義によるなら、これも前に述べたとおり、HSCの70パーセントは内向的ですが、全員ではなく、中には外向的な人もいることになります。また、「社会的内向性」を持つ人全てが、人一倍敏感であるわけでもありません。外向的、内向的というのが生まれつきの差なのかどうかは分かっていませんが、大切なのは、自分の子どもに合った、いちばん心地よくいられるスタイルを知ることです。

④「過剰に敏感」なわけではありません

第4に、子どもは「過剰に敏感」なわけではありません。

医学系の専門家は、敏感であることを病気ととらえる傾向があります。敏感過ぎて、受け取った情報を選別したり統合したりできない障害だと考えているのです。実際、感覚統合療法によって治すことができる症状の一つに「過剰に敏感であること」が含まれています。

感覚統合療法を否定するつもりはありません。敏感な子にも（もちろん、そうでない子にも）、バランスを取りにくい、動きがぎこちない、調整能力に欠けている、などといった感覚統合の問題があることもあります。

HSCを持つ親の中には、感覚統合療法は、よかったけれども時間がかかると言ってくる人も大勢いました。しかし、私が定義している「敏感さ」とは、治療対象ではなく、ましてや治るものでもないと考

第1章　人一倍敏感で、育てにくい子　61

えています。HSC が「過剰に敏感だ」とか、「必要のない情報を受け取る」などという言葉を聞くと、それが本当に正しいのかどうか、さまざまな関連を発見して事件を解決していった、シャーロック・ホームズのような気分になります。

⑤ **精神疾患ではありません。むしろ病気になりにくい強さも**

最後に、HSC は精神疾患ではありませんし、異常なストレスにさらされない限り、精神疾患になることもありません。[*7]

ハーバード大学のジェローム・ケイガン教授は、「鋭く反応する幼児」の90パーセントは、大人になって慢性的なストレスや不安を抱えていないと言っています。[*8] また、家族がすでに不安障害であるような特殊な場合を除いて、[*9] 青年期の不安は、幼児期の内気さとは無関係だということが、[*10] いくつかの研究によって分かっています。

私自身の研究でも、大きな問題のない小児期を送った HSC が、不安や抑うつ状態、臆病な性格になる割合は、HSC でない子と差がないという結果になりました。

さらに、2つの研究により、よい幼少期を過ごした「鋭く反応する子ども（つまり HSC）」は、そうでない子どもより、病気やケガになりにくいという結果が出て、心も体も健康であることが示されています。[*11]

◆よくある誤解 ―― HSC かどうか、最終的な結論を出す前に

　いちばん初めに、子どもが HSC かどうかを判断するには、この章を読んで書かれていることが当てはまるかどうかを調べてほしいと書きました。その結論を出す前に、いくつか補足しておきたいことがあります。まず、子どもが、たった一つのことや、その年齢にありがちなことにだけ敏感な場合は、おそらく HSC ではありません。

　例えば、大半の子どもは、生後半年から１歳ぐらいまでは人見知りをし、２歳頃には物事のやり方にこだわるようになります。小さい子は大抵大きな音や両親と離れることを嫌がりますし、ほとんどの子が怖い夢を見ます。

　また、例えば弟や妹ができた、引っ越しをした、両親の離婚、シッターの交代など、大きなストレスや生活環境の変化の後に敏感になったり、怖がりになったりする場合も、HSC ではないと考えていいでしょう。

　ひきこもる、食事をしたがらない、強迫観念がある、しょっちゅうけんかをしかける、否定的な自己イメージを持つ、絶望的になるなど、心配な変化が前触れもなく起こり、それが続く時には、チームで治療を行っている専門家たちの助けを借りる必要があります。少なくとも児童心理学者と児童精神科医、小児科医のそろったチームに相談しましょう。HSC の反応は生まれた時からほぼ一貫していて、突然変化するものではありませんし、悲観的になるばかりでもありません。

　HSC は、そうでない子と比べて目立った反応をしますが、それは彼らにとって正常範囲のものであり、その他の行動についても平均的です。歩きだしたり、話し始めたりする時期は他の子と変わりません。

　ただ、トイレトレーニングやおしゃぶりの卒業は、少し遅れる傾向が見られます。HSC は、人だけではなく環境も自分がよく分かっているものに接したがります。幼いうちは、学校ではおとなしいのに、

第１章　人一倍敏感で、育てにくい子　63

家族や親しい友達とはよくしゃべることがあります。慣れた環境では
リラックスしているのです。

■ 多くの HSC が、ADHD と誤診されています

　よく受ける質問に、敏感な気質と、ADD/ADHD（注意欠陥・多動
性障害）との関係について教えてほしいというものがあります。

　表面上はこの2つはとてもよく似ていて、多くの HSC が、ADHD
と誤診されていると言う専門家もいます。私は HSC が、ADHD だと
いうことは、ありえると思います。でも、この2つは同じではありま
せんし、ある意味で正反対ともいえます。

　例えば、HSC の大半は右脳の血流が左脳に比べて活発ですが、
ADHD の子は左脳の血流のほうが活発です。ADHD の子どもは、お
そらく冒険システムが極めて活発で、用心システムが比較的おとなし
いのでしょう。HSC と ADHD が混同される理由の一つに、HSC はい
ろいろなことに気づくので、ADHD の子のようにすぐに気が散って
しまうことがあります（といっても、時には一つのことを深く考え込
んで、他のことにはあまり気づかないこともありますが）。

　しかし、ADHD は、意志決定したり、集中したり、結果を考えた
りするのに適切な機能が全般的に欠如している疾患です。HSC の場
合は普通、少なくとも穏やかで慣れた環境にいる時は、これらのこと
を得意とします。ADHD の子は何かしらの理由により（理由は分か
っていません）、「優先順位をつける」「いったん外の景色に心奪われ
ても、元どおりに注意を戻す」「先生が自分ひとりに話しているわけ
ではないと分かる」といったことが不得手です。

　HSC は、必要な時には、少しは気が散るものから意識をそらすこ
とができます。しかし、そのために多大な精神的エネルギーを使いま
す。

　気が散る要因がたくさんある時や、そのような状況が長引く時、あ

るいは、動揺してすでに内面から過剰な刺激を受けている時に、さらに外からの刺激を受けると、圧倒され興奮して「おかしな」振る舞いをしがちです。

　これが、ADHDと間違われてしまうもう一つの理由です。学校での長く雑音の多い生活の中では、途中で疲れてしまうこともあります。大切なテストで興奮したり気が散ったりしていつもどおりできないのではないかと不安になると、神経が高ぶって、ふだんなら気にせずに済むことでも気になってしまうのです。

　ADHDの治療には、さまざまな支援制度があります。診断されれば支援の対象になるので、教師はHSCをADHDだと評価することがあります。

　前にも述べましたが、異質な行動の原因が敏感さにあるとは、人はなかなか考えないものです（気質について研究している人々の間では、ADHDの多くは正常な範囲の特性であり、敏感性と同様、誤解されているのではないかということが大きな議論になっています。ADD/ADHDについての興味深い文化的議論については、リチャード・デグラドプレ著『リタリン・ネイション（薬漬け国家)』をごらんください。HSPについても取り上げられています）。

▍HSCは、自閉症やアスペルガーとも違います

　子どもに自閉症やアスペルガー症候群といった問題があれば、普通は親や小児科医が早い段階で気づきます。

<u>自閉症</u>

　自閉症の赤ちゃんは、笑ったり、表情を作ったり、指さされた所を目で追ったり、はっきりと発音したりすることができません。2、3歳になっても、人に興味が少なく、こちらが求めても、笑いかけても、

第1章　人一倍敏感で、育てにくい子　65

あまり反応しません。

私の知る限りでは、コミュニケーションを取りたがらず、空想遊びもしないようです。この点が、過剰な刺激を受けている時以外はコミュニケーションを望む HSC の行動と異なります。

敏感な人は、人口の約20パーセントに見られます。自閉症の子どもは、1万人に2～4人で、そのうち4分の3が男児です。敏感さは正常な特性ですが、自閉症は疾患です。

アスペルガー症候群

アスペルガー症候群の子どもは約500人に1人いて、男児のほうが5倍多いです。アスペルガーの子どもには、妙な姿勢をとる、タイミングのずれた動作をする、動きがぎこちない、リズム感がない、字を書くのが下手など、運動面での問題が多く見られます。

HSC も、試験でストレスを感じたりすると、うまく調整できないこともありますが、それ以外の症状は見られません。

アスペルガーの子は、コミュニケーションを取りたがりますが、人の話を聴いたり、話すタイミングを直感的に理解することができず、なかなかうまくいきません。婉曲表現や皮肉を理解する、秘密を守る、顔色を読む、といったことも苦手です。誰も興味がないような事柄について、淡々と話すことがよくあります。このような点はいずれも、HSC では見られないことです。

HSC と混同される理由は、自閉症やアスペルガーの子どもたちは、感覚的な刺激に極めて敏感な点です。でも、場の空気や相手の気持ちには敏感とはいえません。これが HSC と大きく異なるところです。

HSC は、「自閉症スペクトラム」のうち、程度の軽いほうに属するのではないかという議論もありますが、私は違うと思います。「自閉症スペクトラム」の程度の軽い子を表現するなら、何か癖があったり、風変わりだったり、融通が利かなかったり、感情が乏しかったりと

いうことになるでしょう。

HSCを含め、疾患がない子どもは、生まれつき人と関わることを望んでいます。そのようにプログラムされているのです。第6章で触れますが、すでにお母さんの子宮にいる時から、感情面での反応を見せています。障害がある子の場合はそうではありません。

■ 悩んだ時は、さまざまな専門家からのアプローチを

確信が持てない時には、さまざまな専門家と連携している支援機関（日本では、国や自治体、NPOなどで取り組んでいるところがあります）に相談しましょう。

お金がかかるかもしれませんが、問題を早期に見つければ、事態は好転しますし、そのほうがはるかに負担は軽くて済みます。専門家同士のつながりのあることが必要です。というのは、小児科医だけでは、体の症状とその解決ばかり重視する可能性があるからです。

精神科医は精神疾患を探します（薬の助けを借りることもあります）。心理学者は言動に注目して解決しようとしますが、体の問題は見逃してしまうこともあるでしょう。作業療法士は感覚運動の問題とその解決に力を入れ、言語療法士は言語能力に注目します。ソーシャルワーカーは家族、学校、地域の環境を調べます。このような人たちがつながることで、大きな力を発揮するのです。

実際には、注目するどの分野にも何かしらの問題があることもあります（個人的には、子どもの行動問題を治療しようと思ったら、薬物療法だけではじゅうぶんではないと思います。問題が何であれ、その対処法を学んでいかなくてはなりません）。

詳しい評価を得るには、数日では無理です。おそらく数週間かかるでしょう。

評価する時は、親や教師、保育士、これまでに子どもを見てきた専門家たちから話を聞くことになります。子どもや家族の既往歴も必要

第1章　人一倍敏感で、育てにくい子　67

です。中には親子の両方に会いたいという専門家もいると思います。とにかく全体を見て判断できる、このテーマに知識を持っている人に評価してもらわなくてはなりません。残念ながら、専門家の中にはそのようなことができない人も多く、重大な間違いを犯すこともあります。評価の前後を通してサポートし、励ましてくれる専門家を探しましょう。信頼し、尊敬できる人であることが必要です。彼らは子どもの人生に大きな影響を与えるからです。出された評価に疑問がある場合は、セカンドオピニオンを求めましょう。専門家側もそれを歓迎するはずです。特別な理由がない限り、どんな治療にも、すぐには飛びつかないようにしましょう。

　HSCは、大抵はのびのびしていて、よく知っている人となら積極的に関われる普通の子どもです。人の話を聞くことや自分を表現することも、わけなくできます。確かにストレスを受けると、動転して何もできなくなることはありますが、機嫌がよく、親しみやすく、好奇心旺盛で、自分に誇りを持っている子どもの姿を、あなたは見てきているはずです。そのことを忘れないでください。

　子どもの敏感さを「治療」するべきなのでしょうか。いいえ、そんな必要はありません。子どもがこのような気質を持ったまま、環境に溶け込んでいくことを、親が後押しすることはできます。しかし、気質を治そう、取り除こう、隠そうとするのは、さらなるトラブルを招きがちです。社会に出ると、特に男性は、大変な労力を払ってもその敏感さを隠そうとします。しかし気質の多様性は「人生のスパイス」であり、おそらく種が生き残るために必要なことなのです。

◆ HSCを育てることは、最高に幸せな挑戦です

あなたは、子どもの幸せや成功を心配してはいませんか。もしそうなら、そのような心配は捨ててしまってください。

大勢のHSCが、他の子よりも、はるかにたくさんの喜びと、はるかに深い満足を感じることができると語っています。HSCには著名な教授、裁判官、医師、研究者、人気作家、芸術家や音楽家もたくさんいます。

確かに、子どもは、問題や痛みを人一倍感じることになるでしょう。人それぞれ幸せと感じることは違いますが、誰もが生まれながらに求める幸せは何かといえば、それは「知ること」。しかも大事なことを深く知ることです。その意味でHSCは、素晴らしい資質を備えた人間だといえます。たとえ苦痛や喪失、人の死を深く感じることになったとしても、最高の幸福を手に入れることができます。そしてあなたは、子どもが感じていることを共有し、人生を一緒に歩んでいくことになります。つまり、あなたの人生も、それだけ深みのあるものになるということです。

次の章で述べますが、HSCを育てることは、人生で最大の、そして最高に幸せな挑戦です。問題を解決するたびに、あなたは成長し、大きなものを手に入れていくでしょう。親に多くのことを要求してくる子ほど、親に大きな喜びを与えてくれるものです。

◆学んだことを実践してみましょう

本章では「敏感」という気質、その特色、そして敏感さ以外の気質について学んできました。HSC についての誤解も解けたことでしょう。

今あなたは、自分の子どもを新しい視点でとらえることができる素晴らしい状況にいます。次の評価表に記入してみてください。ひとりでもいいし、夫や妻、学校の先生、シッターと一緒に行うのもいいでしょう。両方の方法でやってみて、結果を比較することもできます。

┌─────────────────────────────────────┐
● 敏感さのタイプ　チェックリスト
└─────────────────────────────────────┘

□**身体面での敏感さ——感度**

　　例・ザラザラした布地、服のタグなどに敏感である

　　　・かすかな音や臭いに気づく

□**身体面での敏感さ——複雑性**

　　例・人混みや騒がしい場所を嫌がる

　　　・混ぜた食べ物や複雑な味付けを嫌がる

□**身体面での敏感さ——反応の強さ**

　　例・他の子どもよりも痛みに強く反応する

　　　・騒音を嫌がる

□**感情面での敏感さ——感度**

　　例・人の機嫌を察知する

　　　・動物、赤ん坊、体、植物など、会話することができないものとのコミュニケーションを取るのが得意

□**感情面での敏感さ——複雑性**

　　例・他人に起こっていることについて独特の見識を持つ

　　　・複雑で鮮明な夢を見る

□感情面での敏感さ——反応の強さ

　　例・よく泣く

　　　・他の子の苦痛に深く動揺する

□新しいものに対する敏感さ——感度

　　例・部屋や自分の衣服のささいな変化に気づく

　　　・わずかな、少しずつの変化を好む

□新しいものに対する敏感さ——複雑性

　　例・多くの新しいことが起こるのを必要としない。好まない

　　　・初めての街への引っ越しなど、大きな変化を怖がる

□新しいものに対する敏感さ——反応の強さ

　　例・予想外のこと、びっくりすること、突然の変化を嫌がる

　　　・新しい環境には常に気後れする

□社会的に新しいものへの敏感さ——感度

　　例・しばらく会っていない人と再会すると、ペースを取り戻す
　　　　のに時間がかかる

　　　・しばらく会っていない人と再会した時、ささいな変化に気
　　　　づく

□社会的に新しいものへの敏感さ——複雑性

　　例・よく知らない人であるほど躊躇する

　　　・知らない人がいるグループに加わるのを嫌がる

□社会的に新しいものへの敏感さ——反応の強さ

　　例・知らない人の中で注目を浴びるのを嫌がる

　　　・一度に初対面の大勢の人と会うのを嫌がる

　　　・知らない人に質問されるのを嫌がる

●次に、トマスとチェスの気質のうち、7つについて子どもを見てみましょう（「刺激への感度」は、「敏感さ」のところですでに詳しく見ているので、ここでは評価しません。また「性格の傾向」は、前に述べた理由で評価の必要はないと考えます）。

　それぞれの気質について忘れている場合は、本書の54〜57ページを確認してください。

1	活動性	低い	普通	高い
2	感情反応の強さ	弱い	普通	強い
3	規則正しさ	低い	普通	高い
4	順応性	低い	普通	高い
5	チャレンジ力	接近する	その時による	回避
6	集中力・こだわり	低い	普通	高い

7　気の散りやすさ（新しい刺激にすぐに気が散るかどうか）

　　　　　　　　　　　　　　低い　普通　高い

●次に、子どもがたけていると思う点にチェックしましょう。

□芸術的な能力　　□学術的能力　　□知的ゲームの能力
□運動能力　　□忍耐力　　□共感力　　□誠実性
□ユーモアのセンス　　□精神世界への関心　　□知性
□やさしさ　　□社会的公正への関心　　□その他

●子どもについて、例えばどのような点に問題があると思いますか。

□調整能力の欠如、スポーツができない
□恥ずかしがり屋で、拒絶されるのを嫌がることが多い
□否定的な感情を持ったり、行動をしたりする
□頑固
□乱暴、わがまま、配慮に欠ける
□いい子過ぎる
□雑談ができない
□パソコンや、何か特定の物に多くの時間を費やし過ぎる
□短気
□騒がしい、がさつ
□押しが強過ぎて周りに拒絶される
□受け身過ぎて周りに敬遠される
□のみこみが遅い
□学習障害
□ ADD/ADHD
□その他

　ここまで挙げたものは、親なら誰でも問題と考えることでしょうか。それともあなただけでしょうか（他の家庭でこのようなことを問題ととらえるかどうかを考えてみましょう）。

第1章　人一倍敏感で、育てにくい子　73

●大きな出来事によって、子どもの人生が変わることがあります。下記のようなことが起きた時、どのような影響が考えられるでしょうか。

引っ越し〔   〕

離婚   〔   〕

病気   〔   〕

家族の死〔   〕

親友（かわいがっていたペットを含む）の死〔   〕

家族の病気（精神的なもの、身体的なもの）〔   〕

過去の虐待（身体的なもの、性的なもの）〔   〕

慢性的な貧困〔   〕

偏見   〔   〕

特別な成功、報賞、称賛〔   〕

世間からの注目〔   〕

親友ができる〔   〕

心の支えとなる人の存在（親しい祖父母、教師など）〔   〕

旅行などの強く印象に残る経験〔   〕

習い事（音楽、運動など）   〔   〕

持続的な活動（サッカー、ボーイスカウトなど）〔   〕

特殊な生活環境（大都市生活、田舎暮らし、貧困家庭など）

           〔   〕

宗教教育   〔   〕

文化的体験

  （観劇やコンサートに行く、科学者や作家が頻繁に家を訪れるなど）

           〔   〕

その他   〔   〕

●それでは、これまで書いてきたことを基に、子どもについて誰かに説明するつもりで、文章をまとめてみましょう。

・まずは、子どもの敏感さについて。次に、敏感さ以外の気質を説明しましょう。
・子どもの長所を全て挙げましょう。
・あなたの目から見た子どもの問題点を書きましょう。
・この問題点はあなたの見方の影響を受けていませんか（他の人から見たら「問題ない」ということはないでしょうか）。
・これまでの子どもの人生の中で、長所と短所がどのように変化してきましたか。
・もう一度、子どもの敏感さについて考えてみましょう。それは子どもの長所にどのような影響を与えているでしょうか。
・敏感であることが、子どもの短所にどのような影響を与えているでしょうか。
・子どもが問題を克服するに当たって、敏感さがどのように影響していますか。
・敏感さと、子どもがこれまでにしてきた大きな経験とは、どのように関係していますか。敏感さの影響が強くなったことはありましたか。弱くなったことはありましたか。
・振り返ってみて、ここで新たに学んだことを書きましょう。それによって、子どもへの接し方はどのように変わると思いますか。

　頃合いを見て、この評価を子どもの先生やシッター、医師、親しい家族にもしてもらうのがいいでしょう。

第1章　人一倍敏感で、育てにくい子　75

第2章

親のちょっとした
理解とスキルによって、
子どもの成長は大きく変わります

　HSC は、他の子どもよりも、親の接し方の影響を受けやすいです。また、必要なスキルも一人ひとり異なります。
　本章では、HSC の6つの特質を紹介し、それぞれに接する時のポイントを学んでいきます。HSC を育てる喜びも感じていただけると思います。

◆柔軟な子育てで、自信に満ちた大人へ
〜ハーバード大学を首席で卒業したマリアの例

　前章で、マリアという典型的な HSC を紹介しました。彼女はハーバード大学を首席で卒業しましたが、これは素晴らしい子育ての結果です。
　マリアの両親は、いわゆるエリートではありません。母親のエステルも HSC で、子どもの頃から苦労していました。その敏感さゆえに、問題のある家庭の中でまるでストレスのはけ口のような目に遭っていたのです。エステルは言います。「私は少なくとも、敏感な子が何に

傷つくかが分かっています」

　マリアが生まれた時は貧困生活でしたが、実家は援助するでもなく、余計な世話を焼くばかりで、むしろエステルは彼らから赤ん坊を守る必要を感じていました。彼女の直感は確かで、マリアの祖父は後に、子どもへの強制わいせつ罪で有罪判決を受けました。子ども、ましてやHSCを育てるのには適さない環境だったのです。

　エステルは、自分の歩くのをマリアがじっと見つめる姿から、生後２週間で、かつての自分のように敏感な子であることに気づきました。そこで、マリアの人格が形成されるまでは、ずっとそばにいて子育てに全力を注ごうと決心しました。

　子育てについて学び、そのうえで服のタグは必ずカットするなど、マリアに合わせた子育てをしていったのです。食事は好みが同じだったので、特に合わせることはありませんでしたが、エステルは、自分が両親に理解してほしかったこと、マリアを育てながら学んだことを実践していきました。

　育児書の中には子どもに新しい経験をさせることを勧めているものもありますが、エステルは、マリアに無理をさせることはありませんでした。しかし、この子なら必ずできるという確信があって、まだ幼いから自信が持てていないだけだという時は、後押しをしました。

　例えば、マリアが10代の時、家族ぐるみで仲良くしている友人からスウェーデンに行こうと誘われたことがありました。マリアは気が進まなかったのですが、エステルは行くことを勧めました。案の定、旅行に出て10日め、マリアはストックホルムから、「お母さん、旅行に行かせてくれてありがとう」と、感謝の電話をかけてきました。

　それでも、エステルは、マリアが敏感さゆえに「嫌だ」と言う権利を尊重しました。

　小学生の時には、授業で動物が屠殺される映画を見せられ、マリアは気が動転して教室から出ていってしまったことがありました。担任

の先生は困っていましたが、エステルはマリアに、「あなたは間違っていない、そんなひどいものを見る必要はないから」と味方になりました。こういったことが何度かあって、エステルはマリアを私立の学校へ行かせることにしました。そこでマリアの資質が花開き、卒業生総代になり、ハーバード大学への入学を勧められたのです。

エステルは常に、マリアの自己肯定感（自分は大切な存在だという気持ち。自己評価、自尊感情ともいう）を育むことを優先しました。

高校生になったマリアは、身長180センチを超え、それも自分は人とは違うと思う原因にもなったのですが、少し恥ずかしがり屋でも、その自己肯定感と配慮ある性格で、リーダー的存在になりました。幼稚園の頃から周りの子は彼女の意見に耳を傾け、その提案に賛成していました。人見知りはあったものの、友達と遊びたい気持ちが強く、実際には問題なく遊ぶことができました。

エステルは、マリアは遊ぶ相手が少なめで、他の子と比べて少し敏感でしたが、でもこの子ほど思慮深く鋭い子はいないと思っていました。

大人になったマリアにも、若い女性としての悩みはあります。こんなに敏感でなかったらいいのに、もっと背が低かったらいいのにと思います。いつも男性の欠点に気がついてしまうので、27歳でまだ結婚をしていません。大学卒業後は、静かな環境を求めて何度か引っ越しもしました。しかし、彼女はりっぱに仕事をこなし、海外出張も臆することはありません。昔、嫌がったスウェーデンへの旅行が、海外経験の第一歩になっていたのです。健康で、未来に自信もあり、彼女は母親のきめ細やかで柔軟な子育てによって、素晴らしい成長をしたHSC といえるでしょう。

◆ HSC に特に必要なのは、
　「助けてくれる人がいる」という安心感

　この頃のテレビ番組で、「子どもの性格は、育て方ではなく、遺伝子で全て決まる」という意見を耳にします。[*12] 確かに昔は、子どもの性格形成において、親の、特に母親の役割が重視され、遺伝的な影響は検討されることすらありませんでした。その反動で、このような意見が出てきたのでしょう。

　しかし、研究によって、子育てが子どもの性格に影響を与えること、特に HSC の子の場合はその傾向が強いことが分かってきました。

　サルを対象にした実験で、敏感なサルを生後すぐ、落ち着いた性格の母ザルと、神経質な母ザルの所に分けて育てさせ、成長経過を観察したところ、落ち着いた母ザルに育てられたほうがはるかに活発に育ち、中にはリーダーになったサルもいました。そして、敏感なサルは、そうでないサルに比べて、母親から引き離された影響を大人になっても強く受けていることも分かりました。[*13]

　親から完全に引き離されるようなことはなくても、研究によると、保護者がストレスや抑うつ状態のために育児ができなくなっていたり、不在がちであったり、不安を抱えていたりすると、HSC はその影響を受けやすいのです。

　米国ミネソタ大学のミーガン・ガナー教授の研究チームが、とても敏感な9カ月の赤ん坊を、よく気のつく、たくさん遊んでくれるベビーシッターと、そうでないシッターに分けて30分間預け、観察しました。[*14]

　よく気のつくシッターに預けられたグループは、親と離されていてもストレスは小さく、母親がいる時とほぼ変わりませんでした。面倒見の悪いシッターに預けられたグループは、特に HSC の場合、引き離されたストレスを強く受けていました。

このチームは、他にも生後1歳半の幼児を対象に、母親との結びつきについての研究を行いました。[*15] 結果、母親との関係が不安定である（これについては第6章で述べます）HSCは、新しい状況に動揺して体が反応したのに対し、母親との関係が安定しているHSCは影響を受けませんでした。HSCでない子は、母親との関係にかかわらず、新しい状況に動揺することはありませんでした。つまり、母親との関係が安定していないHSCのみが、新しい状況に強いストレスを受けたのです。他の研究でもそのような結果が出ています。[*16]

新しい出来事を、どれだけ怖いと感じるかは、子どもの生まれ持った性質によります。同時に、「きめ細やかな子育てによって、じゅうぶんな安心感が得られれば、ストレスに左右されない力が備わっていく」という結論が得られました。[*17]

例えば、HSCの子が母親から引き離された時、面倒をしっかり見てくれる人がいてくれれば、それほど動揺しませんが、そうでない人に預けられると、強い不安を覚えます。極めてストレスのかかる、慣れない環境に置かれた時、安定した愛情を得られない影響は、HSCの場合、人一倍受けやすいのです。

大切なのは、「必要な時は、助けてくれる人がいる」という安心感です。HSCの場合は危険をより鋭く察知するので、周りに支えてもらうことが必要です。しかも、母親や周りの大人が自分をどれほど理解し、助けてくれるのかを、よく感じ取っています。

◆その子のありのままを受け入れることが大切です

　家族の接し方が子どもの性格に影響を与えるといっても、どの子にも同じようにというわけではありません。[18]生まれた時の親の状況や、子どもの個性によって、育て方も変わってきます。同じように接していても、子どもの気質によっては、まるで別の家庭で育ったかのような差が出ることもあります。きっと、親に「いい親」「悪い親」があるのではなく、それぞれの得意分野と、子どもとの相性があるのだと思います。

　そのため、きょうだいを同じように育てても、そのうちのひとりだけがうまくいったり、いかなかったりします。しかし、親のちょっとした理解とスキルによって、子どもの成長は大きく変わります。「子どものペースに合わせた子育て」は、親子の気質が同じであることよりも重要です。子どもに合わせるとは、その子らしさを大切に育める家庭や学校の環境を整えることです。スポーツを好まない静かな芸術家タイプの子が、ある家庭では理想とされ、別の家庭では失望の対象になるかもしれません。でも、親がその子のありのままを受け入れれば、「子どものペースに合わせた子育て」ができます。

　親に子どもの気質を理解する訓練を受けてもらったところ、子どもの問題がはるかに少なくなるという結果も出ています。[19]

　本書はある意味、「子どものペースに合わせた子育てのためのガイドブック」です。しかし、親子関係はさまざまですから、税金や家のことなら税理士や建築家に頼るように、HSCの子育ても、しっかりしたカウンセラーやセラピストの力を借りるのが賢明だと思います。困った時に相談できる人がいるのは心強いものです。

　ですが、HSCには子育ての専門家すら知らないような性質がたくさんあるため、この本のアドバイスが役立ちます。

　まず大切なのは、「子どものペースに合わせた子育て」です。子ど

もの敏感さを、まずあなたがしっかりと受け止めることが必要です。今思えば、私はHSCを授かる前から、この大切さが分かるような体験をしていました。

■ 個性に合わせた子育てを　～ビーグル犬とコリー犬の例

第1章でも述べましたが、イヌにさまざまな種類があるように、子どもにもさまざまなタイプの子がいます。飼い主との相性を考えて、これだけ多くの犬種が開発されてきましたが、反対に飼い主のほうからも、時間はかかっても、イヌの気質に合わせていくことができるはずです。

小さい頃、鼻の敏感な小型犬ビーグルを「スター」という名前をつけて飼っていました。スターは散歩の時、飼い主よりも「臭い」に気を取られていました。スターが1歳の時、イヌのしつけ教室に参加し、スターをドッグショーに出したいと思うようになりました。ところが、鼻以外は大して敏感ではなかったのでしょう。いざリングに上がって鎖を外すと、つながれている時はおとなしかったスターが、すぐにリングを飛び出し、臭いを追ってどんどん走っていきました。

その次に、プードルを訓練してショーに出場させようとすると、プードルはショーにはうってつけでしたが、いざパフォーマンスをする時は、ひどく緊張し、興奮して手がかかりました。

結婚してから、以前より憧れていたボーダーコリーを飼い始めました。白と黒の牧羊犬です。献身的で頭のいいイヌで、サムという名前をつけました。その時は、まだ自分が人一倍敏感であることも、イヌによって気質がさまざまだということも知りませんでした。

サムの場合は私の心が読めるようでした。トイレも、初めての失敗の時、一度外に連れていっただけで覚えてしまい、二度と失敗することはありませんでした。歯が生える頃、1回だけ私の本をボロボロにしてしまったことがありました。精神生理学の授業の『動物の感情』

という本で、サムはひょっとして読んでいたのかと思ったほどです。

　９カ月になったサムを、しつけ教室に連れていき、チョークカラー（訓練用の首輪）をつけて「おすわり」の練習をさせたことがありました。訓練では、背中を押すとイヌは抵抗すると言われたので、教えられたとおり、背中をピシャリとたたき、顔がこちらを向くようカラーを引っ張り上げ、「おすわり」と言いました。すると、サムは震えて地面に這いつくばってしまいました。これではいけないと、私はサムを立たせてもう一度たたき、カラーを引っ張って指示を出す基本の訓練を繰り返しました。ところが、サムはさらに身をかがめ、激しく体を震わせました。まるで、「どうしてこんなことをするの？　私が何をしたというの？」と目で訴えているようでした。

　その日はあきらめ、次の日にまた同じ訓練をしました。できたら褒めてやろう、そうしたらサムもやり方が分かるだろうと思っていました。そのためにも、一度はおすわりができなくてはなりません。ところが、そのうちカラーを外しても、震えて這いつくばるようになってしまったのです。

　サムが壊れてしまいそうな頃になってようやく、私は、サムの背中を押して優しい言葉をかければよいと気づきました。サムには、何をしてほしいのかさえ伝わればよかったのです。

　私がやっとそれを理解してから、サムは「おすわり」「待て」「立て」はもちろん、「コーナーで休んでて」「後でここで会おう」「あれを取ってきて」「これを持っていって」「牛を追って」「子牛を集めて」「子牛を見張っていて」というような指示も聞けるようになりました。夜の森で夫とはぐれてしまった時に引き会わせてくれたり、空き巣狙いを追い払ったり、私よりも素早く状況を理解し、行動してくれることもしばしばありました。これが、ビーグル犬のスターだったら、泥棒がポケットにホットドッグでも忍ばせていない限り、見向きもしないだろうとみんなで笑いました。

第2章　親のちょっとした理解とスキルによって、子どもの成長は大きく変わります　83

サムは、とても自然に、私たちが何を望んでいるのかを気にかけ察知してくれました。それだけ"敏感な"イヌだったのです。私はサムから、その素晴らしさを見世物にしたくないという気持ちにさせる何かを感じ、ドッグショーに出すことをやめました。

　ビーグル犬のスターに、鎖につながずに言うことを聞かせるのはおそらく無理です。スターに望みを伝えるだけなら、マニュアルどおりの方法でじゅうぶんです。しかし、サムに伝えるには、特別なスキルと思いやりが必要でした。

　これは、動物でも人間の子どもでも、相手の心を読むことができるような場合は、愛する親や飼い主に厳しいことを言われると、圧倒されてしまうことが分かる典型例です。このような気質があることを、私は自分の息子が家を巣立つまで、はっきりとは分かっていませんでしたが、サムの存在で何となくは気がついていました。

■「困った子」「育て方が悪かった」と落ち込むことはありません

　私は、イヌの訓練では、たくさんのトロフィーやリボンをもらったほどの自信がありましたが、サムのことでその自信はなくなりました。サムにストレスを与えたことを申し訳なく思い、なぜ普通の方法では失敗するのかと戸惑いました。自分の失敗を情けなく思い、なんて弱いイヌなんだとサムに怒りもしました。みんながしている方法でだめなら、いったいどうすればいいのかと、ひとり取り残された気分でした。なぜサムが普通のイヌと違うのかばかりが気になって、より訓練に力を入れたものの、手ごたえはなく、訓練をすればするほどいっそう悪くなるということが分かりました。

　この気持ちは、HSCへの対応のしかたが分からない時の親に似ているかもしれません。

　子育て経験とその自信のある人も、HSCに接しているとその自信が打ち砕かれます。「この子につらい思いをさせてしまった」「どうし

てこんなに臆病で、こだわりが強いのだろう」「何でもないことで泣いたり、怖がったりして困った子だ」などといった親の声をよく聞きます。悩み、眠れない夜が続き、落ち込んでしまう人もいます。イライラする自分を情けなく思い、「普通の」子の親たちから疎外感を覚えることもあるでしょう。被害者意識に陥り、どうにもできず、疲れ果て、夫婦関係や親子関係、健康にも影響を及ぼしてしまう。そうなると、とても苦しくなります。

◆育てにくい子は、長い目で見れば、心配のない子です

　HSC の中にも、育てにくいタイプの子がいます。すぐ騒いだり、芝居がかったことをしたり、「あれして、これして」と、要求ばかりしてくる子です。

　その背景には、その子の粘り強さや柔軟性、感情の強さなど、敏感さ以外の気質に加え、子どものロールモデル（お手本になる人）や、環境の影響があります。親がストレスや何かで混乱していたり、要求が多かったりなど、自分をコントロールできていないのに、子どもにはそうならないよう願っても無理なことです。

　親が子どもの感情を受け入れ、そばにいて聞くようにすればするほど、幼い時は"問題"が多くなります。なぜなら、子どもは、怒りや興奮、イライラした、傷ついた、怖かった、圧倒されたという感情を自由に表現してもいいと感じるからです。ただこのような場合は、子どもの感情が過ぎ去るのを待ってから、どうしたらいいかを教えることができます。

　反対に子どもに寄り添うことの少ない親の場合、おそらく、親自身が常にイライラしたり、落ち込んだりしているのでしょうが、HSC

第2章　親のちょっとした理解とスキルによって、子どもの成長は大きく変わります　85

は受け入れてもらいたい、邪魔になりたくない、と自分の感情を隠してしまいます。そうすると、その子は内にある感情をどう処理したらよいのか学べないまま大人になってしまいます。そして、もっと困難な状況になると、別の方法で感情を表に出してしまうこともあります。

　ですから私は、「自分の子が問題を起こしたことはない」という親の話を聞くと、心配になるのです。

▌頑張ってもうまくいかない時、悪循環から抜け出すには？

　自分はこんなに頑張っているのに、子どもは喜んでくれないし、相変わらず人見知りで「普通の子と違う」という場合は、悪循環に陥っているのかもしれません。

　子どもを心配し、自分の理想に近づけようとしても、思いどおりに動いてくれない（というよりも動けない）。すると、さらに心配になって頑張りに拍車がかかる。結果的に、親子で「ああ、またできなかった」という気持ちを味わうのです。

　本書の初めのアドバイスを思い出してください。他の子と違うのは、わざとではないのです。子どもが悪いわけでも、あなたが悪いわけでもありません。

　この悪循環は、親が HSP でない場合によくあり、それについては次の章で詳しく述べましょう。しかし、ご自身も HSP でありながら、子どもにどう向き合っていいか分からず、自分とは違ったタイプであってほしいと、ただひたすら願っている親もいます。

▌転機は「息子に合わせて変えていけばいい」と思えたこと

　ミッチェルの母、シャロンは、自分も息子も人一倍敏感であることに気づいていませんでした。彼女は厳しい家庭で育ちました。家族はあまり敏感ではなく、意識をしなくとも周囲に自分を合わせてこれたのでしょう。

シャロンは生まれたばかりのミッチェルに対して、とても敏感で、自分は歌を歌うのが好きなのに、息子はそうではないとすぐに気づきました。ミッチェルは、成長しても歌が苦手でした。シャロンはよいきっかけになるのではと、コーラス部に入れようとしましたが、息子は嫌がりました。仮装大会の衣装も着たがらず、4歳になってもおしゃぶりを卒業できませんでした。これにはシャロンも戸惑いました。「いつも人の後ろにくっついているんです。この子は、人を引っ張っていくことはできないのだろうか？」と、人の前に立てないことにも悩んでいました。

　その後、ミッチェルの通っていた保育園で、人一倍敏感な子どもについての講演がありました。シャロンは言います。
「光が見えました。もっと早く気づいていればよかった。固定観念にとらわれ、自分の子育てが間違っていると悩んでいました。心では分かっていたけれど、行動ができなかったのです。特に周りから母親のせいだと言われ、自分を責めていました。でも、息子に合わせて変えていけばいい、と気づいたんです。これからはあの子がどうしてほしいか、話せるような環境を作っていきます」
「それに、あの子には素晴らしいところがたくさんあるんですよ。素直で優しい子です。だから、あの子が勝負ごとや、家族の集まりで劇をやるのを嫌がっても、もう心配しません。喜んでこう言います。『この子はそういうことが好きではないんです。私にはよく分かるんですよ』」と。

◆ HSC の 6 つの特徴を知っておくと安心です

　ここでは、HSC にある 6 つの特徴について、対応法を少しずつ学んでいきましょう。

　いずれも悪いことではありませんが、親がきちんと対応できないと、困ったことになるかもしれません。

① 細かいことに気づく
　～大人にとって、大切なことを教えてくれます

　この特質には素晴らしい面があります。あなたが見つめると、必ず気づいて見つめ返してくれたり、弟がおなかをすかせていることや、遠くの煙に気づいて知らせてくれたりします。一方で困った面もあります。特に、「リンゴに皮がついてるよ。僕は皮が嫌いだって知ってるのに」「この部屋、なんか嫌な臭いがする」「私のパソコンを動かしたでしょ？」「このメーカーの味は嫌い。薬っぽい味がする」などと、細かいことに気づいて文句を言います。

　HSC なら誰でもこのようなことに気づくというわけではありません。周りよりも、自分の世界に集中している子もいますし、もっと強烈な刺激、大きな音や、まぶし過ぎる照明は苦手でも、細かいことは気にしない子もいます。また、食べ物や布地、人間関係など、ある特定の分野だけ細かいことに気づく子もいます。でも、HSC の場合、何かしら敏感な分野があります。

　第 7 章では、その対応法をもっと詳しく見ていきますが、ここでは一般的なアドバイスをします。

　子どもを信じましょう。

　親がそう感じなくても、「痛い」「ザラザラする」「チクチクする」と言うのなら、子どもにとってはそれが真実なのです。

満腹感と、たっぷりの休息を。

小さい子どもには、おなかいっぱい食べさせ、たっぷり休ませましょう。そうすれば、親が不快の原因を除いてくれるのを、イライラせずに待てるようになります。

まずは気持ちを受け止め、共感してから。

言うことが理解できる年齢になったら、まず子どもの不快な思いを受け止め、共感してから、あなたの事情をきちんと説明するようにしましょう。

買い物を終わらせなくてはいけないとか、シートが嫌でもこの車に乗らなくてはいけないとか、新しいのを買う余裕がないからまずはこれを使い切ってしまおう、などです。そうしなければならない理由と、いつまでに対処できるかを説明すれば、理解して待てるようになるでしょう。対処のしようがない場合も、そのことを伝えます。

「言うことを聞くのはここまで」というラインを設定する。

靴ひもの結び方にまでこだわる子がいます。あなたが10回以上結び直しても、まだ気に入らないようなら、それは単にイライラしているだけです。頃合いを見て、話し合ってみましょう。

子どもの言うことを聞くのは5回まで。それ以上は、あなたも疲れてしまいますし、続ける意味がありません。

どんな時も、最低限の礼儀をわきまえさせましょう。

公共の場でのマナーを守らせることが大切です。ただ、大人ですら感情を理性で抑えられないこともあります。子どもが一見、どうでもいいことで感情をコントロールできず、泣いたり叫んだりしていても、最善の手を尽くしましょう。

子どもがまだ小さいうちは、しっかりと抱きしめ、共感することで

第2章　親のちょっとした理解とスキルによって、子どもの成長は大きく変わります　89

す。それができない時は、ただ一緒にいて寄り添いましょう。きっと次の日には落ち着くはずです。そのあと、今後どうしたらいいかを話し合ってください。

できれば自分で解決させましょう。

子どもが靴下にこだわるなら、好きな靴下を選ばせてください。好きな靴下が見つからないのは、親の責任ではありません。

② 刺激を受けやすい
　　〜他の子なら退屈してしまうことにも打ち込めます

第1章で述べたように、ささいなことに気づく子どもは、大量の情報が一度に来ると圧倒されてしまいます。大量の情報は外からだけではなく、本人の興奮や想像など、内からもやってきます。

刺激が多いほど、体はそれに反応します。生き物というのは、適度な刺激を求めるものです。これは呼吸と同じく無意識で自然なことです。刺激が少な過ぎると、退屈し、落ち着かなくなり、ラジオをつけたり、友人に電話をかけたりします。刺激が多過ぎればイライラし、不安になります。落ち着こうとしてもうまくいかないと、例えばボールを打つ、数学の問題を解く、次に何を言おうか考えることすらちゃんとできなくなります。

HSC は興奮しやすい特徴があります。親と2人でキャッチボールをしている時には完璧でも、試合ではボールをポロポロ落とすことがあります。そして野球が嫌いになり、試合中に泣きだしてしまう。それでもやめようとはしない。親の気持ちを察しているからです。こんな単純なゲームなのに、なぜそこまで動揺するのだろうとあなたは思うでしょう。無理にでも続けさせるか、やめてもいいと言おうか、迷うところかもしれません。

まず、HSC には、「刺激を受け過ぎるとうまくできない」分野があ

ることを理解してください。過去に失敗したり、失敗したらどうしようと思ったりしたことがあると、そのことが苦手になりがちです。リラックスできず、興奮して不安になります。しかし、うまくできない原因は、不安だけではありません。やってみたいと思い、自信があっても、照明がまぶし過ぎたり、人が大勢いると過剰な刺激を受け、できなくなってしまうのです。

　刺激を受けることは、どうしようもありません。このような性質は、なかなかよくは思えないでしょうが、いいこともあります。例えば、HSCは、日常で多くの刺激を必要としないので、あまり退屈をしません。他の子なら投げ出してしまうことにも、懸命に打ち込むことができるのです。

　HSCはみんながすぐに興奮してしまうわけではありません。大抵のHSCは、大きなプレッシャーや刺激のある状況でも、落ち着いて問題なくこなせる分野を持っています。しかし、それ以外の分野では、刺激を受けやすい傾向にあります。

　第7章で、過剰な刺激への対処方法を、第8章では、それによって社会生活に出ていくのに臆病になった時の対処法を紹介します。ここでは、いくつかの一般的なヒントを挙げておきます。

よいところを見つけて褒めましょう。

　子どもにも得意分野があります。スポーツ、芸術などの自己表現、勉強、手品やコメディーの披露、心を開いている大人とのおしゃべり、ファンタジーゲームなど、子どもの興味に応じて、ゆっくりと一つずつうまくできるようにしていきましょう。

　私の息子の場合は、演劇と作文がよかったようです。8歳の時に、演劇クラブに入れて先生に褒めてもらうようお願いしました。息子はスポーツが苦手で、ことごとく失敗していたからです。最初の練習の

後、息子は輝いて言いました。「先生が、僕には演技の才能があるって！」それ以来、彼は休まずに参加するようになりました。

作文に関しては、彼の書く文章を常に気にかけて、よい所を褒めました。成績がよかったり、褒められたりしたことで、作文が好きになっていきました。

本番さながらの予行演習をしておく。

落ち着いて取り組めるよう、じゅうぶん練習し、マスターしてから本番に臨みましょう。本番と同じ状況、同じ舞台で練習させるのです。

野球なら球場に行き、テストなら時間制限を設けて問題を解かせ、採点します。満足な準備をせずに、本番の試験を受けさせることのないようにしましょう。

上手な失敗のしかたを学びましょう。

どのような失敗をする可能性があるか、失敗した時にはどう受け止めるかを話し合っておきます。例えば、「9回裏同点で三振することは、野球をしている人なら誰でも一度は経験するものだ」と前もって伝えておくわけです。そんな時、自分に、そして仲間にどのような言葉をかけたらいいかを一緒に考えましょう。

失敗を想像させるなんて、まるで失敗の種をまいているようだと思われるかもしれませんが、子どもはすでに失敗することをイメージしています。あなたは、それを乗り越えるための種をまくのです。

本領発揮できないこともあって当然です。

気持ちが高ぶると、パフォーマンスに影響があるものだと説明し、安心させましょう。子どもには力があること、でも、緊張や騒音、新しい環境、人目などの刺激によって、その力が発揮できないこともあると言っておきましょう。

こんな話をしてみてください——小さな試合で世界記録を破った女性が、オリンピック予選ではうまくいきませんでした。オリンピックは、「最高の記録を出す選手」ではなく、「とんでもなくストレスがかかる状況で、最高の記録を出せる選手」を決定する所なのです。

他人と比べず、自分のゴールを目指す。

子どもが得意なことの中には、芸術作品を作ること、ペットや植物の世話、長距離走やハイキングなど、あまりプレッシャーを受けなくて済むものもあります。他人との競争ではなく、自分のゴールを目指せばいいのだと伝えましょう。

競争よりも、まずは、楽しめる環境を作りましょう。

車の中で一緒に歌を歌う、家族の前で劇をするなど、合唱団や劇団への入団試験を受けなくても、楽しむことはできるのです。才能がありそうなら、それを伸ばすよう支えましょう。でも、プロになるより、楽しむほうが大切だということを忘れないでください。

③ 強い感情に揺さぶられる
～つらさも大きいですが、喜びや満足も深まります

HSCは、慣れるまでの間は、感情を処理する際に強く反応してしまいます。第1章でお話ししたとおり、HSCはあらゆることを徹底的に処理するので、感情面での反応も強くなります。感情を揺さぶられる経験をして、その意味や結果を想像すればするほど、より大きな幸せや喜び、満足を感じますが、つらさも大きくなるのです。

強い反応は、無意識下でも、言葉が話せない幼児にもすでに始まっています。一方、自分の気持ちを言葉にできるぐらい大きくなってからも、その反応を意識できないこともあります。私たちは皆、受け止め難い感情を抑えているからです。このように抑圧された思いは、体

の症状や、自分でも説明できない感情として表れます。

　例えば、昔からよくあるのが、弟ができたお兄ちゃんのケースです。お兄ちゃんは、弟が生まれてうれしいと言い、両親もそんなお兄ちゃんが自慢です。でもその子は、なぜかイヌに食べられる夢を見たり、トイレが怖くなったり、サルの写真におびえたりするようになりました。賢い両親とセラピストのサポートで、この子の不思議な恐怖は消えました。彼らは、大きなイヌが赤ちゃんのイヌを食べるゲームをさせて、誰もがいろいろ複雑な思いを抱えていて、怒りを感じることも、弟や妹ができて喜べないこともある。でもそんなことを思うのは、決して間違ってはいないのだよ、と伝えました。

　弟を疎ましいとまでは思っていなくても、HSCは自分の混沌とした内面を外に表さないことがあります。内向的な子（HSCの70パーセントは内向的）は、大抵思いを外に出しません。一方、外向的なHSCは、激しい感情を外に表しやすいです。

　HSCは、そうでない子に比べ、不公正なこと、葛藤、苦痛に強いストレスを感じます。例えば、熱帯雨林の消失、人種差別、動物虐待などを深く悲しみ、悲惨な結果を想像します。両親のけんかで食欲をなくし、いじめを見て不安定になってしまうことも珍しくありません。よほどの強い子を除いて、大抵の子はそうです。

　もちろん例外もあり、HSCの中にも感情をコントロールし過ぎる子もいます。物事をどの程度まで感じるべきなのかは、誰もが直面する問題で、文化や家族のスタイル、親の教育方針によって決まってきます。

　普通なら、HSCに感情のコントロールを教える必要はありません。親が、自分や子どもの強い感情を恥ずかしがったり、ためらったりしていたら、HSCは、目を背ける親の気持ちを察し、自分も出さないようになります。また、感情的な親と一緒に住む場合も、親が招いた

混乱に対処するため、徹底的に感情をコントロールすることがあります。

　第7章で、強い感情に対処する方法について詳しく見ていきますが、ここでは一般的な提案をいくつか挙げておきます。

自分が感情をどう処理し、子どもにはどうしてほしいかを考える。

　悲しみ、恐れ、愛、幸福感、怒り、ワクワクした感じなどの感情について、それぞれ考えてみましょう。自分の子ども時代に表現するのが許されなかった感情はありませんか。子どもにも同じように教えますか。

よい本に学び、正しい知識を得ましょう。

　例えば、メアリー・カーシンカ著『キッズ・ペアレンツ・アンド・パワー・ストラグルズ（子ども、親、権力争い）』を読むと、親が子どもに何をどう教えればよいのかが分かります。行動を教えるよりも、感情に耳を傾ける、自分自身をなだめる方法を教える、子どもの感情のサインを知り、自分でそれに気づくよう促すなど、どのようなタイプの子にも役立つヒントがたくさん書かれています。

どんな感情が出てくるかを語り合いましょう。

　特に HSC の場合、自分が感じていることとその原因をはっきりさせることが必要です。そうすると、混乱に対応しやすくなります。同じような感情を、自分はどのように対処してきたか話しましょう。

ネガティブな感情を吐き出させ、受け入れる。

　子どもが自分でネガティブな感情を包めるようになるまでは、親が包み込むようにしましょう。できれば、静かな場所に連れていって、感情を思いきり吐き出させ、その間、遮らないで静かに受け止めまし

ょう。「もっと何でも話していいんだよ」という態度でいることが大切です。全てを吐き出すことで、感情の原因が何かが分かります。子どもは、自分の中で起こったことをひとりで解決しなくてもいいんだと感じることができます。そうして自分で思いを受け入れられるようになるまで、あなたが子どもを受け入れましょう。その日常生活での具体的なポイントについては、第7章で見ていきます。

ポジティブな感情をたくさん見つけ、共感する。

ネガティブな感情にばかり目を向けるのではなく、ポジティブな感情に気づいて共感することも同じくらい大切です。子どもが夢中になったり、喜んだりしている時に、「あら、機嫌がよさそうね。だったら今のうちに部屋を片付けなさい」などと言って気持ちをそぐのは禁物です。

興奮が治まらない時は、とにかく休ませましょう。

過剰な刺激や興奮は、感情を高めます。特にネガティブな感情は強くなりがちです。眠らず誰かに話して発散しようとしても、余計な刺激が加わるだけです。一晩ぐっすり眠れば、大抵の感情は消えていきます。「今日はとにかく眠りましょう」と言うのが効果的です。

強い感情が何日も続くなら、その原因を考えてみましょう。

ふさぎ込んだり、不安や怒りが続いたりする時も、楽しくてハイになって眠れない時も同じです。カウンセラーの所に連れていくのは、それ自体がストレスになる可能性があるので、まずは親がその感情の原因を探してみましょう。薬に頼る前にまず、この感情の原因が何なのか理解することが大切です。

④ 他人の気持ちにとても敏感
～人と接する仕事や、リーダーには欠かせない要素です

　小さなことにも気づき、情緒が豊かで、他人の思いを鋭く察知できるのは、社会の中で生きる私たちとって、素晴らしい性質です。共感力と直感に優れているので、常に人と接する営業にも有能で、素晴らしいリーダーに向いています。相手を大切にし、人が助けを求めているのに気づくことができます。

　HSC は小さい時から推察する力があります。どんな子も、自分の保護者の気持ちを酌み取ります。自分が生きていけるかどうかは、その人の手にかかっていると分かっているのでしょう。

　心理学者たちは、母親が早期から育児をすることや、母子の結びつきの重要性を説いています。しかし、それは母親に責任があるという意味ではありません。霊長類とはそういうものなのです。よくも悪くも、HSC は保護者の気持ちを絶妙に感じ取ります。

　実は、親の40パーセントは、自分の子ども時代に親の愛情を感じていなかった、というデータがあります。そのような親は、何としても子どもに「大切だ」という気持ちがちゃんと伝わるよう、学ばなければなりません。これについては第6章に詳説します。

　もう少し成長すると、当人さえ自覚していない他人の気持ちに気づいてしまう、という厄介なことが起きます。私たちは、感じのいい人でありたい、きちんとした人と思われたい、恥をかきたくない、という思いから、不安や怒りが出てきても、それを認めないことがあります。そして、自分自身、その感情に気づいていない場合があります。「全然気にしてないよ」とか、「怖くも何ともないよ」などと言うのですが、HSC はちょっとした表情や様子から、本当の気持ちが分かってしまうのです。すると、自分が感づいたことを相手に悟られないよう、言葉で気遣うようになります。

　ある HSP の女性は、子どもの頃、親友と対抗心や嫉妬心で何回か

第2章　親のちょっとした理解とスキルによって、子どもの成長は大きく変わります　97

衝突してきたそうです。親友はいつも、「嫉妬なんかしていない」と言っていましたが、HSPの彼女は、「なぜそんな見えすいたウソをつくんだろう……」と心底不思議だったそうです。

まず、親が自分の思いに正直になることが、子どもにとって大きなプラスになります。

周りの人は、HSCに、「臆病だ」「他人がどう思うかなんて気にするなよ。誰も君のことなんか気にしていないよ」と言うことがあります。しかしHSCは、「本当はこの人は他人を気にしている」と相手の心の隅々まで読み取ってしまうので、そのような言葉が信じられません。それでも、自己肯定感を持てるように育てたなら（これについては第5章でお話しします）、「この人は自分を嫌っているわけじゃない」など、他人の気持ちに気づいても、大したことではないと思えるようになります。

共感力については、HSCは圧倒されると、一時的に相手が必要としていることを察知できなくなることがあります。でも、子どもが慢性的に相手のことを感じ取れなかったり、そっけなく接したりする場合は、刺激を受け過ぎたせいではなくて、他に原因があると思われます。

他人の気持ちを察知すると、HSCは無意識にその人のことを最優先に考え、その人も自分も傷つかないよう振る舞うことがあります。誰に対してもではありません。例えば、あなたには率直で遠慮のない態度を執るかもしれません。でも、子どもが相手の好きにさせ、自分はじっと耐えているような時は、おそらく、相手の痛みや切実な要求、怒りや意見に反応するよりも、そうして流しているほうが楽だと思っているのでしょう。

この鋭い察知力を子どもの財産にするにはどうしたらいいでしょうか。詳しくは後の章で、ここでは簡単なヒントを挙げます。

人の悲しみや怒りに気づいた時、あなたならどうしますか。

もし傷ついている人を見て、親が何も感じず何も反応しなかったら、子どもはひとり自分の気持ちを抱え、取り残されてしまいます。親への尊敬の気持ちもなくなるでしょう。

また、親が「私も他人の目を気にしてしまう」と認めないと、子どもも、そんなことを気にする自分はだめな子だと思ってしまいます。まず自分自身に当てはめて、自分ならどうするかを子どもと話し合いましょう。

例えば、大勢の人が被災した大災害のニュースを聞いたとします。キリスト教の家庭の子なら、なぜ神はこれほど多くの人に死をもたらしたのか、被災者に何ができるかを知りたがるかもしれません。子育てをしていて（特に HSC を育てていて）うれしいことの一つは、人生の大きな疑問と真剣に向き合える点です。親の力が試されます。

何かよいことができないか、一緒に考えましょう。

年末の贈り物シーズンに、どの慈善団体に寄付するかを考えるなどです。やっても無駄なことでもいいのです。その時、誰かが傷ついたのをいつまでも気にしていてもしかたがありません。他人の評価は、私は「五分五分の原則」、つまり、何かをすると、半分の人には気に入られるけれども、半分の人には気に入られないと考えるようにしています。自分が最善だと思うことをすればいいのです。全ての人を満足させることはできません。

まず、自分の意見を大切にしていますか。

あなた自身、周りと自分の望みの間で、どうバランスを取っているか振り返りましょう。相手が間違っていると思った時、あなたは「違う」と言えますか。気にしないようにできますか。子どもにとって、あなたはお手本です。

第2章　親のちょっとした理解とスキルによって、子どもの成長は大きく変わります　99

どんな場合でも、断る権利があります。

「嫌だ」と言う権利、他人の意見を聞き流す権利があることを教えましょう。誰かの力になろうとして疲れ果ててしまったり、全ての人に喜ばれようとしたりしていては、誰からも必要とされない人間になってしまいます。自分の役割以上のことをしようとすると、寝る時間がなくなってしまいます。

親の悩みや他人に対する評価を、押しつけないようにしましょう。

自分を理解してくれる友達の少ない親にとって、HSC は素晴らしい友達、聞き役、カウンセラーになります。でも、それは子どもには負担が大き過ぎます。子どもは、刺激の多い世界の中で生きていくすべを身につけている途中なのです。大人の援助ができるまでには、まだまだ親から強さを学ばなくてはなりません。そんな中で、親が人の悪口を言っているのを聞くと、それが一般的な考え方だと信じ込んでしまいます。

子どもに選ばせ、学ばせましょう。

「これが必要」「こうしたい」という感覚が持てるように、できるだけ子ども自身に選ばせることが大切です。時間がかかっても、自分は子どもの気持ちは分かっていると思っていても、「クラッカーにする？　それともパンがいい？」「ジョンに遊びに来てもらう？　それともこちらから行く？」と尋ねましょう。その選択が他人の意見と合わなかったり、人に迷惑をかけたりするものなら、もう少し検討するようアドバイスします。でも、決定権は子どもに持たせ、経験から学ばせるようにしましょう。

きょうだいに分け隔てなく接しましょう。

できるだけ、家族一人ひとりの望みを聞き、尊重することが大切で

す。HSC ひとりに我慢させるのではなく、分け隔てなく、平等に交互に聞くのです。

　ある家庭では、2 人の HSC を 1 日交代で「その日のリーダー」にしていました。ジャニーがリーダーの時には、車の助手席に乗る、電話に出る（あるいは出ない）、デザートを最初に取り分けてもらう、イヌのリードを持つなど、自分の好きなことが何でもできます。次の日には、兄のガレスがリーダーになります。他の人を気にせず、自分のしたいことをする力を学ぶのです。HSC にとって、大きな安心感を得る貴重な経験になります。

　私の家では、互いにむやみに気を遣い、空気を読んで謝ってしまうようなところがありました。誰一人「ごめんなさい」と言わなくていい日を送りたいと願っていました。そんなことから、誰かの誕生祝いには、みんなでお店に行って、そこで本人の好きな物を注文し、それをみんなで食べるという我が家のルールができました。

　誰かがいる所で、リクエストを通すという経験によって、「自分の意志を貫くのに、罪の意識を持たなくてもいいんだ」と思えるようになります。

⑤ 石橋をたたき過ぎる
　　～用心深さは、時に子どもを危険から守ります

　敏感な子は、日常の慣れた光景でさえ、何か新しいことに気づきます。例えば、朝、いつもどおりのキッチンに来ても、HSC は、「お父さんのコートがないから、もう出掛けたんだな」「お母さんは機嫌がよくないな」「ドアの後ろに紙袋がある。誰かが急いで隠したみたいだ」「焦げたトーストの臭いがする」「ごみ箱に割れたお皿が捨ててある。またけんかしたのかな。それとも、明日の僕の誕生日の準備で慌てていたのかな……」などと感じるのです。

　慣れた状況でもこれほど敏感ですから、全く新しい状況では、かな

りの処理が必要になります。特に HSP でない親にはもどかしいかも
しれません。「たかがサプライズパーティーじゃないの？」「海なんて、
子どもが喜んで飛び込むものでしょう？」と思うのも、もっともです。
でも、子どもは確認をしたがり、強制されると反抗し、喜ばないどこ
ろか、楽しいはずのことを一切やろうとしないこともあります。

　でも、これは親にとって喜んでいいことです。HSC は、木から落
ちたり、道に迷ったり、車にぶつかったり、たばこを吸ったり、悪い
大人に誘拐されたりして、ひどい目に遭う可能性はほとんどありませ
ん。このような危険があるかもしれないと前もって教えておけば、初
めての状況に出合った時、必ず慎重になります。10代には望ましい特
性です。

　車の運転も上手です（あるいは、運転しないかもしれません。私の
息子はそんな責任は背負いたくないと、27歳まで運転しようとしませ
んでした）。薬物やセックス、違法行為、周りにうろついているよう
な不審者にも用心深くなります。

　でも、親としては、子どもに素晴らしいチャンスを逃してほしくな
いという思いもあるでしょう。この章の初めに紹介した HSC のマリ
アは、10代の時スウェーデン旅行に誘われました。母親は乗り気でな
いマリアに行くことを勧めましたが、結局、ストックホルムから喜び
の電話をかけてくるほどでした。母親のしたことは正解だったのです。

　もちろん、新しい状況でもそれほど警戒しないこともあります。第
1章で、誰の脳にも用心システムと冒険システムの2つがあるという
話をしました。HSC は皆、用心システムが活発です。でも、両シス
テムは独立しているので、中には2つのシステムがどちらも活発な
HSC もいます。そういった子どもは慎重でありながら、冒険好きで
もあります。

　第1章で紹介したアンは、オートバイに乗り、スカイダイビングも
します。でも、アンが安全性をいかによくチェックしているか、疲労

回復にいかに多くの「ダウンタイム」を必要としているかは、アンの親だけが知っています。

また、同じく第1章で紹介したチャックは、サルのように木登りが得意で、スキーも大好きです。でも、チャックは骨折したことがありません。というのも、新しい枝や坂に向かう前に、入念に確認しているからです。これも、彼の母親だけが知っていることです。冒険が褒めたたえられるような社会では、子どものひそかな慎重さに気づいているのは、親だけということも珍しくありません。

次に、確認しないと前に進めない問題点と対処法について、全体的なアドバイスを挙げておきましょう（詳しくは、第8章・第9章で）。

慎重さは、長所でもあります。

「もっときぱきしてほしい」と思ってしまう時、慎重であることのよい面も思い出してみてください。そうすれば、子どもの素晴らしさが見えてきます。

子どもの目線に立ちましょう。

普通は、何度も通ってきた道を歩いていて、道路脇の崖や、小道の影でいちいち立ち止まったりはしないものです。大人にとってはそれほど危険ではありませんし、イヌも波も車も、子どもの時よりずっと小さく見えているはずです。飛行機に乗るのにも慣れています。でも、子どもはそうではありません。

新しいことの中にも、安心できる部分があるはずです。

初めてではない点、すでに克服した過去のことと似ている点を見つけ、そこに目を向けさせます。「親族会は、マエおばあちゃんの誕生日会みたいな感じだよ」「海は大きなおふろだと思えばいい。おふろの中で手を動かすとお湯が動くでしょう？　海の波もそんな感じだ

第2章　親のちょっとした理解とスキルによって、子どもの成長は大きく変わります　103

よ」「あそこにいるのがスーだよ。ほら、先週のナンシーのパーティーで会ったよね？」というような感じで後押ししましょう。

「スモールステップ」を設定しましょう。

　小さい簡単なステップを用意して、一つひとつ進ませましょう。それぞれのステップについては、第7章で説明しますが、子どもが抵抗なく挑戦でき、無理なくよい結果が出せるものがいいと思います。最初は、「無理に誰かと話さなくていいよ。こっちに来て見ているだけでいい。ゲームをしていたらいいからね」。次に、それができたら、「タイガーをあそこのブランコまで連れていってごらん。誰かにこれはどういう種類のイヌか聞かれるよ」などと勧めてみましょう。

心の安全地帯を作っておきましょう。

　できれば、子どもの避難場所を作っておきましょう。ただし、子どもが気まずい思いをしないようにこちらで配慮もしましょう。「パーティーから抜けたくなったら、自分の部屋に行っていいからね。何も言わないで出ていっていいよ。誰かに聞かれたらお母さんが説明しておくから」「先生に前もってお願いしておくから、何かあったら相談してごらん」などの言葉をかけましょう。

成功体験は、新しい冒険へのカギです。

　どの子どもにも冒険システムがあります。それほど危険でないと分かれば、やってみたいと思っているのです。ですから、危険を最小限にし、無茶をしないでやってみることで、得るものがあるのだと教えましょう。
「すごいね。こんなに深い所を魚みたいに泳げるなんてびっくりしたよ。1年前は全然泳げなかったのにね」「来週からは中学生だね。中学校では毎時間、先生が変わるよ。もし嫌な先生やクラスメートがい

たとしても、一日中我慢していなくていいんだよ」「選択科目を２つ
登録したね。コンピューターとアメリカ先住民については、他の子に
教えられるぐらいになったから、水泳もすぐに上手になるよ」という
ように、挑戦の後押しをしてみましょう。

⑥ よくも悪くも、注目されやすい
　～長所を伝えれば、自己肯定感が育まれます

　HSCを育てるうえでの６つめの課題は、HSCの特性自体ではなく、
HSCに対する周囲の見方です。敏感であることが隠せないと、この
子は細かいことを気にする子だ、確認しないと前へ進めないし、終わ
ったあとでもあれこれ考える子だ、と思われてしまいます。

　人間の習性として、自分と違うタイプの人と出会った時、特にそれ
が少数派グループ（HSCは少数派です）だったりすると、即座に相
手が自分より上か、下か、威張るか、へりくだるかを決めようとする
ところがあります。他の子と「違っている」ように見える子どもはみ
んな、この視線に遭います。

　しかし、HSCの親であることは、この点においても素晴らしい面
があるのです。私たちの座右の銘「他とは違う子の親になるなら、他
とは違う親になる覚悟がなくてはなりません」を思い出しましょう。
また、先生や保護者、親戚の中には、その「違い」を素晴らしいと考
えている人もいます。そのような人との出会いの中で、子どもは自己
肯定感を育んでいきます。この自己肯定感は、子どもが社会に出て、
敏感さを尊重しない多数派と対峙する時に必要なものです。

　実際に、敏感であることがよしとされ、敬われる社会もあります。
自然に近い暮らしをしている人々の中では、植物に詳しい人や、漁師、
シャーマンといった鋭敏な感覚を持つ人が尊敬されます。

　中国とカナダの小学生を対象にしたある研究では、中国では「敏感
で物静かな子」に人気があるのに対し、カナダでは人気がないという

第２章　親のちょっとした理解とスキルによって、子どもの成長は大きく変わります　105

結果になりました。[20]おそらく、アメリカ、カナダ、中南米、オーストラリアなどのフロンティア社会では、リスクをそれほど恐れず、新しい地を開拓する「マッチョな」男性と「タフな」女性が崇められるのでしょうが、中国やヨーロッパなど、芸術や哲学、精神世界に伝統を持つ文明社会では、敏感さに一目置く素地があるのでしょう。

考えてみると、タフで積極的で、思い立ったら即座に行動する探究心旺盛な社会は、自身の文化を広めたり、武力や経済力にものをいわせたりして、平穏で思慮深く敏感なことに価値を置く社会を駆逐してきたといえるかもしれません。でもそれはおそらく、イソップ物語の「ウサギとカメ」のようなものです。敏感なことを大切にする人や社会は、これからも生き残っていくでしょう。というよりも、成功するには、大胆さと敏感さをバランスよく併せ持つことが大切になるといえそうです。

大胆に進むことも大事ですが、天然資源を荒らすことの長期的影響や、若い世代の教育について考えることも必要です。弱者を利用してばかりいると、やがてはその存在が負担になったり、復讐されたりする可能性もあります。敏感な人も平等に尊重され、力を与えられる社会なら、このような間違いを犯すことはないでしょう。第1章で述べたとおり、社会はあなたの子どもを必要としているのです。

HSCの力を発揮し、敏感であることの偏見から子どもを守るために、親にできる基本的なヒントをここに挙げておきましょう（詳しくは、第5章で述べます）。

「敏感さ」への先入観に打ちかつには？

北アメリカで育ったほとんど全ての人が、皮膚の色に無意識の偏見を持っていることが分かっています。先入観に打ちかつには、偏見を持たないと心に決めるしかありません。[21]同じように、あなたが「敏感でおとなしい子」がよしとされない社会で育ったならば、子どものた

めに、その偏見を捨て去る覚悟が必要です。これはとても切実な問題で、調査によると、内気な女の子は家に残り、母親と友達のような関係になってしまいやすい一方で、内気な男の子は母親に好かれないことが多いようです。[*22]

他の子と違った点、特に長所を伝えましょう。

　敏感さの問題点だけではなく、よい点も子どもに話しましょう。親の中には、他の子と違っていることを本人に伝えるのが怖いという人もいます。

　私の友達で、アフリカ系アメリカ人を養子にした、ヨーロッパ系のアメリカ人がいます。以前、その子どもに、アフリカ系アメリカ人の伝記をプレゼントしようとしたところ、友達から断られてしまいました。他の子と違うことを、本人には知らせるつもりはないというのです。でも、子どもの「他の子と違った点」から目をそらしていても、いいことはありません。沈黙は言葉よりも雄弁です。

手本を示せば、ひとりでも対応できるようになります。

　特に子どもが聞いている時の親の対応は重要です。大半の人は敏感であるという気質についてよく知りませんから、勉強してしっかりした受け答えができるようになれば、怖いものはありません。

　この方法については第5章で取り上げます。親の対応を見て、子どもはあなたがいなくても、他人との受け答えのしかたや、周りから植えつけられた自己否定の気持ちとの向き合い方を学んでいきます。

敏感さがどう見られてきたかを考えましょう。

　子どもが、文化や人間の心理について分かるような年齢になったら、敏感であることへの人々の反応のルーツや歴史について、また、敏感さが尊ばれる社会とそうでない社会があることを説明しましょう。特

に男性は、自分が敏感であることを人に知られまいとしています。

　私がトークショーで敏感さについての話をした時、いかにも頑強な男性の司会者が、おろおろして混乱してしまったことがありました。引きつって笑ったかと思うと、とんちんかんな質問をして、集中できなくなってしまったのです。おそらく子どもの頃、ひっくり返って泣き叫んでは、「泣くのはやめなさい。もう赤ちゃんじゃないんだから、男らしくしなさい」と言われたかつての日々がよみがえってきたのだと思います。でも、あなたと子どもは、このような反応を客観的に見て、学べるようになるでしょう。

オーバーな褒め言葉や、同情から子どもを守りましょう。

　まれに敏感であることを、やたらと取り沙汰してくる人がいます。でも、子どもが生まれつき敏感なのは、特別なことではなく、他の子と比べて優れていると感じるような、オーバーな褒められ方をすべきではありません。同情されるのも一緒で、HSC は哀れむべき存在ではありません。すでに持っている資質をどのように生かすかが大切なのです。

◆「他とは違う子」に向き合う親だけが、 知ることのできる喜び

　巷の手引書は、問題とその解決法の説明がほとんどだと思います。それでは HSC にとって不公平ですし、親も、子育ての喜びを知って楽しむための心の準備をすることができません。ここでは、どんな喜びが待っているかを紹介します。

　悩みにすら、得るものがあります。
　子どもが必要としていることを理解し、手助けをすることで、あなたは子どもにとってかけがえのない存在になります。子どもはあなたを最高の親と思うでしょう。家庭や外での難しい問題にうまく対処できた時、親と子の理解はさらに深まります。子どもが怖がっていたことを克服し、ぐんぐん自信をつければ、それだけ素晴らしい喜びを共有できます。からかいや偏見の言葉にどう対処するかを一緒になって考えると、同志のような気持になれるでしょう。

　世界を、広く深く知るきっかけになります。
　子どもを通して、美しさや微妙な味わい、ささいな表情、人生についての疑問といった、自分だけなら考えないようなことに目を向けることができます（あなた自身が HSP だとしても）。子どもから投げかけられるさまざまな質問への答えを探すため、外の世界や、物事の内面に目を向け、新鮮な広い視野で世の中を見渡すことができます。

　親子の絆が強くなります。
　絆はひとりで作ることはできません。子どもがあなたに近くにいてほしいのか、離れていてほしいのか、察知できることが大切です。

第2章　親のちょっとした理解とスキルによって、子どもの成長は大きく変わります　109

自分の本心に気づけます。

子どもは、意識している時もそうでない時も、親のことをよく見ています。「ママ、あの女の人のこと好きじゃないって僕には言ったのに、どうしてあの人には好きだと言うの？」「パパは疲れてるって言ってたのに、どうして今、床を掃除しているの？」と聞かれるおかげで、あなたは自分のことをもっとよく見つめることができます。

世界の美を知り、表現できる大人に。

子どもはいつか、世界の内外のさまざまな美を深く理解し、楽しめる素敵な大人になります。この世界の深みで見つけた宝を、他の人にも分かる形で表現してくれるかもしれません。

社会のリーダー、大人物になる可能性も。

HSC は、表に立つか裏方かは分かりませんが、世界に大きな貢献をする人物になる可能性があります。感受性の高い人は鋭い観察力と思考力を持っていますから、昔から、発明家、議員、医療従事者、歴史家、科学者、芸術家、教師、カウンセラー、宗教家などの職に就いてきました。支配者や軍人の相談役であり、洞察力と先見の明を持った指導者なのです。地域では、みんなが困った時や家庭の問題を解決する時、頼りになるリーダーとなります。素晴らしい親やパートナーにもなるでしょう。社会的公正さを大切にし、環境に心を配る思いやりに満ちた大人になるのです。

素晴らしい子育ての喜びが、これ以外にもたくさんあると思います。
「他とは違う子の親になるなら、他とは違う親になる覚悟がなくてはなりません」
この言葉を忘れずに、進んでいきましょう。

第2章　親のちょっとした理解とスキルによって、子どもの成長は大きく変わります　111

第3章

親が HSP でない場合
違いを認め合えば、
実はとてもうまくやっていけます

本章は、HSP の親にも、そうでない親にも読んでいただきたい内容です。

両親をはじめ、子どもの子育てに関わる大人が、HSP ではない場合の利点と問題点、問題に対処する時のヒントを見ていきましょう（次の第4章では、親が HSP である場合の利点と問題点を見ていきます）。

親子の関係を考えるうえで、大切なもう一つの特性、「新奇追求型」（HNS = High Novelty Seeking）も見ていきます。

◆大切なのは、それぞれの関係を見つめ直すこと
　～家族みんなで、HSP のチェックテストをしてみましょう

人一倍敏感なのは、遺伝的な気質です。ですが、その両親や親のどちらかが HSP であるとは限らず、その子と似ている近親者が HSP である場合もあります。まずはあなたが HSP かどうか、本章の末尾にあるテストをしてみてください。たとえ HSP であったとしても、子どもと同じ程度の敏感さとは限らないので、この章は全ての親に読ん

でいただきたいと思います。また、周囲の HSP でない人に、子ども
のことで協力を求める際の参考にもなるでしょう。

　ご自分が HSP だと分かった方には、特に興味深い内容だと思いま
す。今までは、前章のシャロンのように、HSP でない親の視点で子
どもに接していたかもしれないのですから（お断りしておきたいので
すが、表記を簡潔にするために、HSP ではない人のことを「非 HSP
(non-Highly Sensitive Person)」、つまり「敏感ではない人」と表現する
ことがありますが、これは「鈍感である」という意味ではありません。
「人一倍敏感であるという気質ではない」という意味の専門用語ととら
えていただければと思います）。

　父親にも、ぜひ本章を読んでいただきたいと思います。HSP の割
合は男女同じなのですが、私たちの社会では、男性は刺激やストレス、
痛みに敏感であってはならないと考える傾向が強く、HSP であっても、
そうでない視点でいる人が多いからです。

　ちなみに、自己判定テストの点が低くても、HSP でないとは限ら
ないので注意してください。昔から、子どもに実社会で生きていくす
べを教えるのは父親の役割とされていて、私の研究でも、HSC が社
会に適応するためには、父親のあり方が極めて大切であることが分か
っています。

◆敏感さと、強い好奇心を併せ持ったタイプの注意点

　新奇追求型（HNS）は、第 1 章で説明した冒険システムの強さか
ら生じる特性です。この気質を持つ人は、第 1 章で紹介したトマスと
チェスの気質分類の言葉でいえば、「チャレンジ力」に相当し、スリ
ルを味わうことが好きで、いつもの環境にはすぐに退屈してしまいま

第 3 章　親が HSP でない場合　113

す。探検が好きで、よく行く場所よりも新しい場所へ、旅行もまだ行ったことのない所へ行きたいと考えます。型どおりの行動が苦手です。

人一倍敏感な人（HSP）が、HNSであることもあります。HNSと非HSPは、簡単に新しい状況に飛び込もうとするところが、一見、似ているのですが、その理由が違います。HNSは新しい体験がしたいからですし、非HSPは立ち止まって確認をしないからです。

HNSは、非HSPと似ていますが、別に考える必要があります（HNSについてはデータが不十分で、判定するためのテストが作成できていないのですが、親なら、子どもがHNSかどうかよく分かるのではないでしょうか）。

あなたと子どもがどちらも、人一倍敏感（HSP）であり、かつ好奇心旺盛（HNS）の場合の問題点は、退屈しやすく新しい刺激を求める一方で、簡単に押しつぶされてしまうことです。「適度な興奮」の範囲が極めて狭いのです。自分で立てた一日の計画、あるいは人生の計画に圧倒され、疲れて苦しくなり、倒れてしまうという破滅的なサイクルを繰り返します。新しいことを求める気持ちを抑えられない状態が続くと、敏感であるがゆえに慢性的に疲れてしまいます。

私たちの社会では、敏感さよりも、新しいことを求める性質のほうが支持されます。例えば、仕事で上に立つ人には、海外出張が要求されたりします。HSPにとって、これは燃え尽きの原因になります。

ご自身と子どもの中にある、2つの気質に対処する方法を見つけ、それを子どもに伝えるのはあなたの責任です。

◆自分の子にはない宝を探すよりも、
　すでに持っている宝を大切に

　非HSPの親は、新しいことが好きでおそらく外向的、HSCの子ども
は、新しいことを好まず内向的、というような正反対の場合、2人
の間には深刻な溝があります。でも、今からとても重要なことをお伝
えします。

　実は、非HSPの親とHSCは、とてもうまくやっていけるのです。
第2章で、親子の気質が同じでなくても、社会や家族、親といった環
境が、子どもの気質に合わせてサポートする、「子どものペースに合
わせた子育て」が大切だとお話ししました。実は、気質の違いがよい
働きをすることがあります。これまで、子どもに合わせることを考え
ていなかった親でも、これから考えていけばいいのです。

「子どものペースに合わせる」ことの大切さを認識しましょう。非
HSPの親は、自分と似ている多数派（80パーセント）の子どもに慣
れているので、最初のステップは、HSCの子どもが他の子と違うと
いう現実を受け入れることです。子どもがわざとそのような振る舞い
をしているのでも、育て方が悪いのでもないことを理解してください。

　現実を受け入れるためのポイントは、子どもの敏感さの中に、まず、
あなたの好きな点を見つけることです。同時にもっと重要なのは、お
そらくあなたにとっては不可解な、イライラしたり、がっかりしたり
する点を受け入れることです。

　HSCの子を持つ親は、子どもがサマーキャンプに参加する姿や、
チームのリーダーになる姿、パーティーに招待されて喜ぶ姿、新しい
状況に自ら飛び込んでいく姿を見ることはできないかもしれません。
子どもが敏感であるために、親として経験できないことがあるのを認
めるのはつらいことです。このようなことができる子もいれば、でき
ない子もいます。でも、そのかわり、子どもから得られる他の喜びも

第3章　親がHSPでない場合　115

あります。子どもは「宝箱」です。一方で、「この宝は、この子の中には入っていないんだ」と認めることが必要です。全てを兼ね備えている人なんていません。

　こういった限界を受け入れ、あきらめたあとに初めて、あなた自身の解決法を編み出すことができます。まず受容ができないと、どのようなアドバイスを受けても、「そうですね、でも、この子は大丈夫です」「なるほど、でも私には難し過ぎます」と言うばかりで、本気で考えようとしません。心のどこかで、子どもの特性を受け入れず、抵抗しているのです（受け止めることが難しい場合は、拙著『敏感すぎてすぐ「恋」に動揺してしまうあなたへ。』の中の、HSPと非HSPの関係についての章を読んでみてください。親子の関係も、つきつめていけば恋愛関係と同じです）。

　安心してください。あなたはひとりではありません。第1章で紹介した9歳の頭のよい男の子、ランドールを思い出してください。ランドールは、よその家に行くのが苦手で友達が少なかった子です。野球が好きでも、知らない人に教わることができず、母親がコーチをしていました。素晴らしいお母さんです。

　この母親・マリリンは非HSPで、苦労の末に、ランドールに合わせた子育てを学びました。彼女のたどった道のりを見ていきましょう。

■ 理解ある先生のおかげで、ランドールは幼稚園が大好きな子に

　マリリンは、迷わず物事に飛びつくタイプの女性ですが、夫はそうではありません。ランドールは父親の気質を受け継いだのでしょう。生まれた時から明らかに敏感で、幼児期は限られた食べ物しか口にしませんでした。歩けるようになっても、何かにすぐには近づこうとせず、必ず立ち止まって確かめる子でした。

　仕事で忙しいマリリンでしたが、ランドールはシッターにかわいがられ、快適で穏やかな幼児期を過ごしました。「他の赤ちゃんのよう

に泣くことはなかった」そうです。

マリリンは、ランドールにチームスポーツをさせたいと思うようになりました。ところがランドールにとって、午後2時、帰宅したマリリンに野球チームに連れていかれるのは、恐怖の時間になりました。いつもパニックになって泣きだし、マリリンに、お願いだから帰ってこないでと言うようになりました。友達と遊ぶにも、マリリンが一緒にいないとだめ、誕生会でも、自分より先に誰かが来ているとだめで、たとえ一番に到着しても、その場に長くいることはできず、マリリンが連れて帰らなくてはなりませんでした。

マリリンが特に困ったのは、ランドールがキスやハグを嫌がることでした。彼は愛情あふれる子でしたが、この種の接触は苦手でした。マリリンにとって、そして祖父母にとっても（ランドールは初孫でした）、これはつらいことでした。マリリンは、この子は本当に正常なのかと不安に思い、「息子と自分は性格が違う」ことを否定しようと、一生懸命だったそうです。

違いを認め、どうしたらいいか分かってきたのは、ランドールが幼稚園に通い始めた頃です。マリリンはランドールが幼稚園になじめるか心配で、入園するまでの1年間、見学に連れていきました。それでも、ランドールは怖がり、入園してからも毎日おびえていました。この時、マリリンは自分がランドールの送り迎えをしようと、フルタイムの仕事を辞めました。親戚や友人は、それを「過保護」と思ったようでした。ところがそれから6カ月が経ち、ランドールはクラスでしゃべれるようになりました。ランドールに何が起きたのでしょうか。

幸いにも、ランドールの担任のピーターソン先生は、自身もHSPで、また長年、幼稚園で大勢のHSCを見てきたことから、敏感な子どものことをよく理解していました。彼女は、ランドールに自分のペースで行動させて、マリリンに、ランドールは全く正常な子で、ただ、物事を始めるまでに時間がかかり、大きな音や、知らない人や、予想外

第3章 親がHSPでない場合 117

のことが苦手な性格なのだと説明しました。そして、ランドールの不安な気持ちをもっと酌み取って、信じて、あまり押しつけ過ぎないでほしいと話しました。

その年の終わりには、ランドールは彼女のクラスで緊張せずに過ごせるようになりました。年長になった今は、幼稚園が大好きです。何を求められているのかを感じ取り、そのとおりに行動するので、他の先生たちにもかわいがられています。これはピーターソン先生のおかげでしょう。HSCにとって、先生の影響はここまで大きいのです。適切な先生を探すことについては第8章で説明します。

この親子は今、どのように暮らしているのでしょうか。

マリリンはランドールのことを「素晴らしい子」と言います。ランドールは自分のことが分かり、心が楽になったそうです。自分が必要なものを母親に伝えることができるようになり、マリリンはそれを聞き、サポートしました。マリリンとピーターソン先生のおかげで、ランドールは家にこもって本を読むのが好きでも、それを悪いことではないと自覚しています。学校では友達と遊びますが、家に帰るとそれ以上は遊ぼうとしません。

マリリンは、自分の親としての変化についても語りました。かつては、息子にあれこれさせるのが自分の務めだと思い、怖い思いをさせていたと言います。特に男の子に、これでいいんだと「甘やかして」しまうと、いろいろなことができなくなっていくと考えていました。でも今では、もっと違う考え方をしていたらよかったと思うそうです。自分がするべきなのは、「ちょっと甘やかし過ぎかな」と思っても、息子を理解し、守って励ましてやることだと彼女は言います。

例えば親戚には、ランドールはキスやハグをされるよりも、握手のほうが好きで、手を握り温かい言葉をかければ、愛情が伝わるのだと説明をします。実はマリリンは、息子が小さい時に、いろいろと押しつけてしまったため、幼稚園でパニックになったのだと思っています。

「私が敏感ではなかったので、息子と合わず、ストレスがたまっていました」と当時を振り返ります。

　今は、マリリンとランドールは、確かによい方向へ向かっています。大切なのはそこです。

「息子には、『ママはこれからも、あなたの嫌がることを押しつけてしまうかもしれない。でも、ママはいちばんいい選択をしたいから、あなたの意見を聞かせてね』と言っています。実際、前よりはずっと彼の話を聞いていますし、彼が間違っていることはほとんどありません」

　HSPである父親にも注目すべき点があります。マリリンによると、ランドールの気質は父親とそっくりだそうです。私はその父親に会ったことはなく、マリリンが子育てに奮闘している時にいったい何をしているのだろうと思っていたのですが、今では父親も子育てに参加しているようです。例えば、ランドールは父親にゴルフを習っています。ゴルフは、さまざまな細かい調整をしてからショットを決めるスポーツですから、HSCにはちょうどいいのです。マリリンはチームスポーツをしてほしかったのですが、ランドールの気持ちを尊重しました。

第3章　親がHSPでない場合　119

◆親が HSP でない場合のメリット

マリリンが HSP ではなかったため、ランドールにはいいこともありました。実は HSP ではない親から、HSC が受ける恩恵はたくさんあります。

① 冒険のチャンスを与えられる

ランドールが取り組んだいろんなスポーツの中には、マリリンが勧めなければしなかったようなことが多々あります。おかげで、チームスポーツでも、野球ならやってみたいと思えるようになりました。野球も HSC 向きのスポーツです。サッカーやバスケットボールよりも、テンポが穏やかで、微妙なことが求められます。特に男の子にとっては、チームスポーツをすることが、社会に受け入れられる条件のようになっています。

HSP でない親は、子どもをスポーツだけではなく、新しい場所へ連れていき、新しいことに挑戦させたがります。子どもがそれを受け入れ、少しでも上達すれば、「他もやってみようかな」という気持ちになります。親は HSC が新しい扉を開けられるよう、優しく、時には少し厳しく、背中を押すことが必要です。強く押したほうがいい時には、HSP でない親のほうが迷わず行動に移すことができます。

② 冷静に落ち着かせることができる

子どもが、恐怖、怒り、悲しみなどの感情で興奮状態になったり、打ちひしがれたりしている時でも、冷静に落ち着かせ（第2章でお話したように）子どもの感情を「包む」ことができます。

（ただしそのためには、子どもが敏感であることを理解し、イライラしないことが必要です）

親の冷静な対応を見て、子どもはこのような状況でどう反応したら

いいかを学び、少しずつでもまねができるようになります。

③ 子どもを守るための主張ができる

　マリリンは、祖父母のスキンシップから、ランドールを守りました。第10章でお話ししますが、いじめからも守りました。それも、介入して戦うのではなく、もっとクリエイティブな方法です。HSPの親ならば、激しい対立に巻き込まれたくないと思いますし、子ども時代にかばってくれる人がいなかった場合、自分の子にも「我慢しなさい」と言う傾向があります。

④ 思いをはっきり言葉で伝えられる

　親が状況をそのつど説明することで、子どもは、大人がどのように考えて対処するかを理解できます。無口な親の顔色をうかがって、怒っているのだろうか、機嫌が悪いのだろうか、と気に病まなくて済みます。

◆こんな時は、どうしたら？
　～子どもに合わせた子育てのヒント

① わざとやっているように思える時
　　～よく話を聞き、自分に置き換えてみてください

　自分とは違う感覚を目の当たりにすると、その人が本当にそう感じているとは、なかなか信じられないものです。「そんなふうに思う人がいるわけがない」と考え、例えばHSCが不満を言った時に、「うそをついている」「構ってほしいだけだろう」などと、自分の感覚で理由づけしてしまいがちです。

第3章　親がHSPでない場合　121

できる限り子どもが体験していることを理解しましょう。

子どもに、どのように感じているかを聞いてみましょう。自分に置き換えて考えてみてもいいです。

例えば、子どもが服の首のタグが嫌だというのは、アレルギーで肌がかゆいような不快さかもしれません。HSP の知り合いに、子ども時代からの体験を聞いてみましょう。また、HSC の親同士、子どもが状況をどう受け止め、どう対応しているかを話し合い、参考にするのもいいと思います。

カウンセラーや、学校の先生に相談してみましょう。

カウンセリングを受けるといいかもしれません。また、担任の先生が経験豊富で理解ある人なら、他の子との違いや、敏感な子にどう向き合っているかを聞いてみましょう。教師はたくさんの子を見てきているので、役立つことを教えてくれることが多いです。

経験がないからといって、子どもの行動に、上から目線で、ありがちな理由をつけないようにしましょう。

確かに、HSC が、お高く留まっていたり、素直ではなかったりして、親を困らせようとしている可能性は、ないことはないです（いつもそのように思われてしまいます）。しかし、決めつけてしまう前に、自分の思い込みではないかと考えてみましょう。

自分が子どもの時に楽しかったものを、子どもも楽しめるとは限りません。

「これはできないんだ」と、あまりがっかりしないようにしましょう。

押しつけ過ぎないようにしましょう。

これは大切です。時には背中を押すのが必要なこともあるかもしれ

ませんが、「そうしないと、子どもが困ることになる」と確信がある時だけにしましょう。第2章で紹介した、エステルがマリアをスウェーデンに行かせたエピソードはその例です。第8章を参考に、優しく励まして、少しずつ外の世界へと誘導しましょう。

自分の子ども時代の素晴らしさをアピールし過ぎて、うらやましがらせたり、劣等感を抱かせたりしないようにしましょう。

サマーキャンプに連れていきたい、サッカーをさせたいなどと思って、怖がっている子どもに、あなたの子ども時代の経験の楽しさを話して聞かせたくなるかもしれません。テレビや映画、本などでも、そういった印象が植えつけられがちです。たとえそれがスリリングで、破天荒で、楽しくて、「正常な」ものだったとしても、子どもにはもっと別の楽しみがあるかもしれないことを肝に銘じておきましょう。

② ついせかしてしまう時
　　〜時間と心の余裕を、できるだけ確保しておきましょう

あれこれ考えずに話や行動ができる人にとっては、気長に待つことは大変です。でも、忍耐力は身につけて損はありません。

忍耐力をつけましょう。

HSCを育てるには忍耐力が必要です。怒りそうになったら10まで数えてみるとか、誰もいない部屋で気持ちを吐き出す時間を作るなど、自分なりの方法を見つけましょう

何か聞く時、せかさないようにしましょう。

子どもに答える気があるのか分からない時は、まだ考え中なのかと聞いてみましょう。もどかしいかもしれませんが、それを表情に出してしまうと、ますます答えにくくなってしまいます。

第3章　親がHSPでない場合　123

決めさせる時には、じゅうぶん待ちましょう。

ゆっくり考える時間がない時や、待ち切れない時は、子どもに決めさせるのはやめておきます。

新しいことをさせる時には、じっくりと一つひとつ取り組めるようにしましょう。

時間がない時や、親に心の余裕がない時には、新しいことをさせないことです。

人一倍、身の危険に備えようとするのを大目に見ましょう。

HSCはどうしても、火災や強盗、殺人などのニュースに敏感です。対策が不十分なために、大切なものを失うのではないかという不安を抱えています。どうしても悪い結果を想像してしまうのです。何度も戸締まりのチェックをしたり、映画に遅れないようじゅうぶん過ぎる余裕を持って出発したりする行動は、面倒に思えるかもしれませんが、事前の対策をすることでリラックスして過ごせます（不安の対策について、詳しくは第7章を参照）。

③ **言葉のボリュームが強くなりがち**
 〜HSCへのからかい、脅し文句は禁物です

これは声がうるさいのではなく、選ぶ言葉が強過ぎるという意味です。誰でも自分が受け取るのに必要な強さで、他人に言葉を発します。HSCは、かすかな気配や態度、視線、微妙なニュアンス、声のトーンでメッセージを受け取ることができるので、普通の言葉遣いでも、かなりきつく聞こえてしまいがちです。あなたが自分に必要な強さで話すと、子どもは誤解してしまうと思います。

HSCは、小言や不満はもちろん、アドバイスですら、必要以上に強く受け止めます。言葉に刺激を受け過ぎて、内容を受け止めきれま

せん。また、あなたの影響が強過ぎると、自分の心の声を聴いて表現することができなくなることもあります。

　HSCが自分の深い思いを伝えようとしている時は、穏やかに会話をすることが大切です。海底にすむ、光に慣れていない生物をそっとすくい上げるように、丁寧に接しましょう。

　子どもと話す時にはトーンを落としましょう。

　家族に非HSPがいる場合には、その人にも気をつけてもらいます。「どうしてそんなことをしたの？」とぶっきらぼうな聞き方をすると、子どもは非難されたと思ってしまいます。

　冗談やからかいは誤解のもとです。

　大抵のHSCは、相手の心の中の、本人さえ気づいていない敵意や優越感を感じ取ったり、あるのではないかと不安に思ったりしているので、からかいの言葉に動揺してしまいます。

　しつけが必要な時は、まずは優しく話して聞かせましょう。

　それでじゅうぶんです。怒ったり、「そんな子は嫌いだ」と脅したりしないようにしましょう（これについては第5章で説明します）。タイムアウト（罰として短時間隔離すること）の必要もありません。言って聞かせるだけでじゅうぶんです。

「そんなことをすると、こんな怖いことが起こるよ」と脅すのはやめましょう。

「どうして葉っぱを拾ってきたの？　言ったでしょう。こんな葉っぱを食べると死んじゃうんだよ」と言っても、怖がらせるだけです。HSCには、脅さなくても説明して教えるだけでじゅうぶんです。「この葉を見てごらん。キョウチクトウ（夾竹桃）というんだよ。きれい

な花が咲くけれど、葉っぱも花も食べてはいけないよ。食べ物じゃないからね。よく似た葉っぱもあるから、とにかく葉っぱを拾うのはやめてね。葉っぱの中のよくない成分が手について、口に入ってしまうといけないからね」という伝え方をしましょう。

自分の気持ちを声にする時、気をつけましょう。
「お母さんは怒っていないよ」と、安心させるメッセージを声にして伝えるのはよいことです。でも、必要以上に、自分の不安やイライラを口にするのはやめましょう。子どもは親のマイナス感情を過剰に受け止めてしまいます。

子どもがついてこられずに黙ってしまうほど、次から次へと話すことのないようにしましょう。
非HSPは話題をどんどん変え、自分が口にしたことをあまり振り返らない傾向があります。子どもがあなたの話の内容をじっくり受け止めて、それにどう答えるかを考えている間に、話題はすでに変わっていることがあります。沈黙の時間を取りましょう。

子どもが深いことを話そうとしている時には、優しく、丁寧に、静かな声で対応しましょう。
混乱しそうな話題を持ち出された時には、自分がちゃんと聞ける状態になるまで待ってもらいましょう。その場しのぎの対応や、心ここにあらずの状態だったら、子どもはすぐに、あなたはいいかげんで表面的なことしか言わないから、大切な相談はできないと思ってしまいます（多くのHSPが、「誰も自分のことを子どもだと思って接してくれなかった」と言います。周りの人は理解したいと思っていたのに、最初に配慮を欠いてしまい、それができなくなったのではないかと私は考えます）。

126

ですから、例えば子どもが「妖精がいたよ」と話しかけてきた時、「そんなことより、足をテーブルから下ろしなさい」などと話題をそらし、話を遮らないようにしましょう。親はそうしがちですが、子どもとの会話も、心にいた妖精も、どこかへ飛んでいってしまいます。

④ せっかく一緒に遊んでも、楽しめないこともあります
　　～「いてくれるだけでうれしい」と伝えましょう

　HSC は、深くて面白い特別な洞察力を持っていますが、それを表に出したがりません。自分の心にいつまでも抱えておくことができます。例えば少し旅行に連れていっても、会話をずっと楽しむことはできません。子どもは窓の外をじっと見たり、本を読んだりしたがるでしょう。あなたが退屈していると気づいて話しかけてきたり、新しいことに挑戦したりすることはあっても、その後にはダウンタイムが必要です。また、子どもが何か新しいことに挑戦するのをじっと見ているのは、親にとっては退屈かもしれません。

　親のほうが先に飽きてしまうと予測しておきましょう。
　子どもが「もうじゅうぶん」と言うまで待てるよう、自分のすることを用意しておきましょう。子どもは、かなりの時間をかけて水に慣れ、今、ようやく楽しく遊んでいるところかもしれません。ある人が言っていました。「この子にとっては、終わってからが楽しみの始まりなんですよ」と。

　HSC の行動や反応を待っている時間で、忍耐力を鍛えましょう。
　血圧のコントロールにも効果的です。

　子どもとの長時間ドライブでは、ラジオや音楽はイヤホンで聴くのがお勧めです。

第 3 章　親が HSP でない場合　127

子どもには、話したいことがあればいつでも声をかけるように言い、実際に子どもが声をかけてきたら、きちんと答えましょう。時々子どもに言葉をかけ、話したがっていないかどうかを確認しましょう。

　嫌がるような態度をしていても、本当にあなたと話したり一緒にいたりしたくないのか、はっきり聞いてみましょう。

　自分はそうしたいし、それがうれしいのだと伝えるのです。子どもはただ、何かしらのきっかけや後押しが必要で、あなたが自分といて楽しいことを確認したいだけなのかもしれません。

⑤ 近寄ってほしくないオーラが出ている時

　　～親が嫌いなのではなく、疲れているサインだと思いましょう

　ひとりでいたがる、触れられたがらない、などがあっても、子どもに嫌われたと思ってはいけません。特に成長するにつれ、親よりも他の人と仲良くしているような時がありますが、大抵、子どもは義務感でそうしているのであって、本当は親のことを好きで信頼しているのです。

　子どもにはプライバシーや沈黙、ダウンタイムが必要だと理解しましょう。

　あなただけにこのような態度をするのではないのです。遠くに行ってしまうように感じるかもしれませんが、好きにさせましょう。子どもにはひとりで静かに休む時間が、あなたよりも必要なのです。拒否された、非難されたと思ったり、あきれたりしないようにしましょう。

　何もしてやれないと思うのではなく、子どもを守る重要な役目があるのだと考えましょう。

　あなたは、仕事や旅行や遊びをもっとしたいと思っているかもしれ

ません。しかし、親自身の刺激を求める気持ちから、子どもを守らなくてはいけないこともあります。そうすれば、誰よりも子どものことを理解し、距離を縮めることができます。周りの人が子どもと一緒にいたがっても、あなたは、子どもが親戚の集まりや、結婚式に参加するのが苦手な理由を説明して、守ることができます。マリリンも、自分が息子の唯一の理解者だと気づいた喜びを語っていました。

　一緒に何かをする時、子どもの求めに応じることに、親としての喜びを感じましょう。
　あなたには、きちんとした予定や休み時間は必要ないかもしれませんが、HSC にとってはうれしいものです。子どもが必要としているものを与えて、気持ちよく子育てをしていきましょう。そんなに気遣いが必要なさそうに見える時でも、もっと様子を見てみましょう。
　HSC は、親が面倒そうだと分かると、自分から必要としていないかのようなふりをすることがよくあります。さもないと、休み中に体調を崩したり、怖い夢を見たり、眠れなかったりするというような、一見関係のなさそうな問題になって現れることがあります。必要としていることを満たしていけば、もっと幸せになり、あなたと一緒にいたがるようになります。

　子どもが疲れたり、刺激を受け過ぎたりしているサインに気づきましょう。
「親とこれ以上いたくない」と、子どもが限界になる「前」にやめることです。サインは、こちらの想像よりもずっと早いことがあるので、常に気をつけていれば、子どもが親を拒絶する前に、親がストッパーになることができます。

第3章　親が HSP でない場合　129

詮索をするのはやめましょう。

　何か聞き出そうとすると、子どもは自分の世界に踏み込まれたと感じます。会話できる場所を確保し、関心を示すことは大切ですが、押しつけないようにしましょう。

　私の息子の場合、寝る前のひとときが心を開いてくれる時間でした。生まれつき夜型で、部屋の電気がついている間は、学校などのいろいろな話をしたがりました。体のためには眠らせるべきかもしれませんが、好きなだけ話をさせると、「悩みを抱えていてそれを隠しているのではないか？」という不安もなくなり、お互いに心の重荷を下ろして、ぐっすりと眠ることができました。

　スキンシップを嫌がる、会話をしたがらない、という時も、気にせず優しく接し続けましょう。

　他の愛情表現法を探しましょう。ハグやキスより、肩を優しくたたくほうがいいことも、話をするより、一緒に何かをするだけでいいこともあるかもしれません。「そばにいたい」というのは正しい愛情表現です。子どもは何かをしてもらうより、その気持ちをうれしく思うでしょう。他の人からそのような愛情を受けた時も、うれしく思えるようになっていくことが必要です。

　まずは直接、気持ちを聞いてみましょう。

　「ハグは嫌？」「歩いている時は手をつなぎたい？」「おやすみのキスをしようか？」と最初に聞いておけばいいのです。「嫌だ」と言われても、それは子どもの権利と受け止め、「いいよ」と言われても、過剰にならないようにしましょう。子どもと一日中一緒にいられない場合は難しいですが、まずは最初に子どもに聞くようにすると、遅かれ早かれ愛情表現に抵抗がなくなっていくと、多くの親が言っています。

子どもがリラックスするまで待ちましょう。

特に、学校などから帰ってきた時に人を避けるのは、過剰な刺激を受けてきたからかもしれません。拒絶するのは、圧倒されて疲れていても、あなたを信頼しているというサインです。

愛情表現を嫌がる時は、他の方法を試してみましょう。

例えば、手紙やプレゼントなどもその一つです。子どもが愛情表現をしてきたら、思い切り感謝の気持ちを伝えましょう。

スキンシップをやめてしまわないようにしましょう。

そっと手を握るなどの軽いスキンシップは続けてみることです。何気ない遊び感覚でするといいです。子どもの好きなこと、苦手なことを聞いてみましょう。

子どもが異性なら、性のさまざまな情報に戸惑ったり、性的な感覚を怖がったりしている可能性もあります。

HSCはどうしても、周りからの性に関する情報の影響を強く受けます。大人と子どもの不適切な関係について耳にすることもあるでしょう。まずは同性の親や親戚に、子どもの気持ちを聞いてもらうことです。自分が何か間違った信号を送ってしまっていないかを振り返り、2人の間に問題はないことを確認しましょう。例えばある程度の年齢になると、親が裸でいるだけで、戸惑いや不快感、過剰な刺激を受けることもあります。

⑥ 大人が頼ってしまいそうになったら
　　～よく気のつくいい子だからといって、利用しない

HSCは、「待っていなさい」「いい子でいなさい」といった言いつけをよく守ります。また、親の悩みを聞いてくれるなど、求めた行動

をします。「よく気のつくいい子」だからといって、HSCばかりにお願いをしたり、愚痴を聞かせたりしてしまうのは、不公平でよくありません。

子どもを聞き役、相談役にしてしまう人は特に注意しましょう。

HSCは、大抵聞き上手で共感力が高いので、友達や、時には大人までもが、悩みや秘密、不安を打ち明けてくることがあります。子どもには、「無理だと思ったら、聞かないで話題を変えていい」と言いましょう。

気持ちの交流は対等にすべきで、片方だけがはけ口となって、負担を感じるようではいけません。本当に困っているなら、どこかに助けを求めるべきですし、それほど深刻でないなら、自分で何とかできるはずです。子どもにも、困った時は相談するように言いましょう。

子どもの能力を、見せ物にしないようにしましょう。

ほとんどのHSCは、注目を浴びて刺激を受けることが苦手です。周りの人が自分を心から評価してくれているのか、それともふりをしているだけなのか不安になります。準備がじゅうぶんにできている、慣れている、ということがないと、初対面の話題作りのようなパフォーマンスをするだけでも緊張して、いつもどおりにするのは難しいです。あなたが原因で失敗しても、子どもは自分のせいだと思ってしまいます。

家事や突発的な仕事は、どの子にも公平にさせましょう。

小まめに子どもに問いかけ、できるかどうかじっくり話を聞きましょう。HSCは、利用されたり、利用されていると思い込んだりすることがあります。

ある研究によれば、家事を平等に振り分けても、誰も、自分は70パ

ーセント負担していると感じるそうです。*23 でも、HSC は不満を口に出さないことがあり、本当はどうなのか、真相は分かりません。シンデレラのように言われるままに負担を背負ってしまうこともありますし、あるいは、状況を徹底的に分析して被害者意識を持ってしまうこともあります。突発的な仕事の場合は、特にあなたの求めていることをいちばんよく分かり、助けてくれそうな子に頼りたくなりがちですが、他の子にさせたほうが、人格形成のうえでもはるかに有益です。

◆鋭い指摘をしてきても、大人の態度で受け止めて

　HSC は、人の欠点や、みんなが目をつぶっているささいな「陰」の部分を鋭く察知してしまいます。HSP の親なら、他人の欠点にはよく気づくので、このような面をよく分かっていますが、HSP でない場合、子どものことを、気がつき過ぎて怖いとか、あら探しばかりする子だと思ってしまいます。

　しかし、子どもにとって、気づいたことを表現するのは大切なことです。幼い HSC は、自分の理想であるはずの親の欠点を見つけていくうちに、幻滅して、心に重荷を抱えていきます。そのような時に、あなたとの関係が壊れないという安心感のもとで、気づいたことをあなたに話せることが必要です。これは子どもの手本となるチャンスでもあります。子どもはあなたの対応を通して、批判に対するすべや、不完全であっても生きていくすべを学んでいくことができます。

　ですから、子どもの言うことに言い訳をしたり、傷ついたりしないようにしましょう。

「店員が勘定を間違えたからって、正しい金額を払えば済むことでしょ？」「ママ、ダイエット中だって言ってなかった？」「ここ、制限速

度35キロだよ。どうして50キロで走っているの？」などの指摘は、正論だけにぐさっときます。そこまで言わなくてもいいのにと思うでしょう。でも、子どもは誰にでもそうで、誰にでも指摘されるような点はあります。ですから、いちいち弁解しないようにしましょう。冷静になれない時は、いったんひとりになって言われたことを検討し、自分の落ち度を反省するなり、不当だと感じるなら、認められないと伝えましょう。しっかりした態度を執れば、家族もあなたを見習うことができます。

　ただし、話の最中に相手の欠点や弱さを言うのはよくないと教えましょう。「パパはうそつきだよ。所得税をごまかしてたんでしょ。電話でそう言ったのを聞いたよ」「僕だってズルをしたかもしれないけれど、ママもゲームでごまかしてたのを見たよ」などと言うと、信頼感が壊れてしまいます。議論の時は、その問題だけにとどめるべきだと説明します。

　私は、HSCであってもなくても、親子がお互いの未熟な点をストレートに話し合うことが必要だと思います。HSCの場合は特に、批判のしかたや受け止め方を学ぶ必要があります。その際には、皆が冷静になること、そして、相手の力になりたい、相手が自分にどうなってほしいかを知りたい、という真摯な気持ちを持つことが必要です。日帰りのハイキングや、夜のちょっとしたドライブなどのタイミングを利用するといいでしょう。

　このような話し合いが、なかなか自然にできない時は、家族会議の時にでも、次のことをしてみてください（夫婦にも応用できます）。まず、それぞれが、自分が思う相手のよいところを３つ挙げます。「いい子だ」というのではなく「私に優しくしてくれる」というように具体的に表現しましょう。それから、自分が思う相手の悪いところを一つ挙げます。例えば、「僕は、ママがノックしないで自分の部屋に入ってくると腹が立つ」などです。この時、必ず「僕は」「私は」

134

を主語にし、具体例を挙げてその時に自分がどう思うかを述べましょう。

◆社会の荒波を乗り切っていくために

これまでは、忍耐強く、子どもの気持ちを尊重し、声のトーンを落とすなど、子どもに合わせることの大切さを述べてきました。しかしこれからは、子どものほうも敏感でない人ともうまくやっていくようになることが必要です。世の中には、敏感でない人のほうが圧倒的に多いからです。ゆくゆくは、子どもがあなたに合わせられるよう導きましょう。あなたが最初の練習台になるのです。これは、非 HSP の親だからこそできることの一つです。

子どもは成長し、自分の気質を理解していくにつれ、あなたや他の家族の気質も理解していくようになります。

ランドールは、母親のマリリンとは性格が違うことを、ちゃんと理解しています。例えば、母親の物おじしない性格を分かっていて、母がちょっとした危険に挑戦しようとする時、心配はしてもあまり動揺しないようにしています。また、そういった性格をうらやましいとも言っています。マリリンはまた、息子を必要以上にうらやましがらせないよう、自分は敏感ではなく、よく考えずに行動してしまうから気をつけないといけないのだという、自分の「器」の話をします。

子どもが、社会で非 HSP とうまくやっていくには、伝える力を高めることを学んでいく必要があります。例えば、子どもが「山より海に行きたい」というメッセージをそれとなく送っていたことにあなたが気づかなかった時は、子どももあなたも悪くないのだと優しく言いましょう。次は子どもが、自分の要求を少し強く押し出し、相手にま

第3章 親が HSP でない場合 135

で届くボールが投げられるよう、学んでいくのです。

　また、他の人が子どもの決断を待てず、ひとり取り残されてしまわないよう、「あらかじめ考えておく」練習をしていきましょう。ある程度の年齢になったら、親が我慢して待っていることを、そっと伝えるといいと思います。子どもが会話の中で、何を言うか考えている間に、会話から取り残されてしまっているようなら、前もって話題を考えておくことを提案してみましょう。

　最後に、今まで知らなかったさまざまな気質や文化、哲学や宗教を知ることで、自分に恥じることなく、違いを尊重する気持ちが生まれます。これこそが、教育や旅、人と人とのつながりによって得られる、最大の贈り物かもしれません。完璧な視野から物事を見ることのできる人はいないのだと知り、謙虚な気持ちになります。そして、人として歩むための基盤ができてきます。

　あなたと子どもは、気質が違い、世界への感じ方が違うことによって、かけがえのない究極の宝物を手に入れることができるのです。

第 3 章　親が HSP でない場合　137

◆ HSP チェックリスト

次の質問に、感じたままを答えてください。どちらかといえば当てはまるのなら「はい」、全く当てはまらないか、ほぼ当てはまらない場合は、「いいえ」と答えてください。

1. 自分を取り巻く環境の微妙な変化によく気づく
   ほうだ　　　　　　　　　　　　　　　　　はい　いいえ

2. 他人の気分に左右される　　　　　　　　　はい　いいえ

3. 痛みにとても敏感である　　　　　　　　　はい　いいえ

4. 忙しい日が続くと、ベッドや暗い部屋など
   プライバシーが得られ、刺激から逃れられる
   場所にひきこもりたくなる　　　　　　　　はい　いいえ

5. カフェインに敏感に反応する　　　　　　　はい　いいえ

6. 明るい光や強い臭い、ザラザラした布地、
   サイレンの音などに圧倒されやすい　　　　はい　いいえ

7. 豊かな想像力をもち、空想にふけりやすい　はい　いいえ

8. 騒音に悩まされやすい　　　　　　　　　　はい　いいえ

9. 美術や音楽に深く心を動かされる　　　　　はい　いいえ

10. とても誠実である　　　　　　　　　　　　はい　いいえ

11. すぐに驚いてしまう　　　　　　　　　　　はい　いいえ

12. 短時間にたくさんのことをしなければならない
    場合、混乱してしまう　　　　　　　　　　はい　いいえ

13. 人が何か不快な思いをしている時、どうすれば
    快適になるかすぐに気づく（例えば電灯の明る
    さを調節したり、席を替えたりするなど）　はい　いいえ

14. 一度にたくさんのことを頼まれるのが嫌だ　　　　はい　いいえ

15. ミスをしたり、忘れものをしたりしないよう、
　　いつも気をつけている　　　　　　　　　　　　はい　いいえ

16. 暴力的な映画や、テレビ番組は見ないように
　　している　　　　　　　　　　　　　　　　　　はい　いいえ

17. あまりにもたくさんのことが自分の周りで
　　起こっていると、不快になり神経が高ぶる　　　はい　いいえ

18. 生活に変化があると混乱する　　　　　　　　　　はい　いいえ

19. 繊細な香りや味、音楽を好む　　　　　　　　　　はい　いいえ

20. ふだんの生活で、動揺を避けることに重きを
　　置いている　　　　　　　　　　　　　　　　　はい　いいえ

21. 仕事をする時、競争させられたり、観察された
　　りしていると、緊張していつもどおりの実力を
　　発揮できなくなる　　　　　　　　　　　　　　はい　いいえ

22. 子どもの頃、親や教師は自分のことを「敏感だ」
　　とか「内気だ」と思っていた　　　　　　　　　はい　いいえ

得点評価
　質問のうち12個以上に「はい」と答えたあなたは、おそらくHSP
でしょう。
　しかし、どんな心理テストよりも、実際の生活の中で感じている
ことのほうが確かです。たとえ「はい」が1つや2つしかなくても、
その度合いが極端に強ければ、あなたはHSPかもしれません。

第4章

親子で同じ敏感タイプだった場合
親が肩の力を抜けば、子どもも楽になります

　HSPではない方も、ぜひ本章を読んでください。前半は、親子のどちらも敏感な場合のメリット、デメリットと、その解決策なので、飛ばしていただいてもかまいません。

　後半は、あなたの夫など、家族の気質にも注目し、それぞれの気質を生かしたよりよい家族関係を築くヒントを紹介します。

◆**家族に協力してもらいましょう**
　～子育てには、余裕が必要です

　私はひとりのHSPとして、同じ大人に伝えたいことがあります。敏感な気質にはよい面もありますが、圧倒された時や、自分は人とは違っているけれど正常だと分かってもらいたい時に困ってしまいます（それは子どもも同じです）。

　本書は人一倍敏感な子どもについてのもので、大人をテーマにはしていませんから、この問題を長々と話すことはしませんが、自分のことも知っておく必要はあります。というのは、親自身の感じ方は、子ども、特にHSCに常に影響するからです。

HSP の親には、まず自分が素晴らしい親になれることをぜひ知ってもらいたいと思います。例えば、子どもに必要なことに気づけるし、言葉だけではなく、ボディランゲージ（しぐさや態度、表情）にも敏感なので、どんな子にも合わせたコミュニケーションができます。子どもの抱えている心配や疑問も理解できます。もちろん、こういったことは、どの親にもできることですが、HSP は、より得意としています。

　一方で、HSC という手のかかるひとりの人間の責任を負うことを、恐れることもあるかもしれません。非 HSP の親や、子育て本のお手本と比べがちで、自分を褒めるどころか、「あの人たちは私よりもずっとエネルギーにあふれ、忍耐強く、頭もよくて、家族を避けてひとりになる必要もないし、もしそういうことがあっても、罪の意識を持ったりしないんだろうな」などと思うのです。

　確かに、HSP が親になるのは大変だと思います。人一倍、ひとりになる時間が必要だからです。まだ小さい子や、複数の子ども、夫がいる場合、一人きりになるのは難しいでしょう。シングルマザーだと、もっと難しいかもしれません。仕事を持っている、高齢の親がいる場合も大変です。

　邪魔されずに眠りたい、ひとりで仕事に打ち込みたい、自然の中で過ごしたい、空想や心を落ち着ける時間が欲しい、と思いますが、しばらくは、自分のための時間はあきらめなくてはなりません。他の人はそうしなくても生きていけます。HSP も、少しの間ならできるのですが、やがてつらくなってきます。

　息子が生まれて間もない頃、本棚を何となく眺めていた時、「親になるという苦行──誰かが教えてくれた時にはもう手遅れ」というようなタイトルの雑誌記事を見つけました。親になるのは苦行。そしてそのことを誰も私に教えてくれない。この恐ろしい事実に震える思いがしました。

第 4 章　親子で同じ敏感タイプだった場合　141

幸い私の夫は、負担を進んで分かち合おうとしてくれる人で、一日の半分は家にいられる人でした。だから子育ては、年々楽になったように思います。まずはひとりになれる時間が増え、私の気持ちを子どもに説明できるようになっていったからだと思います。

　夫は HSP ではありませんが、よく気が利き、いつも素晴らしいアイデアで助けてくれました。彼が丸一日、家を空ける時には、私が1歳過ぎの子から離れてひとりの時間を取れるよう、キッチンの床にたくさんのおもちゃを並べ、息子の視界に入らない冷蔵庫の上に座れるよう、踏み台を置いてくれました（息子はベビーサークルやベッドだと、おもちゃがあっても泣くのですが、キッチンなら私の姿が見えなくても遊べるのです）。

　私は、息子に呼ばれるまでのしばらくの間は、冷蔵庫の上に座って本を読んだり書きものをしたりできました。奇想天外だけれども素晴らしいアイデアでしょう。私にとっては大きな救いでした。

　それでも私は、どんなことがあっても親になってよかったと思います（ただし、「親になるという苦行」というのも事実です）。私は、HSP であるために親になることを迷っている方には、いつもこう言います。

「子どもを持って『幸せ』に過ごすもよし。子どもを持たずに『幸せ』に過ごすもよし。どちらも素晴らしい選択です」と。

　その一方で、私がどんなことがあっても親になってよかったと思うのは、息子を愛しているからです。息子を一目見た瞬間から、私は大好きになりました。あの子と出会わない人生なんて考えたくもありません。子どもは10年やそこらは全くの「子ども」ですが、その後、数十年の年月の中で、お互いの愛情を育めたなら、親友になることができます。小さな子どもを見ると、私はいつもこのことを思い出します。

　子育ては、他にも素晴らしい贈り物をくれます。子どもの存在によ

って、人生の意味を深く理解し、広い視野で物事を見ることができるようになるのです。

「ひとりめを授かるまでは、私はいつもひきこもりがちでした。親になって、世の中と関わらざるをえなくなったのは、私にとって人生を変える経験となりました」と言う人もいます。

子どもがいれば、必然的にそれだけ多くの経験をし、多くの人と出会います。新しいことや、自分だけなら背負わないリスクも、子どものためになら挑戦できるようになります。

HSC の子を持つ HSP の親が言っていました。

「子育てはかけがえのない大切なレッスンでした。子どもは私の先生です」

◆母親のケアを優先するのは、
　自分勝手なことではありません

あなたと子どもが、どちらも人一倍敏感な中で子育てをするのは、特別なことです。

どんな点が特別なのか、知っておきましょう。

HSC は親の感情から強い影響を受けるので、仕事が大変で忙しくても、心を穏やかにしておくことが必要です。あなたが安定していると、子どもの心も安定します。大人になってから、出てくる問題を解決するより、子ども時代を安心して過ごさせるほうがずっと簡単です。あなたが自分のケアをするのは、自分勝手なことではありません。そうすることによって、少々体調が悪くても、子どもや周りの人をいたわる余裕が出てきます。

（HSP のセルフケアの大切さについては、拙著『ささいなことにも

第4章　親子で同じ敏感タイプだった場合　143

すぐに「動揺」してしまうあなたへ。』を読んでほしいと思います）

　次に大切なのは、あなたの気質を生かして子育てをしていくことです。

◆敏感さを生かした子育てのメリット

① 子どもの感じていることがよく分かります

　第2章で紹介したエステルは、娘マリアのことをよく心得ていました。食べ物は、エステルもシンプルな味が好きだったので、マリアに合わせる必要はありませんでしたし、チクチクする服のタグを外しておくことも、前からしていたことです。授業で動物が殺される映画を見せられ、教室から出ていった時のマリアの気持ちも理解できましたし、スウェーデン旅行に行きたくないと言った時にも、どうしたらいいかよく分かっていました。

② 弱点に向き合った経験があります

　人前に出る時に受ける、過剰な刺激をどうしたか、誰かに「敏感過ぎる」と言われた時、どのように感じ、どう答えたか、自分の体験を詳しく伝えることができます。大変なことをどう克服したのかを、説得力を持って説明できます。

③ 自分を認めることで、子どもの自己肯定感が高まります

　次の章で述べますが、私たちの社会には、HSCの自己肯定感を阻むさまざまな要因があります。でも、HSPであるあなたが自己肯定感を持てるようになれば、子どもはあなたを通して、自然に自己肯定感を回復していくことができます。

④ HSC の深い問いかけに向き合えます

　たとえ答えられない問題でも、問いかけを丁寧に、敬意を払って聞き取り、一緒に話し合うことができます。

⑤ 適切な「ボリューム」で会話ができます

　前章でお話ししたように、私たちは皆、人の言葉を受け取る時に、それにふさわしい言葉のボリューム（強さや勢い）で、自分も気持ちを伝えようとします。HSP は、小さめのボリュームで穏やかに、声のトーン、間の取り方に気をつけて話します。相手のしぐさや微妙なニュアンスから、サインを読み取ります。よくも悪くも、あなたと子どもは、お互いの心がはっきりと分かり合えるのです。時にはそれによって、もともと苦手な激しい口論をしてしまうこともあるでしょう。

　一般的に、ボリュームが同じだと、コミュニケーションは楽です。

　息子は27歳でやっと車の運転を習おうとして、私が運転を教えることになりました。母親が大きな息子に運転を教えてうまくいくのかと思われるかもしれませんが、私たちの場合はうまくいきました。私には、彼が今、自分の内外の何と向き合っているかが分かっていたので、口を挟むべき時と、集中できるよう見守っている時（ほとんどの時間）の区別ができました。息子も、助手席は私にとって神経を使うところと心得てくれていて、教え方にあれこれ注文をつけず、協力的でした。

⑥ 食べ物の好み、趣味、センスが似ていて、共感し合えます

　世代が違えばファッション感覚も違うものですが、あなたと子どもは、おそらく多くを共感し合えるはずです。HSP の親と、そうでない親とでは、HSP のほうが「自分もシンプルな味が好きなので、食事は問題なかった」という人が多いようです。

第4章　親子で同じ敏感タイプだった場合　145

◆「子どもに何が必要かは、私がいちばんよく分かります」
～ストレスの少ない家庭作りの秘訣

　仕事を持っている人は、同じようにすることはできないかもしれませんが、親がHSPである利点を最も伝えられるのは、カーリン家のケースだと思います。

　カーリンは、10代のHSC、グレッチェンと、ラリーの母親で、私と同じ「子育てに巻き込まれた」HSPです。初めて妊娠したのは、医学部卒業を間近に控え、プロのミュージシャンとしても成功していた頃でした。生まれた子は、わずか1歳3カ月で亡くなってしまいました。

　ずっと仕事を続けていた彼女は、子育ての現実に直面し、今後、子どもを授かったら家にいて一緒に過ごしたいと強く思うようになりました。「子どもが何を必要としていたかが、はっきりと分かりました」と彼女は語ります。

　カーリンはまず、子どもたちには片付いた家が必要だと考えました。すっきりと静かに過ごせるよう、物を少なくして暮らしました。また、子どもが生まれてからは、大きな声は出さないと決めました。彼女自身、たとえ階段の上から呼ぶ程度のものでも、大声は苦手だったのです。子どもたちも、家で大声を出すことはありませんでした。

　彼女は常に、子どもたちのダウンタイムや、人と離れて静かに過ごす時間を尊重し、サマーキャンプに行きたがらないとか、部屋の隅で本を読んでいるのが好きだからといって、「内気だ」とか「怖がりだ」と言うこともありませんでした。グレッチェンは多少、騒がしくても耐えられますが、ラリーは予定を詰め込み過ぎるといけないなど、子どもによって個性があることも分かっています。

　カーリンの子育ては、「自分と子どもたちのストレスを減らす」ことに尽きました。食事のメニューは、きっちり決めておくのではなく、

子どもたちの好きな物を用意しておいて、自分で選ばせるようにします。希望があれば即席で作ることがあっても、無理に食べさせることはしませんでした。子どもたち2人は、たまたまいつも同じ物を食べたがり、例えば、リンゴ2個、ピーナッバターのサンドイッチ（耳なし）を2枚、メロンのデザートと水を用意すればよく、面倒なこともありませんでした。

カーリンは、自分のストレスを減らしながらも、子どもの気持ちをできるだけ優先するようにしました（ただしそのためには、子どもと離れてひとりになった時、じゅうぶんに自分のケアをしなくてはなりません）。子どもが疲れたり、おなかをすかせたり、興奮したりしている時は、自分のことは後回しにして世話をしました。子どもたちは、母親がそうするのは、何か引け目を感じているからでも、甘やかしでもないことは分かっていました。

カーリンにも限界はありますが、「親になるとはそういうことでしょう？　大人だから、子どもよりも我慢できるはずよ」と言います。子どもたちは母親を尊敬し、カーリンも、「子どもたちがそばにいてくれると、とても楽しい」と言います。ストレスが少なく、「ボリュームの小さい」家庭です。

おそらくこれを読んでいるあなたには、別の生活スタイルがあるでしょう（私の場合、1日1回は家族で食事をしようと決めていました）。カーリンは、創造力や思慮深さ、穏やかさを好むといった、HSPのよい面を生かして子育てをしている素晴らしい例だと思います。「お子さんが人一倍敏感であることを受け入れましょう。それができれば、準備完了です。それぞれに合った子育てで、そのつど、どうしたらいいか考えていくのです」というのが、カーリンのアドバイスです。

◆親も敏感タイプの時、気をつけたほうがいいこと

① 自分がされてきた子育ての影響を受けがちです

　第2章で登場したHSPのエステルは、人一倍敏感な娘を、自分の両親がしてきたのとは全く違う方法で育てたいと思っていました。でも、逆のことをしようとすると、極端に走ってしまう危険があります。また、自分がしてほしかったことを押しつけているだけで、実は子どもを見ていないこともありえます。

　例えば、あなたが子どもの頃、医者に行くのがとても怖くて、誰も自分の苦しさを分かってくれなかった経験から、子どもには連れていく前も後も、安心していいと言って気遣ったとします。でも子どもは、安心していいと言われたけれど、「本当はひどい病気が隠れていているのではないか」と不安になっている場合もあります。

② 方向を間違えると、過保護になってしまいます

　HSPは、親からあれこれチャレンジするよう強いられて、ストレスを抱え、居心地の悪い経験をした人が多いので、反動で子どもに過保護になる可能性が大きくなります（もちろん、自分が甘やかされて大切な経験をしないまま大人になってしまったので、子どもには多くのことをさせようとする人もいます）。

③ 新しい経験をさせたがらず、選択範囲を狭めることも

　あなたが、ジェットコースターに乗らない、チリドッグも食べない、スキーもしないとしたら、それは、試したうえで自分の好き嫌いが分かっているからです。でも、あなたがそうだからといって、子どもの経験を制限していたら、親が選択した中からしか行動を選べなくなります。ジェットコースターやチリドッグ、スキーが合うかどうか、自分で確かめることができなくなってしまいます。

④ つらさに共感し過ぎて、冷静になれないことがあります

子どもが体や心に痛みを抱えている時、HSPは非HSPよりも大きな苦しみを受けます。でも、子どもに必要なのは、冷静にその強い感情を「包む」ことです。これはHSPにとっては難しい課題です。

⑤ 子どもを守るための、強い主張が苦手です

HSPは、声のボリュームを上げるのが得意ではないので、「だめです。この子はそういうことをしたがりません」などとは言えず、非HSPにメッセージを届けられないことがあります。しかし、子どもにとっては、親が断固として主張することが必要です。親の態度を見て、自分もそうすればいいんだと学んでいけるからです。

⑥ 家の仕事も、全部引き受けてしまいます

HSPは、親として家族全員の要求を完璧に満たし、物事を全てきっちりと片付け、TO-DOリストの項目を終えるまでは休めない、と感じる傾向があります。これは家族に、「したくないことは、全部やってくれる人に任せればいいじゃないか」という危険な誘惑を引き起こします。子どもの人格形成にとってもよくありません。

⑦ 敏感さが嫌いなままだと、子どもにもその気持ちが伝わります

気持ちは、言葉にしなくても相手に伝わります。ごまかすことはできません。まずはHSPであるあなた自身が、自分を好きにならなくてはなりません。

⑧ 実際以上に、親子同士が似ていると思いがちです

子どもに自分を重ねているわけではないにしても、まるで双子のきょうだいのように、好きなことも嫌いなことも同じだと考えてしまうことがあります。でも、HSPの好き嫌いはさまざまです。

私はホラーやバイオレンス映画が苦手なのですが、息子はどんな映画でも観て、よい映画ならホラーでも何でも気に入ります。「ただの映画だから」と言うのです。これは比較的分かりやすい違いですが、次に挙げるのは、私がなかなか気づけなかった違いです。

■ 自己肯定感を持ちづらかった私と、息子との根本的な違い

　私も息子も、小学校ではなかなか友達ができませんでした。スポーツが苦手というよりも、そもそも好きではなく、緊張しがちで、グループで過ごすこと（結局のところ、学校生活の大部分です）になじめませんでした。でも、息子も私も親しい友人が少しだけいて、1対1で家で遊ぶ分には仲良くやっていけました。

　私はずっと、息子も私と同じで、他の子たちに受け入れてもらえない時、劣等感を抱いているのだと思い込んでいました。

　ある時、息子にそのようなことを言うと、自分はあの子たちが好きではない、遊んでいてもつまらないし、自分は何も悪くないと思っている、と言ってきました。例えば、ユーモアのセンスが違うなど、彼らのほうに問題があるというのです。

　はっとしました。私は、自分が自己肯定感を持てず、そのことでずっと苦しんできたので、彼もそうだと決めつけていました。学校での息子の毅然とした態度は、私自身がとっていたものよりもりっぱでした（さらによい解決策を、第8章と第9章で考えていきます）。

　息子は大人になってから、小学4年から中学2年までの時期が、人生でいちばんつらかったと言っていました。5年生の時には、私をぎくりとさせるような作文を書きました。課題となったテーマは「どうして友達が必要なのか」というものでしたが、息子は「どうして友達が必要ではないのか」という文を書いたのです。自己肯定感を必死で保とうとしているのに、私は、息子も自分が悪いと思っていると決めつけて、もう少しでその自己肯定感をこなごなに壊してしまうところ

でした。

◆「この子はこの子」——**長所を伸ばす10のアドバイス**

① 自分と同一視せず、新鮮な目線で、子どものよさを発見する

　手始めに、子どもとその父親（夫）の似ている点に目を向けてみましょう。あなたと子どもを知っている人に、2人の違いについて聞いてみるのもいいでしょう。

② 心配せず、新しいことに挑戦させましょう

　危険が現実的に生じる確率はどれぐらいかを考えましょう。起こりうる危険と、挑戦しなかったために、子どもが今後抱えることになる挫折や後悔とのバランスを考えるのです。自分の過剰な不安を子どもに押しつけないようにしましょう。強い不安を抱えているなら、専門家のサポートを受けてみてください。

③ 子どものやる気を受け止め、引き出せるように

　もちろん、子どもの年齢や能力に見合った、安全で適切なものでなくてはなりません。また、間違いなく失敗し、気落ちして帰ってくるようなら、やめさせましょう。ただし、背の低い子でもバスケが上手になることはありますし、不器用な子でもバレエを楽しむことはできます。成功や失敗という感覚は、先生の資質や教室の雰囲気によって決まります。生徒同士が競争するのではなく、互いにサポートし合える環境がいいでしょう。

　子どもが、スキーをしたい、馬に乗りたい、オートバイに乗りたい、サッカーのキャンプに行きたい、入団テストを受けたいなどと言って

きたら、不安でいっぱいになるかもしれません。その場合は、優秀で面倒見がよく、優しい話し方をしてくれるコーチや、家族ぐるみでつきあいのある友人など、あなたの代わりに子どものやる気を受け止め、引き出してくれる人を見つけましょう。

④ 興味が引き出せないなら、メニューを広げてみる

　あなたが HSP なら、これにはかなり努力が必要かもしれません。ですが、あなたが子どもと似ていることを生かせます。子どもの頃に、もっといろいろなことに挑戦していたらよかったという、後悔の気持ちを伝えてみましょう。あるいは、ご自身が挑戦してみてよかったと思った経験があるなら、そのことを話してみましょう。それから子どもと、例えば1カ月に一つ、新しいことをやってみるというような目標を決めるのもいいと思います。目標は一緒に立てるといいかもしれません。挑戦する難しさを、親子で共有するのです。

⑤ どんなに心配でも、自分の運命は、自分で切り開いていく

　つらい時は、これは自分の受けるべき結果と考えましょう。私たちは誰でも、何かしらの苦難を背負い、学びながら生きていきます。子どもには子どもの苦難があります。子どものために最適な環境を用意したり、ヒントを与えたりはできるかもしれませんが、運命まで変えてしまうことはできません。あなたが子どもの痛みに圧倒されていては、本人のためになりません。親の助けを借りながら、自分の力で運命を切り開こうとしているのです。

⑥ 子どもがひとりで主張できない時、そうすべきでない時は代わりに主張しましょう

　とても難しいかもしれませんが、子どもの手本にならなくてはなりません。必要ならば、アサーティブ（自己主張）トレーニングを受け

ましょう。うまく言えるか不安なら、紙に書き出して暗記するか、メモを見ながら言ってみましょう。「こう言えばよかった」と思った時は、後からでも伝えます。面と向かって言えないなら、手紙やメールで伝えるのもいいでしょう。あなたがどうしてもできないなら、家族や理解のある先生に代弁してもらうのもいいと思います。お兄ちゃんやお姉ちゃんがいじめに立ち向かってくれることもあります。

とにかく子どもが、自分は無力で、誰も助けてくれないと思うようなことがあってはなりません。敏感だから、おびえて生きていかなくてはいけないとか、いつも被害者になってしまうなどと思わせないようにしましょう。

⑦ 親も自己主張していくことが大切です

時には自分の気持ちを優先させましょう。面倒を見てもらうだけでなく、周りの人にもしたいことがあると学んでいけるようにするのです。成長するにつれて、それを増やしていきましょう。

カーリンの例では、カーリンは子どもたちを優先し、家をいつもきれいにしていましたが、食事メニューを決めないなど、うまく力を抜いていました。子どもたちには責任感が育っていきました。片付けをするし、大騒ぎもしません。

大きくなると、服も自分で決め、時間どおりに就寝し、宿題もきちんとするようになりました。子どものためにも自分のためにも、子どもが少しずつ自分の行動や感情、家のことに責任を持てるようにしていきましょう。

⑧ 肩の力を抜くのに、後ろめたいことなんてありません

セルフケアが難しい時は、飛行機の「酸素マスク」のルールを思い出してください。親が先に意識不明になってしまったら、子どもを守ることができません。だから、自分が先にマスクをつけるのです。

私の息子は、幼い頃、夕食の時間になると決まって泣きだし、なだめるのが大変でした。当時、私は夕食前の20分間を瞑想の時間にしていました。そうして自分のケアをすると、息子のぐずりはやみました。おそらく息子も私も緊張していたのが、ゆったりできたからでしょう。

　セルフケアとは、自分をケアすることで、家族のケアもできるというものです。自分の気持ちから目を背けていると、何かの拍子に、あなたが自分を劣った人間だと思っていることが伝わって、子どもも、自分をそういう人間だと思ってしまいます。

⑨ 敏感な自分をまるごと受け止めましょう

　実は、生まれる前に、自分の気質を選ぶことができたのかもしれません。そして何らかの意味があって、敏感であることを「選んだ」のです。それによってあなたは、世界に貢献できるのです。

⑩ 失敗も欠点も必要。それでこそ生きていける

　子育てでは失敗もあれば、子どもに我慢させなければならないこともあります。そのたびに申し訳なく思う必要はありません。

　自分のせいで子どもがつらい思いをしている、自分の子どもに生まれたせいで犠牲になっている、などと後ろめたく思わないようにしましょう。間違いがあればそれを認め、至らない点や欠点がある人間でも、生きていけるというお手本になるのです。自分のしてきた間違いは、気づいた時に、後からでも話題にしましょう。

　子どもの人格形成のためには、多少の苦労をして打たれ強くなることも必要です。いっさいの苦労や嫌な思いから守られて育ったら、少なくとも非HSCの場合には、小さな暴君やモンスターになってしまいます。HSCの場合も、親に守られ他の子より苦労が少ないことに罪の意識を感じるかもしれません。また、これからの試練にどう対処したらいいかも分からないままです。

◆母親が働くのに、罪の意識を持たなくていい
〜親の仕事を誇りに思う子に

　私も夫も、息子が3歳から12歳までの間、フルタイムで責任の重い仕事をしていました。働いている親なら誰でも、仕事のために子どもとの時間を犠牲にすることに罪の意識を感じるものでしょう。

　たまたま私の所に来ていた発達心理学者の知人も、帰り際、「子どもの要求を全部が全部聞いてしまうところがある」という話をしました。お互いの子ども（彼女の子の中にも、HSCがいます）が、親の罪の意識を逆手にとって、私たちをくたくたになるまで疲れさせているような気がするというのです。確かに、私の家では、息子は、たとえ私たちが疲れていても、本を読んでとせがみ、それが2冊、3冊となっても、ふだんはなかなか一緒にいられなくて済まないという気持ちから、言いなりになってしまっていました。

　彼女は、スケジュール帳を見返して、自分たちがどれぐらい子どもに時間を割いているか、確認しようと言いました。結果、私たちは仕事を持っている他の親より、多くの時間を割いていることが分かりました。そこで、子どもたちに、親がどんな仕事をしているかを話して聞かせました。午後を保育所で過ごしたら、親の仕事を手伝ってくれていることになるとも提案してみました。息子は問題なく賛成し、いつも親の仕事を誇りに思ってくれています。

　もちろん、子どもの周囲の大人はあなただけではありません。一人親であったり、仕事があったり、おじいちゃんおばあちゃんが一緒だったり、家族の形態はいろいろですが、そういう小さな社会を通して、子どもは社会生活を学び、たくさんの可能性と、困難にぶち当たった時の回復力を身につけていきます。

　「誰かが助けてくれなくても、他の誰かに助けを求められる」と思えるようになるのです。両親がHSPなら特に、敏感な気質を大切にし、

第4章　親子で同じ敏感タイプだった場合　155

受け止めるためのサポートが得られます（この時、他の家族が変わっているのだ、と感じないようにすることが必要でしょう）。

◆両親が、それぞれのよさを発揮した子育てを

親のどちらかがHSPで、もうひとりがそうでない場合、一時的にはHSPの親との結びつきのほうが強くなるかもしれません。HSPでない母親のマリリンは、9歳になった息子のランドールが、HSPである父親と一緒に過ごしたいと思っていることに気づいています。

家族の中でも、共通点のある者が集まるのは自然なことです。性別もその一つです。どの共通点を重視するかは、年とともに変わっていきます。

私の家庭では、男同士話好きで、同じ宗教という共通項から、父親と息子の距離が近い時もあれば、書くことへの情熱、芸術の好み、映画の「スタートレック（宇宙大作戦）」が好き、敏感であるという共通点から、私と息子の距離が近くなることもありました。

子どもが一方の親と仲良くなることには、リスクも伴います。その仲のよさが、親同士の結びつきを脅かし始めること（場合によっては、恋愛関係や性的関係になるなど）があります。一方の親と親密になることを子どもが喜んでいるようでも、それが過剰かどうかを本人は判断できないのです。

親のどちらかがHSPで、もうひとりがそうでない場合には、どちらが子育ての方針を決めるかも問題になります。

HSPの親が、「敏感さは欠点である」という思いから、非HSPの親ならばしっかりと子どもを育てられるだろうと期待して、自分の役割を辞退することもあります。自分がHSPであることを恥じている男

性の場合は、特にその傾向がありますし、仕事で忙しい父親なら、やってみる前からあきらめてしまうこともあります。同様に、HSPの母親が、非HSPの父親に育ててもらえば、男の子は「男らしい男性」に、女の子は「自分よりもタフで開放的な女性」になるだろうと考えてしまうこともあります。

いちばん多いのは、HSPである親が子育ての権限を持ち、敏感な子どもを守ろうとすることです。そうするとおそらく、もう一方の親は疎外感や無力感を覚えるか、そんな2人にうんざりしてしまうでしょう。これでは子どもにも、夫婦関係にもよくありません。

前章で見てきたとおり、HSCにとって、非HSPの親は、バランス感覚、冷静さ、冒険心、情熱など、たくさんのものを与えてくれる大きな存在です。それだけではありません。子どもの性質の50パーセントは、その親から受け継いだもので、これについてはプロなのです。

▮ 夫婦げんかのタネにしてはいけません

極めて強い気質を持った子どもは、両親の衝突の原因になることがあります。予期せぬ問題が起こった時や、「うちの子は他の子どもたちと違った行動をする」という漠然とした不安をめぐって対立するからです。そのうち、「君はいつも、深刻にとらえ過ぎるんだ」「『声が小さい』とあなたがどなるから、あの子は何もしゃべらなくなってしまったのよ」というように、相手を責めるようになっていきます。

子どもと一緒にいる時間の長い親が、ルールや解決策を考え出した場合、もう一方の親には過保護に見えることがあります。子どもが敏感さを周囲に見せず、とりたてて問題がなければ、「このままで何がいけないんだ」「自分にはこの子に問題があるとは思えない」と、さらに事態は悪化します。より多く子育てに関わっている親が疲弊し、もう一方に不満を招くようになる場合もあります。

このような落とし穴があると知っておくだけでも、その穴に落ちな

いための抑止力になります。相手の考え方を尊重しましょう。自分と違う見方をする人の存在は、バランスを取るうえでの大きな力となります。相手と違うやり方を提案したい時には、穏やかに話しましょう。

子育ての専門家なら誰でも言うことですが、父親と母親はチームです（離婚した場合、なおさらチームであることが大切です）。

HSCにとっては特に、両親が自分の気質を認め、財産だと感じ、力を合わせてくれることが必要です。それがないと、子どもは自分を欠陥品だと感じるだけではなく、両親の不仲の原因は自分にあると思ってしまうこともあります。

◆きょうだいは、褒め方・叱り方に気をつけて

家族構成や、それぞれの関わり合いは複雑ですから、ここでは一般的な例をいくつか挙げるにとどめます。

きょうだいの中で、HSCを特別扱いすると、他の子が不快感を抱くことがあります。例えば、「やんちゃな子」（活動性の高い非HSC）が、多くのことを制限された場合、自分よりも自由に行動でき、親に信じてもらえるHSCをねたむことがあります。あるいは、「物分かりのいい」HSCが、けんかの時にはいつも、親が「乱暴な」きょうだいに甘いことを、腹立たしく思うこともあるでしょう。

きょうだい全員がHSCである場合ですら、「おとなしい子」のほうが、「手のかからないいい子」の役割を背負いがちです。

親の気質を分けて受け継ぎ、対照的といってもいいほど違った性格のきょうだいも多いようです。

それぞれが親の特性を半分ずつ受け継ぎ、少なくともひとりの親からは評価される場合は、それほど心配はありません。しかし、親のど

ちらからも低く評価される子どもは、自分は価値がない、余計な荷物を背負った、相手にされない人間だと思うようになります。

　親は、一つの特性だけを極端に評価しないよう、きょうだいそれぞれのタイプを褒めていくことが大切です。

　例えば、親が「おねえちゃんは頭がよくて、弟はスポーツができます」と言うならいいのですが、「おねえちゃんは頭がよくて、いつも一番で、自慢の娘ですが、弟はなぜだかスポーツのほうに興味があるようで」などと言う場合もあります。

　親が子どもに望むなら、知性と運動能力の両方を望むべきでしょう。社会は、「専門化」が好きです。そのほうが効率がいいからです。パン屋がパンを焼き、ダンサーはダンスを踊る。ダンスを踊るパン屋は必要ありません。しかし、個人としては、多方面にわたって才があるほうが幸せでしょう。

　特に、子どものひとりがHSCの場合には、きょうだいそれぞれの気質を褒め、バランスよい評価ができないと、大きな問題になりがちです。単なる能力や興味の違いではなく、生来の気質が関係してくるからです。

　例えば、「HSCは、聞き分けがよく、賢くて、しっかりしていて、お手伝いもよくしてくれる優秀な子」で、「非HSCは、衝動的で、すぐに大げさに騒ぐ、厄介な子」。あるいは反対に、「HSCは、内気で、引っ込み思案で、怖がりで、神経質な、出来損ないの子」で、「非HSCは、勇敢で、外向的で、朗らかで、楽しくて、正常な子」だというような見方をするのは簡単です。実際、親の見方と育て方によって、子どもはどちらにもなるのです。

　少し見方を変えれば、それぞれが魅力的だと思えるようになるでしょう。子どもの気質や能力、興味などは、たとえ親に好き嫌いがあったとしても、それを正直に話すことがいいこととは思えません。それに、好きではないと思っていたほうの子が、今から半年後には、全く

第4章　親子で同じ敏感タイプだった場合　159

違った姿になっているかもしれないのです。

何があっても、「悪い子」のレッテルを貼らない
～弟をいじめるようになったジャックの例

私の知り合いにジャックという HSC がいますが、5 歳になってから、2 歳年下の非 HSC の弟をねたみ、いじめるようになりました。周りは大変でした。どうしてそうなったのでしょう。

弟は、歩いたり話したりできるようになり、家族の要求に何でも応えられる存在となりました。さらに、弟は感情が豊かで、活動的で、しっかりした非 HSC でしたから、両親から愛されていました（3 歳になってくると、こういったことが強く影響します）。弟は、ジャックの持ち物を触ろうとしたり、何かと近づいてきたりしました。また体格もよく、「この子はきっと運動ができるぞ」と父親からとりわけ愛情を受け、ジャックは身体面ですら優越感を得ることはできませんでした。ジャックは学校に通い始めましたが、これは彼にはつらいことでした。母親と離れて寂しい思いをしているのに、その間、弟は母親と家にいるのです。

そんなこんなが重なり、ジャックは数年で、ずっと「怒り」を抱えた存在になってしまいました。弟がやることには、いちいち目くじらを立て、一つひとつに突っかかりました。弟がしていることは「自分もする」と主張し、弟が何かもらったり、注目を集めたりすると腹を立てました。両親が背中を向けているすきに弟をぶったこともあります。弟がジャックや彼の持ち物に興味を持ってべたべたと触ってくると、ずっとイライラして文句を言うのでした。

両親は、少しは問題を理解していて、「両方の」子どもに対して、他の親にはできないほど、忍耐強く愛を注いでいました。きょうだいに与える愛情のバランスをとろうとしました。弟はまだまだ手をかけてやることが「必要」でしたが、ジャックはその点では成長し、ひと

りでいることができました。しかし、弟と一緒にいることはできませんでした。しばらくの間、ジャックは家族の中で孤立していました。そのことは、家族内でも触れられず、私も知りませんでした。

　それから数年たった今、小学生の２人は、よい遊び友達となりました。ジャックは、今では思いやりが深く理性的な少年となり、怒りや攻撃性はほとんど見られません。

　この変化の理由はどこにあるのでしょう。確かにある時期、ジャックは、ねたみからくる強い怒りにとりつかれ、みんなを困らせていました。大人ならそんな気持ちを隠すことができますが、彼は隠せなかったので、周囲の人たちは、お兄ちゃんは「意地の悪い子」で、３歳の弟はかわいくて無邪気で、お兄ちゃんにいじめられていると思っていました。

　ジャックにとってもそれは同じで、彼は天使のような弟を憎んでいる自分自身のことが嫌いだったに違いありません。でも、両親は、ジャックの中にあるのは憎しみだけではないと信じていました。誰も本質は同じ、ただ表面上「悪い」衝動が現れるかどうかの違いだけだという信念を捨てませんでした。

　弟も、自分を守ろうとする中で、おそらく泣いて被害者になり、兄を困らせる技を身につけていったのでしょう。

　両親は２人をまるごと受け止めて愛情を注いだだけではなく、特に父親は、ジャックを褒め続けました。弟がジャックの遊び相手になるぐらいに成長すると、ジャックは学校で学んだことを弟に教えることができるようになり、弟の成功を喜ぶことができるようになりました。時が問題を解決したのです。

　ここで強調したいのは、ジャックの両親は「０か100か」のわなに陥らなかったことです。彼の一面だけを見てレッテルを貼ったり、拒絶したりしませんでした。まだ幼くて傷つきやすい子どもに、親が、怖がりな子だとか、強情な子、弱虫などというレッテルを貼るのは悲

第４章　親子で同じ敏感タイプだった場合　　161

しいことです。

HSC は、弟や妹ができたら、心から愛する傾向があります。ただし、家族の中でいちばん幼い子の座を奪われると、どうしても無意識のうちに、怒りや敵意を感じます。この思いは無視できません。同時に、弟妹が HSC であるかどうかに関係なく、年下のきょうだいの存在は、HSC にとって大いにプラスに働きます。弟や妹がいることで、人を導き、守り、相談に乗り、教えるといった、大半の HSC が持つ天性の性質に自信を高めていくことができるのです。

ただし、弟や妹は HSC にとって、考え事や空想遊びの邪魔をし、部屋に入ってきて物を勝手に触る、煩わしい存在でもあります。

前章で紹介したランドールには、ジーニーという妹がいました。ジーニーは彼とは正反対の性格です。母親は言います。

「ジーニーは友達と遊ぶのが大好き、人と関わるのが大好きで、誰かの家に行くのも平気です。ランドールが妹のことをうっとおしく思っているのは間違いないでしょう。妹が近くに来ると、どこかに行ってほしいと思います。でも、私たちは家族ですからしょうがありません。ひとりではないとはそういうことです」

素晴らしい言葉です。

▌子どもはけんかで人間関係の練習をしています

きょうだいの一方が HSC で、もう一方が非 HSC の場合は特に、2人を無理に仲良くさせる必要はありません。寛容さと礼儀があればじゅうぶんです。特に年上の非 HSC にきついことを言われたり、からかわれたりすると、HSC は深く傷つきます。子どもが自分たちで解決するコツがつかめたなと思えるまでは、できるだけ大人がそばにつきましょう。そのうち、お互いの主張を聞き合ったり、距離を置いて冷静になったり、創造的でフェアな妥協案を出したりするようになります。

だんだんと自分たちで解決できるようになっていきますが、それで
も大人が見ていて、ルールが守られているか、悪口の言い合いや殴り
合いになっていないか、どちらかが暴君になっていないかなど、心や
体を傷つけ合わないよう確認する必要があります。そうして「練習」
を積んでいくことが大切です。

◆家族全員の性格を語り合ってみる

　HSCに限らず、その子その子に、持って生まれた気質があります。
ですから、敏感であることを話題にする時は、家族一人ひとりの気質
についても話しましょう。

　ただし、何でもかんでも気質のせいにしてはいけません。人間の行
動は、多くの場合、気質のせいではなく、その人の属する社会や、育
ち方、影響を受けた人、現在の状況や経験などによって決まるもので
す。例えば、赤信号で止まる、クリスマスプレゼントを贈る、竜巻か
ら逃げるといった行動に、気質は関係ありません。

　これを頭に置いて、第1章で見てきた8つの気質（「トマスとチェ
スの9つの気質」のうち、9番めの「性格の傾向」を除いたもの）を
使って、ディスカッションをしてみましょう。

　ご家族が興味を持ったら、第1章の終わりに挙げた7つの気質（先
ほどの8つの気質から、一番めの「刺激への感度」を除いたもの）に
ついて、一人ひとりを評価してみます。さらに、第3章のHSPチェ
ックテストをしたうえで、HNS（新奇追求型）についても考えてみ
ましょう。

　子どもがある程度の年齢ならば、大人向けの敏感性テストの各項目
をみんなで一緒に見て、本人がどう感じているか、家族が同じように

第4章　親子で同じ敏感タイプだった場合　163

感じる項目はどれかを調べましょう。

　それから、家族みんなで、それぞれの気質の強さを図にしてみましょう。ただし、気質の強さを最終的に判断するのはその人個人です。「自分のことを、『集中力がない』と言っているけれど、自転車に乗れるように『あきらめず』に頑張れたじゃない」というように、相手を励まし、それぞれの気質のよい面を称える例を出し合うのもいいでしょう。

■ 相手に伝える時は、感じたままを、ポジティブな言葉で

　それぞれの気質について述べる時には、明るくポジティブな言葉を使いましょう。

　例えば、「活動性が高い」ことは、「荒々しい」ではなく「活動的」「エネルギーあふれる」、その反対は「のろい」「ぐず」ではなく「落ち着いた」という言葉を使いましょう。「感情反応が強い」ことは「すぐかっとなる」「ヒステリック」「大げさ」というのではなく、「感性が豊か」「情緒が豊か」。その反対は、「ぼんやり」ではなく、「穏やか」「おおらか」などの言葉で表現します。

　ただし、ポジティブな言葉を使うからといって、この人はしっかりした意見を持つ人だから、いつも活動的な人だから、意外性のある人だからと、無理に思い込む必要はありません。いけない気質というものがないのと同様、相手の気質や行動をどう感じたとしても、間違いではないことを家族に説明しましょう。

　ここでの目的は、違いとうまくつきあっていくことです。これは人間が克服しなければならない大きな問題で、その最前線にいるのが家族です。

　もしかしたら、「そこまでする必要があるのだろうか」と思う人もいるかもしれません。相手の気質にこだわり、けんかの時にそれを「順番を譲ってくれないよね。だってあなたは『粘り強い』から」な

ど、悪口として使うようになったらやり過ぎでしょう。けんかがエスカレートするだけです。子どもには、自分の気質というラベルにとらわれないよう、言って聞かせましょう。

　粘り強い（持続性の高い）人であっても、順番を譲ることはできます。つまり、気質は関係ないのです。気質を確認するのは、自分がどういう人間かを知るためです。

　そして、ここにいるみんなは、あなたの気質が分かるぐらい心にかけているし、実際に、あなたがどのような人間か知っていると、家族で確認し合うわけです。

◆「敏感さ」を話し始めると、面白い変化が起こります

　家族や夫婦で「敏感さ」の話を始めると、きっと面白いことが起こります。あなたがその特質を、特にポジティブに話していなくても、みんなが「私も敏感だ」と言いたがるのです。

　ですから、まず、あなたや子どもが、何に対して（騒音や強い言葉、批判、臭い、手触り、驚きなど）敏感かを説明することが大切です。自己テストをして、敏感である対象をはっきりさせましょう。

　それから、「敏感である」という言葉は、特殊な専門用語だということも話しましょう。ポジティブ過ぎず、ネガティブ過ぎず、この気質をこれ以上うまく表現できる言葉を見つけるのは難しいと思います。

　ここでいう「敏感である」とは、親切さや、共感力、洞察力、芸術家肌であるといった意味ではありません。敏感な人は、調子がいい時にはこのような長所を発揮し、思いやりや、情緒の豊かさ、直感力に優れています。でも、これは敏感な人だけに見られるものではありませんし、敏感な人は、圧倒された時には、これらが全く発揮できなく

第4章　親子で同じ敏感タイプだった場合　165

なることもあります。

敏感さ自体はよいことでも悪いことでもありません。説明するならば、「行動する前に確認して考える戦略」と、「即座に行動する戦略」の2つの基本的な生存戦略のうち、前者だという表現が最も適切でしょう。当然、状況によって、どちらの戦略がうまくいくかは変わってきます。

しかし、HSPやHSCは、家族の中で「認定患者」になりがちです。無意識のうちに、敏感な人には何かしら悪いところがあって、そうでない人は誰も欠点がないかのように感じているところが多々あります。あるいは、「この子がこんなに内気じゃなかったら……」「この子が花火を好きだったら……」など、事あるごとに批判や非難を受け、家族のストレスのはけ口になってしまうこともあります。また、シンデレラのように、「あの子は弱虫だから、みんなからいいように使われて当然よ」と、都合よく使われる存在になっている場合もあります。

敏感さのよい面をもっと深く理解すれば、HSCの力がもっと注目され、今までの家族の役割や習慣は一変するでしょう。

人間には、相手を思う気持ちと、他人を支配したい気持ちの両方があり、家族の中でその関係は常に変化します。特に支配欲によって互いが結びついている家族の場合、力を持つ人が替わると、みんなに大きな影響を与えます。HSCに今の役割を維持させよう、あるいは、新しい「問題児」を見つけよう、といった新たな動きが生まれることもあります。

家族の関わりが健全かどうか、自分たちで判断するのが難しい時は、経験豊かで信頼できる人に家族全体を見てもらい、新しい風を入れるのもいいと思います。

敏感な子どもとの関係に悩んでいる、非HSPの親にとっても、家族でそれぞれの気質について話そうと考えている親にとっても、「敏

166

感さ」という気質を考えることは、家族全員に大きな変化をもたらします。

　お互いが、もっと同等の立場で感謝し合えるようになるでしょう。

　気質について話すことは、素晴らしい家族療法です。

第5章

輝ける子に育つために
幸せの扉を開く、4つのカギ

　本章では、HSC を育てる時の4つのポイントを見ていきます。

　まず、自己肯定感の大切さと、その育み方、次に、HSCが感じやすい自己否定感について。

　それから HSC がつぶされないようなしつけの方法、最後に、子どもが敏感であることを、親戚や友人、先生、本人へはどう話したらいいのか、子どもが自分を否定する言葉を聞いた時、どう対応したらいいのかもお話しします。

◆キーポイント① 自己肯定感を育む
　〜心の土台がないと、悪い影響をまともに受けてしまいます

　誰でも自信いっぱいの時もあれば、そうでない時もありますが、基本的に、自分に肯定的な見方ができるか、否定的な見方をしてしまうかは、育て方によって変わってきます。

　心の土台となる自己肯定感が持てないと、よいことがあってもそのことをきちんと受け止めることができず、悪いことがあった時にはその影響をまともに受けます。本書を読んでいるということは、あなた

はじゅうぶん、子どものことを考えているということですから、おそらく子どもはすでに、自分は価値ある人間だと感じ、しっかりした自己肯定感を持っていると思われます。ただし、特に HSC の場合には、なかなか自己肯定感が持てないこともあります。

HSC が自己肯定感を持ちにくい第 1 の理由に、しつけの影響を受けやすいことが挙げられます。当然、HSC にもしつけが必要な時はありますが、親が正しい叱り方を知らないと、子どもは叱られたことを、自分はだめな人間だというメッセージとして受け取ってしまいます（第 2 章で述べた、ビーグル犬のスターと、ボーダーコリー犬のサムの話を思い出してください）。

HSC は日頃からルールを守ろうとし、間違いを犯した時は、二度と同じ過ちはすまいと深く受け止めます。第 1 章で述べましたが、最初にきちんと確認することが、彼らの遺伝子に刻まれた生存戦略の要になっているわけです。叱られてばかりいると、HSC は、「いつも自分が間違っているんだ」と考えてしまいます。

HSC がなかなか自己肯定感を持てない第 2 の理由に、自分を厳しく見つめるという特性があります。HSC は優れた観察眼を持ち、鋭い評価を下します。映画や本、食べ物についても、しっかりとした見解を持っています。この人には愛や受容が必要なのだと思えば温かい目で見守れますが、それ以外の人への見方は容赦なく、自分や、自分に近い人（自分の一部のように思ってしまう相手）にも、厳しい見方をします。

子どもが鋭い批判をするからといって、それに対応して、同じように子どもを批判してはいけません。HSC 自身は、自分がしているのと同じような批判を受け取ることができません。自ら徹底的に過ちを受け止めているので、それ以上の批判は必要ないことが多いのです。すでにじゅうぶん自分を罰しています。

自己肯定感を阻む第 3 の要因は、親がいない所で子どもが言われた

第 5 章 輝ける子に育つために　169

ことや、されたことに、親はどうすることもできない点です。親にできるのはせいぜい、何を言われたとしても正しく受け止められるよう、子どもに心の準備をさせておくぐらいのことです。

第2章でお話ししたように、子どもが生きていく社会では、敏感さはあまり尊重されません。特に男の子は、痛みや批判、刺激、他の人の感情に敏感であることが周囲に分かってしまうと、生きづらくなります。敏感さを好意的に見られた時でさえ、心の中では、「自分のような人間は、この世に不向きだ」と感じ取っています。無意識のうちに取り残されたと思っているところに、さらに、「他の人たちが正常なんだ」「世の中とはこういうものだ」という考え方が刷り込まれていきます。自分という人間や気持ちに、じゅうぶんな肯定感を持てない場合が多いのです。社会で浴びる毒を排出し、肯定感を育む手伝いをする必要があります。

ここで言っておきたいのですが、自己肯定感を育み、自己否定感を払拭することは、実は大人になってからでは簡単ではありません。

私のところに心理療法を受けに来る大人のほとんどが、親や社会から（多くはその両方から）大切にされず、それゆえに自分はいらない人間だと感じていたり、もっと悪い場合は（このようなケースが多いのですが）、自分のコアな部分に何か悪いところがあると思い込んでいたりするHSPです。大人になっても、自分はだめな人間だという根深い意識を持っています。自己否定感が強く、自己肯定感が持てないでいるのです。

この状態に向き合って何とかしない限り、つらさは続き、心の痛みだけではなく、慢性的な体の痛みにもつながっていきます。そうすると、友人や生涯のパートナーを見つけたり、才能をじゅうぶんに発揮したりするのが難しくなります（一方で、自分の価値を示そうとして、そういった才能を誇示しようとする場合もあります）。

大人になってから自己肯定感を育み、自己否定感をぬぐい去ろうと

思ったら、脳の配線をし直さなくてはなりません。時間も労力もかかります。ですから親が、最初からしかるべき配線をしましょう。

▌自信といっても、存在への自信と、能力への自信があります

まず、自信とはどのようなものかを、ざっと見ていきましょう。子どもが持っている自信には、その源泉によって少なくとも４つの種類があります。

第１の自信、自己肯定感が最も重要です。これは、能力とは関係なく、ただ存在するだけで愛してくれる人がいるという感覚です。この感覚をしっかりと安定したものにするには、生まれてから幼児期を通して、ずっとこの感覚を持っていられることが必要です。もちろん、成長過程では自分のことを気に入らない人にも出会いますし、両親に愛情をじゅうぶん注がれない時もあるでしょう。でも、この感覚が大人になるまでにしっかりと形成されていれば、自分を愛してくれる人がそばにいなくても、生涯にわたって、「私は必要とされている人間だ」という感覚を持ち続けることができます。

これは、ある種の安心感です。この感覚を持っていれば、自分が好きになる人は、大抵知り合えば相手も好きになってくれると信じられます。素直に人を愛し、必要な時に自立することもできます。

これ以外の３つの自信は、能力に関係するものです。

まずは社会的能力に関する自信、つまり、友達を作る、初対面の人からもきちんと接してもらえる、グループをまとめる、グループの中で主張できるという自信です。家族から親しい友達へ、そしてもっと広い社会へと範囲を広げ、経験を積んでいく中で、だいたいどんな場でも、この自信が持てるようになっていきます。

次に、体に関する自信。これは外見と能力に対する自信です。自分の体はきちんと動き、スキルを学んだり、ゲームをしたり、何かの仕事をこなしたりできるし、外見にも問題ないと思えることです。

第５章　輝ける子に育つために　171

最後は、知力に関する自信。これは、状況を読むことができるという自信で、少なくともある分野については、年相応のことができる自信です。

時々、これら能力に関する自信のいずれか、あるいは全てがあり過ぎて、自分は準備をしなくてもできるとか、感じの悪い乱暴な行動をしても他人から好かれると思っている人がいます。でも、私の知る限りでは、HSCでこのような子はいません。HSCは、自分の振る舞いや、それに対する評価を考える時、楽天的な見方をすることができず、どうしても現実的に考える傾向があります（抑うつ状態の人によく見られる、ネガティブな思考に似ています[*24]）。

これは、HSCにとっては理にかなった傾向です。その戦略は、「一度の挑戦で成功する」というものですから、現実を見ることがとても重要になってきます。

また、やってはみたもののできなかった、あるいは好きではないと分かった、などといった「想定外」による刺激が苦手です。特に、自分は好かれていると思っていたけれども、そうではなさそうだと分かって、驚いたり傷ついたりすることをなるべく避けようとします。ですから、子どもには、非現実的で尊大な自己肯定感を持たせるのではなく、現実的でポジティブな見方ができるようにしましょう。

遅かれ早かれ、子どもは、人間らしい衝動や欲望という、いわゆる「影の部分」に極めて敏感になっていきます（それが自分の中にあることに気づいても、いい子になろうとして、無意識下に追いやっている場合もあります）。よくも悪くも察知力にたけ、いろいろなことを見抜いてしまいますから、HSCが自分自身を過大に評価することは、めったにありません。HSCは自分が時々、ひどくわがままになったり、悪意を持ったりしていることを知っています。

あなたの務めは、子どもが、このような自分の「影」を受け入れら

れるようにすることと、親は受け入れてくれると思えるようにすることです。悪いことを考えたからといって、悪いことをしたわけではありません。このことをしっかりと子どもに伝えましょう。悪い思考を意識できることは、自分の心と真正面から向き合えるので、むしろよいことでもあります。

HSCは、自分が過大評価されるのを怖がるので、反対に親は、子どもが必要以上に過小評価しないよう、気をつけなくてはなりません。さらに大丈夫そうなら、少しだけ大きく評価することを勧めてみましょう。「私にはこれができる」という自信をつけていくために適した方法です。

最初の殻を破るには、少しばかり気を大きく持つことが必要です。

第1章で、チャックという9歳の男の子の話をしました。スキーと木登りが好きだけれど、慎重な子です。彼は、初めてのキャンプの時、行こうかどうしようか、かなり迷いました。週末だけ、1週間だけなら大丈夫だと思っていたのですが、キャンプは2週間でした。それでも彼は、兄や年上のいとこ（どちらも非HSCです）に追いつきたいという思いから行くことを決め、キャンプの主催者に、兄といとこと同じ部屋に泊まれることを確認しました。しかし、行ってみると、兄もいとこも別々の部屋でした。粗末な山小屋に知らない子ばかりなのを知り、チャックの目に涙があふれてきたのに気づいた母親は、「家に帰ろうか？」と聞きました。

ところが突然、彼の顔は引き締まり、前より少し自信をもった少年に変わりました。「この小屋にいるのは、眠る時だけだから大丈夫」と言って、そのままキャンプに参加したのです。

第5章　輝ける子に育つために　173

自己肯定感を高めるために、親ができること

(1) 子どもの敏感さを誇りに思っていますか

　HSCは、言葉でなくても、人の動き（姿勢や声のトーン、顔の表情なども含めて）から多くのことに気がつきます。もしあなたが、子どもの敏感さに自信が持てていなければ、その気持ちは子どもに伝わります。あなたは、自分や子どもを誇りに思っていますか。それともまだ、子どもは敏感だから、幸せな大人にはなれないのではないかと心配していませんか。

　マイナスな思いがあるなら、今すぐ変えましょう。

(2) 頑張ったことを喜び、具体的に褒めましょう

　子どもの敏感さが顔を出した時には、「すごいね」と褒めましょう。ただし、過剰な表現にならないよう注意してください。子どもが休憩やダウンタイムを必要としていたら、敏感で人一倍頑張ってきたことを認めましょう。「そうね、動物園に行って疲れたからね。動物を見ていろいろなことに気がついたものね」というように言ってみるのです。子どもの観察力、物事をしっかりと考える力、誠実さ、創造性、直感力、共感力を喜びましょう。

　でも、あなたが子どもに、いつもそういうことを期待しているわけではないことも、はっきり言っておきます。特別な子のようにたたえるのではなく、「動物園では、一つひとつしっかり見てきたものね」と、具体的に褒めましょう。

(3) 一緒に時を過ごすだけで、伝わるものがあります

　「一緒にいたい」というのは、「好き」という何よりのメッセージです。言葉も大切ですが、態度で示すことも大事です。

　児童心理学者のスタンレー・グリーンスパンは、子どもとの「フロアタイム」（子どもに好きなことをさせ、親はそれに合わせて、子ど

もの目線に立ってコミュニケーションを取る時間）を1日30分取ることを推奨しています。この時間を取ることで、子どもは、さっき怒られたとか、自分はだめな子だと思ったなどの心の傷をいやすことができるのです。

とはいえ、真正面から向き合われるのをHSCは嫌がるかもしれません。毎日30分は多過ぎる場合もあるでしょう。子どものそばで料理や掃除をしながらや、車を運転しながら2人で話すといった、何気ない方法もあります。ともかく、ここでの目的は、子どもと一緒の時間を過ごすことですから、どのような形をとるかは、子どもの気持ちに任せましょう。

⑷ 子どもの感じ方や、気持ち、意見を尊重しましょう

子どもの願いを受け入れられない時や、制限を設けなくてはならない時も、「やりたい」という気持ちを、幼い頃から尊重していきましょう。例えば、「そうね。○○ちゃんはアイスクリームが好きだものね。でも、ご飯を食べてからにしましょう」「クッキーを焼きたいの？　いいね。楽しそうだし、みんな喜ぶよ。でも、もう10時で、ママは明日6時に起きなくてはいけないの。あなたがクッキーを焼くとすると、11時か12時まで、ママも起きていなくちゃいけないわ」などと言えばいいのです。

このように自分のしたいことを認めてもらえたことによって、要求は間違っていなかったという、存在への安心感が得られます。

⑸ いろいろな人とつきあえるようなサポートを

多くの人は、あまり考えもしないで、思ったことを口にします。よく考えずに発言し、衝動的に行動し、思ってもいないことを言うこともあります。子どもはこの現実を学んでいかなくてはなりません。経験を重ねていく中で、心に耳栓をつけ、聞こえてくる声のボリューム

を落とすことを教えていきましょう。

　もし、つらい言葉をかけられて苦しんでいたとしたら、「きっと機嫌が悪かっただけだよ。あなたも、思ってもいないことを言ってしまうことがあるでしょう？」「明日、本当はどう思っていたのか聞いてみたら？」などと言ってみましょう（その日に聞いてしまうと、相手も意地になって「そう思ってるよ」という答えが返ってくるおそれがあります）。

　また、子どもは、非 HSP には自分の言葉が通じないこともあると知っていく必要があります。非 HSP は、「そうですね、えーっと、そこまであなたが言うなら考えてみてもいいけれど……」という言葉が「嫌だ」という意味だとは分からないことがあります。

　ちょっとした気配をすぐに感じ取ってはくれないので、「自分はこうしたい」「次は私の番」「今度は私のやり方でやりましょう」「それは苦手だからやめてほしい」というようにはっきりと言えるようになることが大切です。これには、かなりの練習が必要です。そのつど、相手をひとり決めて練習していきましょう。

　それでも、子どもがなかなか言いたいことを伝えることができなかったり、相手にされていないと感じたりした時は、被害者意識を持たないようにサポートしましょう。そういう相手もいるのです（私も、夫が教鞭をとっているロングアイランドにある店でベーグルを注文する時、てきぱきと注文できず、いつも店の人をイライラさせてしまいます。にらまれても、動揺しないようにと努めています）。

　子どもが理解すべき最も大事なことは、「HSC も、非 HSC も、どちらも悪くない。ただ、スタイルが違うだけ」ということです。誰にでも、好き嫌いがあります。「あなたのその話し方は、私にはちょっと乱暴に感じる」というように、自分の気持ちを表現してもいいのです。

⑹ 弱気になった時は、反対に強みに気づかせましょう

　子どもが弱気になったり、落ち込んだりしている時には、まず、その気持ちに共感しましょう。「2回も三振したら、がっくりくるよね。自信をなくすよね」

　それから、こういう考え方もできるという例を挙げましょう。「でも、自信をなくす必要はないと思うよ。だって先週はホームランを打ったでしょう？」あるいは、「そうね、野球はちょっと合わないかもしれないわね。でも、体操は大好きで、得意でしょう？」「確かに、スポーツは苦手だけれど、あなたほど上手に絵を描く子はいないよ。あのゴッホだって、きっとサッカーはそんなに得意じゃなかったと思うよ」という言葉をかけるのもいいでしょう。

　しつこく押しつけるのではなく、あなたの意見を述べるにとどめましょう。また、過剰に褒めてもいけません。褒め言葉が信じられなくなってしまいます。

　失敗した時に、成功した時の話を持ち出すのは、子どもの脳をうまく配線し、自己肯定感を育むための重要な戦術です。

　私たちが記憶を整理するシステムには、2種類あるとされています[*25]。

　自己肯定感が低く、落ち込みがちな人は、失敗した記憶を全て同じファイルに入れているので、一つの失敗や弱点によって、自分の失敗全てを思い出してしまう傾向があります。反対に、しっかりした自己肯定感を持っている人は、失敗か成功かによって記憶を分類せず、例えば、スポーツ、学業、社会生活というように、テーマごとに分けて記憶しているので、よいことも悪いことも一緒に思い出せるのです。

　自分をよい子か悪い子か、どちらかに決めつけてしまう背景には何があるでしょうか。

　例えば、親や周囲にいる人が、子どもが何か失敗をした時に、「悪い子だね」と言うと、「そのとおりだ。私は今までに、あんなことやこんなことをしてしまった」と、全ての悪い記憶を思い出します。反

第5章　輝ける子に育つために　177

対に、「あなたはいい子」と褒められると、記憶の中のよいことが思い出されます。ですから、子どもの価値を決めつけるようなレッテルは貼らないようにし、本人がそのような言葉を使った時には、それを打ち消すようにしましょう。

先ほどの、子どもが三振してしまった時は、その前のホームランを思い出させる、といった具合です。子どもは、「そんなの、僕をなだめようとしているだけだよ」と言うかもしれませんが、本当のことならきちんと受け止めます。

◆キーポイント② 自己否定感を取り除く
～「自分はだめだ」という思いに、押しつぶされないために

元気で自信あふれるHSCを育てる２つめのカギは、「自分はだめな人間だ」と思う気持ちを払拭させることです。自己を否定してしまうのは、自信がないことよりも、はるかに重大な問題です。

「自己否定感」と、それに似た「罪の意識」は、心理学的には次のように区別できます。

罪の意識は、自分がした過ちとそれにどう対応するかに焦点が置かれますが、自己否定感は、とにかく自分が悪いと感じる気持ちです。ですから、罪の意識を感じている時は、何か悪い行いをしても、それを何とかしようとしているので、能動的であるといえます。そういう人は、ひきこもったりはせず、積極的に事態をよい方向に向けよう、あるいは少なくとも自分を守ろうとします。

ところが、自己否定感にさいなまれると、頭を抱え、ひきこもって目を伏せ、なすすべもなくうなだれ、消えてしまいたいなどと思います。これはとてもつらい感情です。

四六時中、罪の意識や自己否定感を抱いている人はいないでしょう
が、それでもこれらは、性格や特性のようになることがあります。心
配症や怖がりの性格になるのと同じように、罪の意識や自己否定感を
抱きやすい性格になるわけです。こういった不安や恐怖は誰でも感じ
ることがありますが、人によっては、そのような気持ちが自分の特性
のようになってしまうのです。

▌和を重んじる日本などでは、見方が違う

　文化への偏見を植えつけるつもりはないのですが、日本などの和を
重んじる国では、自己否定感は決して珍しいものではありません。こ
のような社会では、人と関わり、正しい行いをし続けていくうえで、
自己否定感が役に立つのです。

　面白いことに、日本では、自己否定感や自己肯定感、プライドの持
ち方が、他人の見方によって決まる傾向がアメリカよりも強いです。[*26]
アメリカでは、他人に流されずに自分の意見をしっかり持つことが美
徳とされています。他人がどう見るかはそれほど重要視されませんか
ら、アメリカ人には、自己肯定感が非現実的なほど高かったり低かっ
たりすることがあります。日本人の場合には、それほど極端な例は見
られません。それは、他人の反応を注意深く観察し、考え、それが自
分に対する見方の基盤となっているからです。

　どこかで聞いたようなフレーズだと思いませんか。そう。HSPの
人々にとっては、日本のような社会のほうが落ち着くと感じるのです。

　独立心を重んじる社会では、自己否定感を持つこと自体が恥ずかし
いことだと思われています。ですから、HSCは自己否定感を抱くと、
なおさら自分をだめな人間だと思っているはずです。

　でも、自分を否定する気持ちは、行動を省みさせてもくれます。誰
に指摘されていなくても、HSCは自分のしたことの結果を見て、間
違っていたと心から反省します。自己否定感は彼らの自然な感覚であ

第5章　輝ける子に育つために　179

り、学びのツールでもあります。

　例えば、人の物を盗った時（子どもならやりがちです）、自己否定感があると、今後はこのような、自分を嫌いになるようなことは絶対にしないようにしようと、教訓を得ていくのです。

　そうはいっても、自己否定感は非常に苦しいものです。突き詰めていけば「自分はだめだ」と思う感覚ですから、HSCにとっては、ささいなことが重くのしかかります。

　自己否定感が強烈だと、他人や自分に向けての敵意が抑えられない状態になります。HSCが怒りを爆発させている時は、自分を責める気持ちが強くなり過ぎて抑えられない時かもしれません。

　自己否定感を抱きやすい人と、罪の意識を持ちやすい人とを比較した研究の大半で、自己否定感を抱きやすい人のほうが、敵意を持ち、暴力的になり、非友好的になる傾向が大変強いという結果が出ました。[27]悲劇の王・マクベスのように、つらい思いを抱えて窮地に立たされているのです。

　HSCの場合には、自己否定感による攻撃性は、ほぼ間違いなく自分自身に向かいます。ですから、HSCをしつけるために自己否定感を使ってしまうのは、小さな画鋲を大きなハンマーで打つようなものです。まずは自己否定感を払拭させることがとても大切になります。

自己否定感を持たせないために、気をつけること

　自己否定感は、自信があることの逆とは違います。何より、子ども
が自己否定感を持ちやすくならないようにするために、いくつかの注
意が必要です。

⑴ 否定しないようにと思うあまり、叱らないのはよくありません

　タマラ・ガーガソンとヘディ・スタッゲという２人の心理学者が、
子どもが自己否定感を持つようになる原因を詳しく調査したところ、
最悪のケースになるのは、厳しいしつけをされた時ではなく、全くし
つけがされなかった時だということが分かりました。[*28]

　しつけがされない家では、子どもは、自分はどうしたってだめだか
ら、しつけもされないのだと感じるようになります。これは子どもに
とって、救いようのない思いです。中には、自分の子が HSC である
ことにがっかりしている親もいるでしょう。やっかいな性格に生まれ
てしまったのだからしょうがないと、子どもに何の働きかけもしなか
ったら、その子に根深い自己否定感を植えつけてしまいます。

　しつけについて、詳しくは次の章で見ていきますが、とにかく、子
どもを変えよう、しつけようとする姿勢は、たとえ不器用だったとし
ても、あきらめの姿勢よりは愛情を届けることができるのです。

⑵ どんなしつけの言葉を使っているか、振り返ってみる

　多くの親が、しつけの方法として自己否定感を使います。
「ばかだね。自分が何をしたか考えてみなさい」「どうしてちゃんと
できないの？」「いつもミルクをこぼして」「あんたにはうんざりだ
よ」「周りの人にどう思われるだろう？」

　子どもにとってよくないと分かっていても、ついついこのようなこ
とを言ってしまいます。つらい思いをさせるだけの習慣は変えていき
ましょう。

第5章　輝ける子に育つために　181

⑶「やればできる」という期待を押しつけないように

　このような励ましは、多少なら、子どもの能力を認めていることを示す効果がありますが、やり過ぎは厳禁です。期待し過ぎるぐらいなら、何も期待しないほうがいいぐらいです。子どもに何ができるとか、今後自分に何をしてくれるとかは考えず、日々の子育てを楽しみましょう。子どもに、思いどおりに生きていけるイメージを持たせましょう。

　私は、敏感な人が親の望みどおりに生きようとして、ある時点で、これは望んでいたことではない、自分の性格とは合わないと気づく様子をたくさん見てきました。これではだめだ、いずれ破綻すると気づき、大人になってから、本当に進むべき道を見つけようと再出発するのです。「親の期待に添えなかった」という気持ちは、深い自己否定感となって残ります。

　ですから、「大きくなったら○○になりたい」という話題になったら、「子どもの」好きなこと、やりたいこと、できること、あるいは苦手なことについて話しましょう。子どもの人生です。あなたの希望はおいておきましょう。

⑷ きょうだいを比較しないようにしましょう

　前章でお話ししたように、きょうだいは極端に性格が違うことが多いものです。あなたにとって、どちらも同じだけ大切だということをしっかり伝えられない限り、きょうだいの差について漠然と語るのは危険です。子ども一人ひとりのよい点を褒めるのはいいですが、きょうだいを比較するのはやめましょう。

　友達との比較は、子どもを認める手段にもなれば、自己否定感を植えつけることにもなります。「ちょっと発表するぐらい、どうしてできないの？　あの子はできるのに」と言えば、自己否定感を植えつけることになり、「今のところ、あの子はあなたよりもスピーチが上手

ね。でも、筆記試験で全部Aを取ったのはあなただけよ」と言えば、
子どもを認めることになります。

⑸ 無邪気な冗談には注意を

　軽口が好きな家庭に育ち、それをユーモアあふれる愛情表現だと言う人がいます。でも、冗談は、無邪気なふりをして悪意のメッセージを送ることもあります。

「ジョンは料理が上手だね。イヌたちが喜んで食べるだろうよ。ジョンが眠ったら、後で出前を取らなくちゃね」というように、大抵は相手を辱めるもので、HSCならすぐに気づきます。子どもが、親の言葉を愛のこもったユーモアとして受け取り、遠慮なく言い返せるくらいでないなら、軽々しく冗談を言ってはいけません。

⑹ 子どもに、家庭のトラブルの原因を自分だと思わせないように
　しましょう

　特に小さな子どもは、自分を中心に考えることがあります。

　例えば、「パパとママがけんかしている。離婚するかもしれない。私がこんなにやっかいな子だからだ」「妹が病気になった。自分が怒って、あんな子死ねばいいと思ったからだ」などと考えます。自分のことを愛していると言っていたはずのパパとママが離婚しようとしているとか、妹が深刻な病気ではないかなどと想像して傷つくよりは、自分が原因だと思ったほうが楽だし、状況をコントロールしやすくなるからです。

　ですから、何かトラブルが起こり、子どもが自分のせいだと考えている時には、積極的に話し合いましょう。その年齢に合った、妥当で安心できるような説明を準備しておきます。

第5章　輝ける子に育つために　183

◆キーポイント③ いけない理由が分かるしつけを
〜「捕まるのが嫌だから」ではなく、「悪いことだから」しない子に

「何が正しくて、何が間違いか、分かる子に育てるにはどうしたらいいか」という問題は、社会に大きな影響を与えるテーマであり、心理学者の研究対象にもなっています。

この分野の第一人者であるアイオワ大学のグラツニャ・コチャンスカは、気質が違えば、しつけの効果も異なることを発見しました。気質としつけの関係を見ていく前に、まずは、一般的な原則を見ていきましょう。

しつけの目標は、「捕まるのが嫌だから悪いことをしない」のではなく、モラル（道徳観）から悪いことをしないと思えるようになることです。

例えば、子どもが、「悪いことだから」という理由で盗みをしない時、モラルはこの子の内側から生じているわけです（これをモラルの内面化といいます）。

なぜ盗まないかを聞かれて、「親からそう教わったから」「悪いことはしたくないから」「みんなが盗んでいたら大変なことになるから」などと答える場合には、モラルが内面化しています。そうではなく、逮捕されるのが嫌だからという理由だけで犯罪をしない社会なら、警察の取り締まりや警備体制を強化しなくてはなりません。

コチャンスカ博士の研究グループは、「モラルは、世話をする人との愛情関係によって自然に生まれる」と言っています。[*29]

幼児は人と気持ちを共有することが好きで、世話をしてくれる人が落ち込んでいるのを嫌がります（社会的動物には、もともと「母子相互作用」が備わっています）。でもそのうちに、世話をする人は、してはいけないことは、させないようにします。この時、子どもは動揺し、相手を喜ばせたい気持ちと、自分の思うように生きたい気持ちの

間に葛藤が生まれ、不調和音が生じます。子どもはぐずったり、反抗したり、あれやこれやの形で外に出します。

この時期がうまく過ぎれば、3歳頃には、子どもたちは親の見方を受け入れ、それを自分のものにし始めます。親も子も、仲良くしていきたいという思いは変わりませんし、この頃には、なぜこのようにしなくてはならないか、「危険だから」「誰かを困らせたり、嫌な思いをさせたりするから」などの理由が理解できるようになります。

なぜ自分の思いどおりにしてはいけないかが、「内面化」されているのです。内面化されていれば、「これには触らないほうがいい。だってお母さんが、触ると壊れちゃうって言ったから」などと言うようになるでしょう。

子どもに価値観を内面化させるためには、実は刺激が強過ぎても、弱過ぎてもうまくいきません。[*30] しつけの際に、親が大して熱も込めずに、ただ命令を繰り返すなど、子どもが受ける刺激が少な過ぎると、「大したことではない」と思って、また同じことを続けがちです。

反対に、刺激を受け過ぎると、そのようなことはしなくなりますが、罰を与える人を避けるようになります。なぜ従わなくてはならないか、親は何を望んでいるかは学んでいないのです。

例えば、私は子どもの頃、一度だけたたかれたことをよく覚えています。ただ怖くて、情けなかった記憶しかなく、それによってモラルを学んだとか、何かを教えられた、発見した記憶はありません。

子どもは、適度な刺激の中で快適に過ごせる時は、言いつけを守らなくてはならない理由を聞くことができます。他人とうまくやっていくにはどうしたらいいかを、こうして学んでいきます。「大声を出してはだめよ。パパが起きてしまうから」「けったら、痛い思いをさせるよ」「かみつくと嫌がられるよ」

もう少し年上の子なら、「確かにカンニングをする子はいるね。でも、カンニングをするというのは、自分の人間性を壊してしまうこと

になるよ。もう自分のことを正直だとは思えなくなる。それに、周り
の人にとってもよくないよ。だって、成績の評価は意味がなくなって、
誰がもっと指導が必要で、誰が進級できるかを知る方法もなくなって
しまうから」という話も理解できます。

▎罰はいらない、話して聞かせるだけでじゅうぶんです

　このようなことが分かってきてから、コチャンスカ博士は、気質が
モラル教育にどのように影響するかに興味を持つようになりました。

　ごく幼い HSC を対象にした研究により、HSC は非 HSC に比べて、
すでにモラルを内面化している傾向がはるかに強く、誰にもとがめら
れない時も、禁止されたことはしないようにしていることが分かりま
した。

　HSC は、叱られたり罰を受けたりするリスクを避けたがるうえに、
何が起こるかを察知し、考え、自らの行動を抑制する能力にたけてい
ると博士は考えています。

　例えば、2、3歳の子どもに壊れているおもちゃを見せる実験をし
たところ、HSC は壊れていることに気づいて、関心を見せ、心配し
ました。また別の実験では、遊んでいた人形を壊すとか、シャツにシ
ミをつけるようなことをすると、いちばん動揺したのが HSC でした。

　博士は、もう少し年上の、5歳の子どもたちを、「ルールを破って
も、ずるをしても、わがままをしても、何も罰せられない野放しの状
態」にして、行動を観察する実験を行いました。[*31] HSC は、モラルの
内面化が比較的できてはいるのですが、5歳の時点では、しつけのし
かたによって、その習得度にばらつきが出てくることが分かりました。

　適切なしつけを受けた子どもは、非 HSC に比べてモラルの内面化
ができていましたが、しつけ時に刺激を受け過ぎたり、逆に、モラル
の教育を受けていなかったりした HSC は、非 HSC と変わりません
でした。

私がインタビューしたある親は、すでに自分で研究してきたかのように、「穏やかに接する」「体罰を加えない」「自己否定感を抱かせない」「愛情を示す」「ひとりにさせない」といったコチャンスカ博士の提言を実践していました。HSCは、声のトーンを変えるだけでも、気持ちを察して理解します。

　親はみんな言うことですが、HSCも間違いをしますし、ルールを破ることもあります。学校よりも、家でのルール破りのほうがはるかに多くなります。でも、大抵は、後でひどく動揺しています。後悔という罰をすでに自分自身で与えています。ですから、話して聞かせるだけでじゅうぶんです。

　中には、しばらく隔離したり、権限を取り上げたりするなど、罰をエスカレートさせてしまう親もいます。でも、子どもが目に涙を浮かべたり、震えたり、あるいは、かんしゃくを起こしたりする姿を見て、「もう二度としない」と思うそうです。研究結果からも、親の経験からも、このような時には、罰をエスカレートさせるべきではありません。

　確かに、「親はもっと信念を持って、子どもに厳しくしなさい」という意見もあるかと思います。非HSCに対しては、それも必要な時があるかもしれませんが、HSCに関しては、一時的にはよかったと思えても、長期的に見て成功したとはいえません。子どもはあまりにも怖くて、悪いことをしなくなります。あなたもとりあえずの目的は達成しました。でも、子どもは動揺していますから、教訓は身につかないままです。

　まずはHSCの気持ちを静め、次にしかるべきしつけを行ったほうがずっといいでしょう（子どもが動揺している時の対処法は、第7章で述べます）。

　しつけの時の刺激を抑えるために、他にもできることがあります。「予防」です。つまり、子どもの年齢に合った明確なルールを準備し、

第5章　輝ける子に育つために　187

よくない行動をする前に、必要な要求にはじゅうぶん応えておくのです。具体的に見ていきましょう。

■ 叱るようなことが起こる前に、ルールを一緒に作っておく

親は、年齢や状況によって、家族の決まり事を作っておく必要があります。4歳なら、レストランでは行儀よくする、10歳ならば、初めての人に会う時にはこう挨拶する、このような時には「ごめんなさい」と言わなくてはならない、などの決まりを設定するわけです。まだ明確なルールを決めていないならば、ある程度の年齢の子どもなら、一緒に考えるのもいいでしょう。

家で大きな声を出す、乱暴な言い方をする、悪口を言う、たたく、物を投げる、相手の人格をけなす、階段の手すりを滑って降りる、連絡せず30分以上遅れる、食べ物を投げる、テーブルの上に足をのせる、家のカギを決まった場所以外の所に置く、などの行動が許されるかどうかを一緒に考えていくのです。一緒にルールを決めれば、おそらく強制させるよりも楽に守れます。でも、子どもがまだ幼くて、親がルールを作らなくてはならない時や、自分で決めたい場合には、そのルールを子どもにも伝えておきましょう。

ルールをあらかじめ知っておけば、親子の衝突も大幅に減らすことができます。なぜこのルールに決めたのかを話し合うことによって、子どもが落ち着いている間にルールの内面化ができます。さらに、そのルールを子どもが納得しているか、守ることができるかを聞くといいでしょう。

「おやつと遊ぶものがあれば、晩ご飯は行儀よく待っていられる」と言うならば、その条件を聞くのもいいでしょう。でも、事前に同意したからといって、子どもがいつもルールを守れるなんて思わないことです。

特に、初めてHSCを育てる親の場合、例えばレストランではとて

も行儀がよく、3歳とは思えないぐらいよく気のつく子が、かんしゃくを起こして親に物を投げたりすると、驚いて過剰反応してしまいます。しつけが甘過ぎたのではないかと考え、「いい子でいられなかった」「自分自身をコントロールできなかった」と、もっと厳しくしつけようとします。幼いHSCは自分のしたことを恥ずかしく思い、「大人びた子」と思われていたのが、一変して「だめな子」と評価されてしまうことに憤りを感じます。

　子どもがルールを守らず、かんしゃくを起こすようなことが続くなら、気質や年齢の割りに厳し過ぎるのかもしれません。もう少し要求水準を下げましょう。そして一貫性を持たせましょう。

　例えば、待合室でおもちゃを持たずに静かに座っているのが無理だと分かったら、誰かの家に行った時にもそれを要求してはいけません。

　ルールを決めておくのはあなたにとってもよいことです。例えば、チャックは、人に何かを伝える、特に自分の意見を言うのが下手でした。言っていることは正しいのですが、乱暴な物言いをするのです。そこで、親は、「思ったことを言ってもかまわない。ただし、聞いた人がどう思うかをしっかり考える」というルールを作りました。

　このルールには、HSCにとっての重要な教訓が含まれています。考えたことや見たことを何でも言っていいというわけではない。今、この人に言ってもいいかどうかを考える必要があり、そうしないと、敵が増えるということを学んでいきます。

■ 息子が大目玉をくらった、おふろ事件の教訓から

　子どもを人に預ける時には、あなたのルールを伝えて守ってもらうようにしましょう。

　私は、苦い経験の末、子どもの世話をしたことのない人や、子どもの頃を忘れている人、自分が厳しく育てられてきた人に息子を預ける時は、とても気をつけるようにしました。

第5章　輝ける子に育つために　189

大学で教鞭をとっていた頃、当時6歳だった息子は、時々家に訪ねてきていた、しっかりした気持ちのいい大学生になついていました。2人は相性がよさそうだったので、私はその大学生に息子の世話をお願いすることにしました。

ある日、家に帰ると大変なことになっていました。その学生は、息子のことを手に負えないうそつきで、このままだととんでもない大人になると言ってきました。訳を聞くと、息子がふろに入りたがらず、何とか入るように説得したところ、息子はふろ場のドアにカギをかけ、お湯を出すだけ出して洗ったふりをし、そのままパジャマに着替えて出てきたというのです。ぬらしたタオルを置いておくことまでは頭が回らずに、ふろに入っていないことがばれてしまったのです。

息子は延々と説教されて、がっくりと肩を落としていました。いくらいい子といっても6歳ですから、モラルが抜けているところもあります。でもこの学生には、そこまでは考えられないようでした。それ以来、私は、息子に大人の振る舞いを期待する人には、絶対に預けないことを決めました。また、預ける時には、息子がやりかねないことを一通り伝えて理解してもらうようにしました。

■ ルールを破ってしまうのは、子どもの心のメッセージ

子どもがルールを破った時、親として注意はするにしても、なぜルールを破ったかの理由を考えてみるといいでしょう。

例えば、ランドールの母親は、息子がよくない行動をするのは、大抵自分と妹との扱いに不公平を感じた時だと気づきました。よくない行動をすることで、母親の注意を引き、似た性格の妹ばかりがひいきされていることに気づいてもらいたかったのです。母親がそのことに気づいて改め始めると、ランドールもルールを守るようになっていきました。

またメリッサは、いつも自分の要求を何としても通したいと周りを

困らせますが、彼女の親は、欲しいと言う上着、おやつ、休憩時間など、必要だと思うものは与え、このような状況を避けています。親は子どものことがある程度分かっているのですから、子どもが何を必要としているかを予測して与えることは、相手を思いやった行動であり、ルールを破るものではありません。

これまでにお話ししてきたとおり、HSCは、空腹、疲労、恥ずかしさやイライラなど、不快な状況や圧倒された状況にいると、すぐに不安定になり、自制心を失い、言うことを聞けなくなります。そのような事態を避けることは「甘やかし」ではなく、子どもが必要としていることを、あらかじめ満たすということです。

また、子どもの気持ちをうまくそらして、ルール破りを防ぐのもいいです。例えば、他の子が来る前に好きなおもちゃをしまっておけば、友達とおもちゃの奪い合いをしなくて済みますし、車に歩いて戻る時に一緒に歌を歌えば、ちゃんとぐずらずに歩けた、ということになります。

子どもがなかなか言うとおり動かない時は、事前にサインを出すのも効果的です。「あと５分で眠る時間だよ」と言うのです。決めていたことは守り、さらに５分延長したりはしないようにしましょう。

他にも、順番を決めておくと、子どもが次の行動に移りやすくなります。いきなり指示しても、イライラして言うことを聞かなかったり、反発したりすることもあります。「はい、これでお話は終わりだから、ベッドに入って電気を消しましょう」などと言うだけでは、なかなか聞きません。嫌だと言う子どもに、「だだをこねてもだめだって、いつも言ってるでしょ！」などとつい言ってしまいがちですが、これではますます険悪なムードになるだけです。

「ほら、もうパジャマを着て、歯も磨いたね。一緒に本も読んだ。さあ、次は何をする時間？　ベッドに入って電気を消すんだよね」というように言ってみましょう。子どもがもっと本を読んでほしいと言っ

第5章　輝ける子に育つために　191

たら、だめと言う代わりにこう言いましょう。「明日の昼に、たくさん読みましょう。でも寝る前は、お話は一つだけ」

叱り方の基本　5つのステップ

叱ることと、罰を与えることとは違います。叱ったあとで子どもが行動を改め、もう二度としないと感じているなら、それ以上のことは必要ありません。HSCがルールを破ったり、決められた行動をしなかったりした時は、次の5つのステップを踏んでみてください。

(1) まずは親が落ち着きましょう

親子バトルになっている時は、まずはあなたの心を静めましょう。親が怒っているのに、子どもを落ち着かせることはできません。子どもが、あなたにびくびくしているようなら、「大丈夫。心配しなくていいよ」と安心させます。かんしゃくが続いているのに、「家に着くまでに静かにしないとだめでしょ！」などと言って、さらに気持ちを逆なでしないようにしましょう。

子どもが怒って泣きやまない時は、元に戻るのに20分ぐらいはかかるかもしれません。気持ちを切り替えるために、別の部屋に2人で行き、一緒に座るか、ベッドに並んで寝ましょう。外に出て、ポーチに座るのもいいでしょうし、散歩するのもいいでしょう。「このような時はそこに行く」と、落ち着ける場所を決めておくのもいいと思います。

私の息子の「おふろ事件」では、息子は学生の説教に動転していたので、まずはそれをなだめ、ママは怒っているのではなく、ただ何があったかを聞きたいのだと伝えました。いくつか自分の用事を片付けながら、少し冷静になるのを待っていると、やがて息子は落ち着きました。

⑵ 子どもの話を聞く

　HSC は、しっかりした考えや理由があって行動することが多く、不当な扱いを受けると落ち込みます。ですから、ちゃんと話を聞くことが大切です。子どもの気持ちや考え方を正しく理解しておくことは、4 番めのステップでも役に立ちます。

　これもおふろ事件の例ですが、息子の立場から経緯を聞いた時、私は自分が息子を理解していることを伝えるため、「朝、おふろに入ったから、夜はもう必要ないと思ったんだね。それなのにどうして？って思うよね。そんなことを言われた場合のことを決めておけばよかった。ごめんね」と言葉をかけました。

　話を聞くというのは、「おふろに入るのが嫌だったのでしょう？」とか、「うそを言ったのね」などという短絡的な決めつけを避けることにもなります。

「あのお兄さんと遊びたかっただけ」というような言い訳をする場合は、もっとじっくり話を聞いてみるか、あるいは言葉どおりに受け取って考えてみましょう。でも、子どもが言い訳をするのは、自分を否定する気持ちや、罰を避けたいがためです。追い詰めて、さらにうそをつかせないようにしましょう。

　子どもが、「僕、そんなことしてない。おふろに入ったよ。お兄さんのほうがうそをついてるんだ」などと、うそ（と思えること）を言い始めたら、「事実」を追及して子どもを悪者にするのはやめましょう。

「ママはあなたとお兄さんと、どちらを信じていいか分からない。でも、ママも本当のことを言うし、あなたにも本当のことを言ってほしい。今、もしそれができないなら、後でどうしてできなかったかを教えてね」というように言ってみましょう。

第 5 章　輝ける子に育つために　193

⑶ ルールを伝え、なぜそれを作ったかも話して聞かせましょう

　例えば、「カッとすると、どうしても誰かに当たりたくなるものよ。でも、警戒されたり、誰かを傷つけようとしているなんて、思われたくないでしょう？　だから人に当たるのはやめましょう」というふうに言ってみましょう。

　またおふろの例ですが、私は、「お金を払っているとはいっても、シッターさんはお客さんだから、だましたり、迷惑をかけたりしてはいけません。それに、あなたがシッターさんの言うことを聞いてくれたら、ママの心配が減るわ。大人のほうが、子どもよりも、どうしたらいいか分かっているからね」と話しました。

⑷ ペナルティーが必要かどうか、一緒に検討する

　相手に謝るなど、反省以上のことが必要かどうかを考えましょう。根深い原因がまだ残っていたり、胸に刻みつけるのにもっと刺激が必要だったりする場合は、子どもと一緒にペナルティーも決めて、それを一貫して守ることです。次に同じ過ちをしたら、このペナルティーを思い出させましょう。それが適度な刺激となって、約束事を思い出すことができます。

⑸ これからどうすればいいかを考える

　解決策を示して、子どもが希望を持てるようにしましょう。

　例えば、「ママに腹が立ったら、たたきたいと言ってもいいし、ママの代わりに枕をたたいてもいいよ」と言うのもいいでしょう。

　おふろ事件では、私と息子、シッターの３人で話し合いました。息子の考えも聞きながら、「次に同じようなことが起きないように」と、２人でいる時の過ごし方や、決まり事を考えました。守れなかった時は、どうしてできなかったかを説明できるようにしました。

　また、息子には、「シッターさんのやることが本当に嫌だったら、

教えてちょうだい。もう来てもらわないようにすることもできるから
ね」とも言っておきました。子どもに告げ口をさせたくないという意
見もあるかもしれませんが、HSC がシッターにぶたれたのに、いい
子でいたいと思って何も言えなかったという例もあります。

▌叱り方番外編

　HSC の叱り方については、次の２つのことも大切です。

　第１に、子どもの年齢と状況に合わせること。幼い子どもや、急を
要する場合には、ストレートに言うことです。例えば、子どもが道に
飛び出そうとした時は、まずは「止まりなさい！」と言って子どもの
肩をしっかりと抱き止めます。それから「走っていきたい気持ちは分
かるけれど、『止まりなさい』と言ったら止まってね。安全だと分か
ったら、走っていいからね」というように言いましょう（これは、第
１のステップで言ったことに通じます）。

　幼い子どもには、特に分かるようはっきり伝えましょう。
「おもちゃを取られたくないよね。でも、ジムに１個貸してあげなさ
い。お友達とは、一緒に仲良くね」

　10歳の子どもが困っていたら、そっとこう言いましょう。
「言いたくない気持ちは分かるよ。でも、おばあちゃんに、ちゃんと
『ごちそうさま』と言ってね。車に戻ってから、一緒にお話ししよう
か」

　第２に、自己否定感について思い出してください。親が完璧を求め
ていると、幼い子も自己否定感を抱くようになります。自分はだめな
人間だという考えを取り払いましょう。
「心配しなくていいよ。誰でも失敗するものよ」「疲れていたんだろ
うし、あの子たちのこと好きじゃないよね。あなたはいつも、おもち
ゃを使わせてあげていたものね。たまにはこんな日だってあるよ」な
どという言葉をかけましょう。

第５章　輝ける子に育つために　195

ペナルティーが必要な時の、設定のしかた

(1) たやすくできて、失敗に関係したものにしましょう

「ママの足をまたけったら、あっちのイスに座るのよ」。でも、ペナルティーは慎重にしましょう。子どもが自分を責めたり怖がったりする様子を見せたら、それによってかげんします。

「もういいよ。イスを持って戻ってきていいから。でも、当たらないよう、足の長さ分は離してね。分かった？」

あるお母さんは、3歳のHSCの娘に、おしおきとして子ども部屋に行かせたことを、「もう二度としません」と後悔していました。それ以来、この子どもは、すっかりおびえて言うことを聞くようになり、おしおきなど全く必要のない子になってしまったそうです。ですから、おしおきは慎重にしましょう。大抵は、言い聞かせたり、ルールを再検討したりするなど、これまでに述べた方法でじゅうぶんです。

(2) 一貫性を持たせましょう。予測できないとHSCは不安になります

けらないよう注意しても、またけるようなら、指示したイスに座らせます。でも、それ以上は叱らないようにしましょう。子どもが言うことを聞かず、イスに座ろうとしないなら、次のペナルティーを考えます。

「言うとおりにしないなら、この部屋から出すよ」。そして子どもと外に出て、前述のステップ（聞く、共感する、ルールとその理由を確認する、ペナルティーを決める、次に同じことをしたらどうするかを確認する）をやってみましょう。

子どもがそれでも言うことを聞かないなら、疲れていたり、何か過剰な刺激を受けていたりして、やむをえない状態なのかもしれません。

この時の対応について、詳しくは第7章で述べますが、基本的には子どもに寄り添い、抱きしめ、静めてから、何が起きたのかの会話をしましょう。それから、勝ち負けのない、あなたと子どもにとって中

立の解決策を探しましょう。今度はどうするかのルールをもう一度確認し、後で振り返るようにします。そのままにしておいてはいけません。

　子どもと権力争いになっていると感じることがあると思います。息子の場合、私たちがペナルティーを与えると、うそか本心か、「いいよ」と言うことがありました。「いいよ。僕、自分の部屋に行きたかったから」とか、「いいね。この映画、もう見たくなかったんだ」と言ったりしますが、それは本心ではなく、罰を与えた親が圧倒的な権力を手にしたように思って、自分の力とプライドを取り戻そうと強がっているかのようでした。

　HSC は賢く手ごわい敵になることがあります。賢いというのは、狡猾だとか邪悪だという意味ではなく、チェスをやらせたらうまいだろうという意味の賢さです。ですから、実際のところはどうなのかを確かめることが大切です。まずはきちんと、「一見効果のない」ペナルティーを実行したあとは、子どもと一緒に知的な会話やゲームをして、親は支配者ではないこと、自分にだって力があることを息子が感じられるようにしていきました。

　この時の子どもと一緒に過ごす時間は、前述の、スタンレー・グリーンスパンの提唱する「フロアタイム」と同じようなものです。これは、子どもに必要な思いやりを与えるだけではなく、自己肯定感を回復するためのよい方法です。

⑶ **ある程度の年齢になったら、できない理由も一緒に考えます**

　これは、時間をおいてから行います。まずは穏やかに、「話を聞いてほしいのね。その気持ちは分かる。でも、どうして、ママが話している途中で割り込んでこようとするの？」などと切り出します。時には、「ママが話をやめないからだよ」という答えが返ってきて、子どもではなく、自分が変わらなくてはと思うこともあるでしょう。疲れ

第5章　輝ける子に育つために　197

や刺激が原因ではないかと話し合うことになるかもしれません。

このような行動をしないためにはどうするのが一番か、「してはいけない」と心にとどめるにはどうしたらよいか、子どもと一緒に考えましょう。

■ うそをついたり、人の物を盗んだりした時

ついつい厳しい罰を与えてしまいそうですが、それはよくありません。得た教訓を子どもが心に刻めるようにすることが大切です。

子どもがすでに自分を責めて興奮している時は、まずは落ち着かせましょう。何をしたとしても、うそだと分かっていても、「話してくれてありがとう」と言います。誰もが間違ったことをするのだと話して聞かせ、ご自身が子どもの時についたうそや、物を盗んだ経験があれば、それを話しましょう。

落ち着いてから、お互いに信頼感が持てなくなると、家族も社会もだめになることを話して聞かせます。大人も悪いことをしそうになること（止まっている車にぶつかってそのまま逃げてしまうとか、税をごまかすなど）を話し、そのようにしてお金を払わずに済んだとしても、それ以上に自分自身が傷つくこと、自分を品位ある人間だとは思えなくなることを話しましょう。

罰を避けるためや、自分を否定したくないために、新たなうそをつくような状況に子どもを追い込まないことです。
「クッキーを盗んだわね？」と言うのではなく、「1時間前からクッキーがないの。台所にいたのはあなただけでしょう？　勝手に持っていってはいけないと言ってるのに。今後しないようにするにはどうしたらいいかしら」などと言いましょう。HSCには、うそとか盗むという言葉は使わないほうが効果的です。

もちろん親が姿にかけて示さないと、どんなしつけもうまくいきません。例えば、子どもに、子ども割引が受けられるように年齢を偽ら

198

せたり、かかってきた電話に「ママはいません」とうその答えをさせたりしていては、あなたの話に説得力がなくなってしまいます。

■ 手に負えない時も、気持ちには共感、ルールは曲げず

　時には、手に負えない事態になることもありますが、逃げてはなりません。2歳頃の幼児は「かんしゃくを起こす」と言いますが（これについては第7章でお話しします）、どの年齢になっても、怒りを爆発させることはあります。

　HSCは、簡単に圧倒され、自己否定感を抱きやすく、厳しく叱られたり不公平な扱いを受けたりすると、すぐにカッとなりやすい傾向があります。もっともらしい理由か、あるいはむちゃな理由をつけて、悪いのは親であって自分ではないと正当化します。

　このような時、親はどうしたらいいでしょうか。

　まず、第7章の「強い感情への対処のしかた」に目を通してください。どんな子にも当てはまることです。冷静に共感しつつも、親の基準を曲げないことが大切です。冷静になるためには、お互いに時間が必要かもしれません。特に小さな子どもは、別々の場所よりも、一緒に同じ部屋に行って、黙って過ごすほうがいいでしょう。

　20分程度、静かに過ごしてから、話し合うか、2人で元の場所に戻りましょう。これは罰ではありません。例えば、落ち着くまでの間、子どもの気晴らしのためにテレビやラジオをつけていてもいいのです。「まずは落ち着こう、そうしたらうまくいくから」と言って聞かせましょう。

　緊張感が和らいだら、相手を尊重した冷静な話し合いをしましょう。子どもの感じ方が悪いのではありません。表現のしかたや、頑固なところを変えていけばいいのです。

「これが苦手なのね。どうしてか教えてくれる？」「ギター教室に行きたくないなら、他の習い事をしてみる？」「前は教室に行くのが好

第5章　輝ける子に育つために　199

きだったのに。どうしたのかな？　何か前と変わったところがある？
　先生に相談してみてもいいし、他の教室に行ってもいいよ」と話してみましょう。
　また、子どもとあなたとは対等だと、さりげなく伝えましょう。「責めるつもりはないの。だから、何が好きで何が嫌いかをしっかり言ってほしいの。ママはちゃんと聞くよ。一緒にどうしたらいいか考えよう」と言ってみましょう。
　子どもと納得のいくルールを話し合い、破った時にはどうするかを決めましょう。白熱している時に自分だけでルールを決めてしまわないようにしましょう。落ち着いてから、「もっといい家族になっていこう」「しっかりした人間になろう」「約束は守れるし、度を過ぎたことをしないと、お互いに信じ合えるようにしよう」という話の一環として、ルールを決めていきましょう。
　親自身が変わりたいと思っている点や、子どもが親に変わってほしいと思っている点（怒っている時にどならないでほしいなど）を挙げるのもいい方法です。それから、親が守れなかったらどうするかも、子どもと一緒に決めましょう。そうすることで、大人が子どもを罰するのではなく、ともに行動を変えていくことができます。
　そして、できるだけ子どもの望みを尊重しましょう。そうすれば、親の言うことも聞くようになります。例えば、「みんなのためにピアノを弾くのは嫌だということはよく分かった。ママは弾いてほしいけれど、あなたが嫌ならそれでもかまわない」というふうに言ってみましょう。
　どうしてもうまくいかない時は、子どもに解決のための決定権を渡しましょう。
「店に行きたくないのね。でも、一緒に行ってくれたら、ママがこのシャツを返している間に、あなたは自分の好きな物を選ぶことができるわ。いつ行けるか決まったら、ママに教えてくれる？」というよう

に言ってみます。

任せられることは、できるだけ早い年齢のうちから任せていくのがいいでしょう。特に何らかの方法で解決しないと、いずれにしても子どもがその結果を受ける（睡眠不足や、宿題を忘れる、昼食を買うお金がない、学校へ着ていく服がないなど）場合は、子どもに責任を持たせましょう。

親がカッとなった時の注意点

ここにヒントとして、うそをついたり、物を盗ったりした時、子どもを叱り過ぎるとどうなるか、陥りがちな過ちを挙げておきます。

(1) 落ち着いて、静かな場所へ

親は優しく強く、断固とした態度を執りましょう。公共の場や誰かの家にいる場合は、子どもと2人になれる静かな場所に移動しましょう。何度も言いますが、まず親が落ち着きを取り戻し、次に子どもを落ち着かせることが大切です。嵐が去ってから話を始めましょう。

(2)「愛せなくなる」などと言わないこと

「そんなことをしたら、パパもママも、あなたのことが嫌いになるよ」などの言い方です。

(3) トラウマになるような脅しを使わない

「これをしないとみんなに嫌われるよ」「そんなことをすると地獄におちるよ」などの脅し文句は、HSC を生涯にわたって苦しめることになります。

⑷ 体や心を傷つけない

　ここでいう暴力とは、体を段ったり、「ばかな子だね」と言ったり、子どもを傷つける全ての言動を指します。暴力を脅しに使ってもいけません。

⑸ 漠然とした指示をしない

「人の家に行く時には、いい子にしなさい」「行った先では気をつけるように」というような指示をすると、HSC は文字どおり、いつもそのようにしようとして、できないと不安を感じます。

⑹ 何でも敏感さのせいにしない

　問題と行動に集中しましょう。「ほらまた敏感なんだから」と言うのではなく、「ああ、この味が嫌いだったわね。でも、薬をのまなくてはいけないから、あなたの好きな味のものと混ぜてみようか」というように言ってみましょう。

⑺ 子どもにも敏感さを利用させない

　これはやっかいな問題です。理由なく誰かを操ろうとする人はいません。大抵は、苦労したくない、罪の意識や自分は無力だという思い、自己否定感から逃れたい気持ちから、そのようなことを行うのです。でも、うそや誇張は、だいたいは周囲に気づかれます。子どもがうそをつきたくなる気持ちの後ろに、何があるのかを確かめましょう。「私がいない時、ご飯が嫌で気分が悪いと言っていたそうだけれど、何か困ったことがあるの？」と聞いてみましょう。

　うそをついたり、大げさに主張したりする理由が分からない時は、今、守ってほしいこと（すでに子どもも理解しているルール）に集中しましょう。

「買ってもらえないと死んでしまうくらい、このおもちゃが欲しいの

ね。でも、誕生日プレゼントは一つだけと約束したでしょう？　だから今は買えないよ。静かにして、ママと一緒にいるか、車に戻りましょう。何でもつらいことがあったら話していいから」というように言ってみましょう。

　子どもの言うことに共感し、真剣に受け止めたなら、後からきっと、子どもは晩ご飯にケチをつけたり、「死んでしまう」と脅したりしたのは、不快感を表しただけだと認めます。そうしたら、もっと違う表現のしかたがあることを言って聞かせ、このような方法（あなた自身も時折したことがあるでしょう）を使っていると、相手は信じてくれなくなるし、好意を利用されたように感じてしまうと伝えましょう。

◆キーポイント④ 敏感な個性をポジティブに伝える

　子どもの「人一倍敏感な気質」を、本人に話すべきかどうか迷っている親がたくさんいます。子どもが「自分は人とは違う」と思ったり、ひどい場合、「自分はだめな人間だ」と思ったりしないか心配になるそうです。

　私はどのHSCも、遅かれ早かれ自分が人とは違っていることに気づくと考えています。ですから親ができるのは、敏感であることにポジティブな見方を与え、その時々で必要なことを具体的に教えることでしょう。

　基本的に子どもが関心を持つまで、敏感さが生まれながらの気質であることを説明する必要はありません。子どもが尊敬するHSPの親戚の話をしながら教えるのもいいと思います。

　もし自分の気質を深刻に受け止めているなら、そんな必要はないと言い、刺激を受け過ぎてうまくできずに、「自分の力が足りないせい

第5章　輝ける子に育つために　203

だ」「自分の頑張りが足りないからだ」と悩んでしまっているようなら、気質について詳しく話して聞かせましょう。

　自然と話題に上るのを待つのもいいでしょう。ただ、もしこの気質について、子どもに話す前に先生やシッターに伝える場合、何か特別な話をしていると気づくことがあります。話した相手が、それを勝手に子どもに伝えたり、態度を変えたりする可能性もあります。そうすると子どもは、お母さんが何かしてくれているのは自分に悪いところがあるからだと思ったり、自分のいない所でそんな話をされていることに不信感を持ったりします。

敏感さについて、子どもにどう伝えるか

　子どもに、気質の話をする時が来たら、次のことに気をつけてください。

(1) 年齢に合った言葉を選ぶ

　幼い子どもを困らせたり、動揺させたりするような話し方をしてはいけません。

「あなたはマリリンおばさんと同じ性格を持って生まれてきたの」などと言わないことです。子どもはマリリンおばさんのことが好きではないかもしれませんし、好きだったとしても、幼い子どもは「同じ性格」と言われて、大人のように「似たところもあれば違うところもある」と受け取ることができません。

(2) 人一倍敏感なのは、あなただけじゃないと伝える

「うるさいことが好きではなくて、いつも静かにしているね。生まれつきそうだね。ジョーおじさんも同じだよ。そういう人はたくさんいるよ」というように言ってみましょう。

⑶ 誰にも何かしらの気質があると伝える

　ただし、身近な人にラベルを貼るよりも、まずは一般的な人について話したほうがいいでしょう。

「生まれつき、短気な人もいれば、気が長い人もいる。あなたのように物事に敏感な子もいるし、そうでない人もいる」というように言ってみましょう。

⑷ 問題を全て気質のせいにしない

　例えば、「セーターをもう1枚持っていったほうがいいね」と言う時に、「だって、あなたは敏感だから、寒さに弱いでしょう」などと言わないことです。問題を、何でも気質と結びつけないようにしましょう。

⑸ 今、目の前で起きている問題を解決する

「こんなふうに断られて落ち込むのは、あなたが敏感だからよ」などと言わないことです。問題のまっただ中にいる時には、漠然とした希望を持たせるのではなく、現実的な問題に集中し、子どもが状況をよく把握して、自分をコントロールできるようにしたほうがいいでしょう。

「そんなふうに言われたら腹が立つよね。あの子はどうしたんだろうね。あなたはどうしたい？　お互いにうまくいく方法を考えよう」などと言ってみましょう。

⑹ 注意している最中に、敏感さを攻撃しない

「そんな所に行ってはだめだよ。興奮するに決まってるから」などと言わないことです。

「興奮し過ぎて、また大変なことになるよ」などと言うのは論外です。

第5章　輝ける子に育つために　205

⑺ **不満を言ってきたら、そのメリットを伝えて返す**

「ポールみたいに、大勢の人の前でバイオリンが弾けなくて悔しいよね。でも、先生は、『繊細な』音を出すと褒めていたよ。あなたは聴いている人まで気にかける敏感さがあるから、繊細な音が出せるんだね」

⑻ **できることと、できないことを明確に**

「人前で弾く経験を積めば積むほど、緊張しなくなるよ。ポールみたいにはできないかもしれないけれど、楽しく演奏できるようになっていくよ。観客を友達のように思って、自分の演奏を聴いてほしいと思えるようになるかもしれないよ」

⑼ **子どもが尊敬している HSP の話をする**

　有名な人が HSP かどうか、はっきりとは分からないかもしれませんが、例えばチャイコフスキーや、エイブラハム・リンカーンは、HSP だったと思われます。「思慮深い」「内気な」「敏感な」子どもだったというようなキーワードを手がかりに、資料を探してみましょう。

　テニス、音楽、馬術など、子どもが好きな分野で HSP の人がいるかもしれません。家族ぐるみでつきあっている友人や親戚の中に HSP がいたら、それを伝えましょう。ある程度の年齢の子どもならば、目標となる存在は大きなプラスになります。

■ 周りの人に打ち明ける時、気をつけたいこと

子どものことを先生やコーチ、親戚、親仲間に話す時には、誰に話すか、どのような状況で話すかを考えましょう。次の項目をチェックしてみてください。

□子どものことを説明する時間はどれぐらいありますか。

□相手は、新しい情報を受け入れる度量がある人ですか。

　頭が固くて、何か固定観念を持っている人ではありませんか。

□話をきちんと聞いてもらえるような関係ですか。

　（料金を払ってプロのサービスを受けるなど）

□会ったばかりの人から、不適切な意見を聞くことになりませんか。

　これからもうまくつきあわなくてはならない人、あるいは、それを今から決めていくところですか。

□その人は、あなたか子どもに、影響力を持っていますか。

□その人は、あなたの話を誰に話すと思いますか。

　そこで話がゆがめられることはありませんか。

　その人の性格や職務を考えた場合、秘密にしておいてもらいたいなら、その秘密は守ってもらえるでしょうか（スクールカウンセラーに話す場合は、教師に伝える義務があるかどうかも確認しましょう）。

□誰が同席しますか。

　子どもの知っている人、あなたの話を誤解したり、ゆがめて話したりしそうな人はいませんか。

もちろん、大半の人はあなたの味方になり、助けになってくれるでしょう。ですから、例えばシッターや、友達同士の親、親戚など、子どものことをもっとよく知りたいと思っている人に話す場合、あなたがすべきなのは、じゅうぶんな情報と、その人が子どもにどう接したらよいかをしっかり伝えることです。

第5章　輝ける子に育つために　207

ある程度の年齢なら、どんな情報を伝えるか（食べ物の好み、アレルギー、眠る時間、静かにしたいこと、あるいは気質自体について）は、子どもと一緒に考えましょう。

　こちらが話すだけではなく、相手の話も聞きましょう。子どもを教えたり、世話をしたりしてくれる人に、問題が起こった時の対処法を聞いてみましょう。子どもとの経験が豊富で、子どもも見てくれている人なら、新鮮な考え方を提供してくれるでしょうし、あなたと離れている時の子どもの様子も分かります。

■ 伝える言葉、疑問への答えを用意しておきましょう

　重要な情報を短くまとめた、お決まりのセリフを用意しておきましょう。

　例えば、「知っておいていただきたいことがあります。私の子どもは、生まれながら『人一倍敏感』な特性を持っています。これは、人口の約15〜20パーセントに見られ、細かいところまで気がつく一方、たくさんの事が起こると、すぐに圧倒されてしまいます」というようなフレーズを使うのもいいでしょう。

　「たくさんの事が起こると」の部分は、「状況が変わると」や「痛みを感じると」など、子どもに合わせて変えてみてください。数字を入れると、HSC は比較的多い気質であって、異常ではないことが伝わります。相手が関心を示したら、詳しい話をしていきましょう。

　相手の反応を想定して、答えを用意しておく必要もあります。ここによくある反応と、それに対する回答例を挙げておきます。

(1)「お子さんは臆病ですね」

「そうですか。私はそうは思いません。『臆病』という言葉が『他人が自分をどう思っているかが気になる』という意味なら、そう見られてもいいと思いますが、この子は実際には様子をうかがい、周囲に溶

け込む準備をしているところなのです。準備が整えば、ちゃんと活発に動き出します。この子は臆病なのではなく、人一倍敏感で、周りのあらゆることに合わせて行動するのです」

　子どもが本当に臆病で、かつ HSC である場合には、「そうですね。この子は、他の人が自分をどう考えているのか、よく感じ取ります。でも、いったん慣れて、周りの人が自分を好きだと分かれば、うまくやっていけます」と言いましょう。

　あるいは、「臆病だと決めつけることに、何か意味がありますか？」と返すのもいいでしょう。

⑵「お子さん、随分敏感ですよね」
「私はこの子の敏感なところが好きです。何か問題でもありましたか？」

⑶「どこか悪いのでは？　他の子はみんな○○が好きですよ」
「子どもの食べ物の好みや、趣味や興味には、個人差がありますよ」
「持って生まれた性格で、みんな好き嫌いは違いますから」

⑷「ちょっと異常な行動だと思うのですが」
　学んだことを生かし、あなたの評価やプロの意見を伝えましょう。
「この性格についての研究結果をたくさん読みましたが、この子の気質は至って正常です。主治医も正常だと言っています」

　それでも異常だと言われるのなら、それ以上の議論は無意味ですから話題を変えましょう。

⑸「そんなことで特別扱いはできません」
　実状を確認しましょう。例えば、ADHD や失読症、視覚障害、聴覚障害などの場合には、法で指定された支援が受けられることがあり

ます。このような例を挙げ、子どものことを現実のものとして感じて
もらいましょう。

　小児科医やカウンセラーなどの専門家に、書面や電話で子どもの気
質を説明してもらうこともできます。相手にも子どもにも、長い目で
見てよい経験となることを目指しましょう。

　子どもにも、自分のためだけではなく、相手のためにもなることを
話して聞かせます。ただし、くれぐれも、子どもは少し配慮してもら
えれば大丈夫だと伝えましょう。もし、どうしても障害や病気だと思
われるようなら、そこまでして支援を受ける必要はありません。

⑹「どうして○○させないのですか？」

　次の言葉をいつでも言えるようにしておきましょう。
「うちの子はそんなことは望みません」「それは子どものためになり
ません」「うちの子には効果がありません」

　それ以上の説明や行動は必要ありません。「私は私」ときっぱり境
界線を引きましょう。

⑺　反論しないという選択もあります

　誰かが誤ったひどいことを言ってきた時、「反論しない」という選
択をしたら、どうして反論しないかを子どもに説明しましょう。例え
ば、「絶対に自分の意見を曲げず、人の話を聞かない人には、別の対
処をしよう」などと言います。

◆他人と自分との間に、しっかり境界線を引けば、イキイキと生きていくことができます

　これまで、

①自己肯定感を育む

②自己否定感を軽減する

③適切なしつけ

④敏感な個性を周りに伝える方法

という４つについて話してきました。この４つは、子どもが他人との間に健全な境界線を引く手段ともいえます。HSCは、たくさんのことを受け取りますし、他の人の考え方や感じ方、言葉に敏感です。圧倒されやすく、自分自身を見失ってしまう傾向があるので、しっかりした境界線を引く必要があります。境界という考え方を知っておいて損はありません。

　この境界という例え方は、システム理論の考え方に由来するものです。システム理論とは、都市、コンピューター、動物、植物、組織、臓器、体、自分自身など、さまざまな概念を、それぞれ一つのシステムととらえ、その働きを論じ、他と比較するための考え方です。この理論では、あらゆるシステムには境界があり、一つのシステムと別のシステムが境界によって分けられています。境界は、そのシステムに必要なものを取り入れ、害になるものは追い出します。

　子どもも、このような境界を意識して、自分にとってよいものを取り入れ、有害なものを排出していく必要があります。

　今まで見てきたとおり、よいものとは、愛情や有益な情報のことです。よいものを受け取ることで、自己肯定感が育まれていきます。悪いものとは、自分への間違ったメッセージや、しつけの一環として圧倒され過ぎた経験のことです。

第5章　輝ける子に育つために　211

お気づきのとおり、HSCは、しっかりした境界線を引くことが苦手です。そのうえ自己肯定感が低いと、「みんな自分のことを好きじゃないから、喜んでもらえることをしなくては」と思い込んで、自分に有害なことでも実行してしまいます。自己否定感が強くなると、薬物を使ったり、それを認めたくないために、助けまで拒否したりします。

「消えてなくなってしまいたい。今度は尊敬するあの人のようになりたい」など、自分と他人を分ける境界をあいまいにしようとして、有害なことを受け入れ、よいことを追い出してしまう場合もあります。

　しかし、あなたの子どもは違います。本章の前半で、自己肯定感を育み、自己否定感を軽減するにはどうしたらいいかを学んできました。自己否定感によってではなく、自分の気持ちや、好み、能力によって、何を取り入れ、何をシャットアウトするかを見極められるようになっていくはずです。

　また、しつけのしかたについても見てきましたから、あなたはこれから、叱る前に、子どもがどう考えているかを聞くことができるでしょうし、周りに自分は敏感だと伝える時の手助けもできます。

　このような親のサポートを得て、子どもは、自分より力を持った人にでも、きちんと主張できるようになっていきます。

　誰かに「間違っている」「あなたは価値のない人間だ」と言われたとしても、健全な境界線が引けているので、簡単には説得されず、悪いメッセージが入ってくることもありません。自分に自信を持って、悪いものを拒否する権利のある人間だと感じることができるのです。

　これこそが、この世界でイキイキと生きていけるHSCの姿です。

◆学んだことを実践してみましょう

●子どもの気質について、親子３人で話し合い、誰に知っておいてもらえばいいか、どのように伝えるかを考えましょう。

　理想的には、子どもから言うのがいいですが、もし隠しておきたいというなら、それを尊重しつつ、なぜ話したくないかを探っていきます。そうすることで、子ども自身が敏感な特性への自己否定感に気づき、取り去るきっかけになります（前にも述べましたが、敏感であることはよいことでも悪いことでもありません）。そのうち、信頼できる人に、自分の気質について話せるようになっていきます。

●気持ちを聞きながら、敏感であることを的確に伝えられる、決めぜりふを作ってみましょう。子どもの隣で、口にしてみます。

●これまでに、気質によって起こった問題を３つ挙げ、もっとよい対応ができなかったか、今ならどうするかを考えましょう。

パート2
*
年齢別悩み
解決編

人一倍敏感な子のための、子育てアドバイス

赤ちゃんから思春期まで

第6章

乳児期
HSCには、赤ちゃんの時から
すでにいくつかの特徴があります

　この章ではまず、生まれたばかりの子どもがHSCである
かどうかを見極める方法と、よく泣く時の対処など、ケアに
ついてお話しします。
　後半は、乳児が本能的に持っている察知力と記憶力（HSC
は特に強いです）、生後2～6カ月頃に見られる、過剰な刺
激と睡眠の関係、6カ月～1歳のHSCにとって大切な愛着、
同調、自己コントロール力について、順に考えていきます。

◆よりよいスタートを切るために、知っておきたいこと
　～よく泣くのは、刺激が原因かもしれません

　生まれた子がHSCかどうかを間違いなく見分ける方法は、まだ見
つかっていません。赤ちゃんの時から「敏感」で、そのまま成長して
いく子もいますが、必ずしもみんながそうというわけではありません。
　ここでいう「敏感」とは、強い刺激を受けるとすぐに泣く子どもの
ことです。
　また、生後4カ月頃までの乳児で、栄養状態も体格もよく、病気で

はないのに、1日に3時間以上激しく泣く日が、週に4日以上続く子もいます。これはおなか（胃腸）の問題（いわゆる疝痛）だと思われがちですが、小児科医の間では、以前から、周りからの刺激に敏感だからよく泣くのだ、という認識が広まっています。

　赤ちゃんがすぐに泣いたり、夜泣きなど、長時間泣き続けたりするのは、気質だけではないさまざまな要因があります。赤ちゃんの体は、大人のようにきちんと機能しているわけではありませんし、親の不安や家族のストレスを感じ取って泣く場合もあります。この年齢では、怒りと不安は区別されていません。泣くのは、単に苦痛からで、世話をしてくれる人への信号です。

　赤ちゃんが泣くのが気質による場合でも、第1章で述べた、感情反応の強さ、活動性の高さ、あるいは順応性の低さなど、敏感さ以外の気質が関係している場合もあります。

　よく泣くからといって敏感だとは限らない証拠に、私がインタビューしたHSCの親には、「うちの子は1歳になるまでほとんど泣かなかった」という人が多いです。親が子どものために環境を万全に整えていたので、敏感な赤ちゃんも泣かずに済んだという例もたくさんあります。

　例えば、アリスは全く手のかからない子でしたが、ある夜、停電で真っ暗になり、眠る前に流れていた音楽も聞こえなくなった時は大変でした。親はその時になって、子どもが本当は敏感だったと分かったのです。また、以前にお話ししたランドールも、面倒見のよいシッターにかわいがられて育ち、全く問題がない子で、2歳になって母親がグループ遊びをさせようとしてから、敏感な面を見せるようになりました。

　親の気遣いによってほとんど泣かないHSCがいるといっても、よく泣く子の親が、子どもの扱いを分かっていないわけではありません。親がどれだけ配慮しても、よく泣く子どももいます。

第6章　乳児期　217

ですから、よく泣くというだけでは、子どもが敏感かどうかは判断できず、他の点にも目を向けなくてはなりません。

　マリアの母親は、マリアが細かいことに気づくことと、生後2週間で、母親の動きをしっかり目で追う様子から、「この子は敏感だ」と分かりました。こういった例は他にもあり、泣くかどうかよりも、「注意力」のほうがよい指標になりそうです。周りに赤ちゃんがいないと、違いに気づけないかもしれませんが、気質についてしっかり勉強すれば、その子が敏感かどうかは、大抵判断できると思います。特に両親のうちどちらか、あるいは両方がHSPの場合には、子どもも敏感な確率が高くなります。

　子どもが敏感だと分かったら、どのようなことに気をつけたらいいでしょう。実は、新生児については、敏感だからといって親が気をつけることは特にありません。赤ちゃんとの生活を存分に楽しんでください。そのためのヒントも紹介します。

　ただ、よく泣く場合は別です。夜泣きがひどい場合は、この後のアドバイスを参考にしてください。

◆その子その子に合わせた柔軟な子育てを

　全ての赤ちゃんにとって必要なのは、その子に合わせた柔軟な対応だと考えています。求めに応じて世話をし、「もっとかまってほしい」「もっと刺激が欲しい」「守ってほしい」「刺激を減らしてほしい」など、子どもの送ってくる信号にきちんと応えていくことが、後々の心の健康のために最も大切です。

　赤ちゃんが何を必要としているか、何をしてほしいかを正しく理解するのは、難しいものです。初めての子の場合はなおさらです。赤ち

ちゃんは話すこともできませんし、「何かが心地よくない」という信号しか発しません。問題が何かに気づくのは、HSPの親でも簡単ではありません。泣かれるとイライラしてきますから、子どもに合わせた対応をするのは、親が自分を守るための策でもあります。でも、経験を積み、赤ちゃんが泣くポイントを知っておくと、だいたい分かるようになってきます。

　どんな子どもでも、刺激や興奮が、多過ぎたり少な過ぎたりすると泣きます。最初の数週間の泣きの原因は、ほぼ刺激や興奮だといってもいいでしょう。刺激が少な過ぎると、何かしてもらおう、注意を向けてもらおうと思って泣きますし、痛みや不快感から泣くこともあります。不快感は、暑い、寒い、おなかがすいた、うるさい、おむつがぬれている、などによって起こりますが、この時期はまだ、何による不快感かは表せません。もう少し大きくなると、刺激の種類によって反応が変わるようになります。ただ、刺激の程度が同じなら、反応もだいたい決まってきます。

　敏感な人は年齢にかかわらず、すぐに刺激過剰になってしまいます。普通はそうなるまでに、自分で刺激を抑えるサインを見せます。

　赤ちゃんの場合、顔を背けたり、ぐずったり泣いたりして、刺激から逃れようとします。でも、親が「もっと多くの刺激でも平気な子」に慣れていると、このようなサインに気づかず、泣く原因が分からないでいる場合もあります。抱き上げたり、食事をさせたり、一緒に遊んだりして、さらに刺激を与えてしまうことさえあります。

　柔軟な対応をしようとはしていても、子どもの送ってくるメッセージが、「これ以上の刺激はイヤだ」とは気づかないのです。

◆敏感な赤ちゃんのためのアドバイス

　赤ちゃんが、体に異常もないのによく泣くなら、次のような方法で刺激を減らし、泣くのが治まるかどうかを見てみましょう。原因が刺激かどうかを確かめることができます。

　環境を変えても同じように泣くならば、環境を変え過ぎてしまったか、刺激が不足していて、他の対応を必要としているのかもしれません。これについては、次の「泣きやまない時は、どうしたら？」の節で見ていきます。

① 無理に喜ばせようとしたり、大きな声を出したりしないように
　しましょう

② おもちゃ、携帯電話、写真、ベビー用品などを、
　ベッドの周りから片付けましょう

③ 眠っている間だけではなく、日中も音を減らしましょう
　カーペットを敷き、カーテンを閉め、音楽は消すか音量を下げます。大きな声を出さないようにしましょう。赤ちゃんにとっていちばん快適なのは、子宮の中と同じで、揺れていて、ぴったり包まれていて、お母さんの声が聞こえる環境です。

④ 子どもが気に入りそうな生活パターンを作りましょう
　おふろや食事を、毎日、できるだけ同じ時間に、同じように行い、なるべく子どもが驚かなくても済むようにしましょう。すでに自分のリズムを持っている子もいますが、最初の何週間かは、親がリズムを決めていく必要があります。

⑤ しばらくは遠出を避けましょう

　訪問もなるべく遠慮してもらいます。

⑥ 綿100パーセントの柔らかい服を選びましょう

　シンプルなデザインで、同じものを着せます。

⑦ 室温や、食べ物、ふろの温度が子どもに合うように、
　気を配りましょう

⑧ 落ち着いて眠りにつけるようにしましょう

　部屋を暗く静かにするなど、眠りに入る前の習慣を作って、子ども
が眠れるようにします（睡眠については後で説明します）。

⑨ だっこやおんぶをしましょう

　無理のない範囲で、スリングなどを使って、できるだけだっこかお
んぶをしていきます。

　ある研究では、新生児を1日に2時間多くだっこしたグループと、
だっこではなく、視覚的な刺激を与えたグループとでは、生後6週間
の時点で、だっこの時間を増やしたほうが、泣く時間が1時間少ない
ことが分かりました[33]。親が近くにいると、子どもは安心し、不安から
くる刺激を和らげることができます。特に、刺激の強い場所へ連れて
いかなくてはならない時には、しっかりと抱いてやりましょう。

⑩ 外の空気に触れさせましょう

　できれば、1日に何時間かは外に出て、昼寝の時間を取るといいで
しょう。これは私の直感ですが、外で過ごすと気持ちが落ち着くよう
に思います。

　ヨーロッパの赤ん坊は比較的泣かないといわれていますが、これは、

よほど天気が悪くない限り、ベビーカーを外に出して昼寝させることが多いからだと思われます。私たちが最初にお世話になった小児科医はパリの人でしたが、毎日息子に日光浴をさせるよう、わざわざ書面で指示してきたぐらいです。

⑪ できれば1歳になるまでは、引っ越しや旅行を避けましょう

⑫ 親がリラックスして過ごしましょう

　できる限りストレスを避け、子どもの近くでは興奮しないようにします。上の子の攻撃からも守りましょう。誰かに預けなくてはならない時には、優しく柔軟に対応してもらうよう頼んでおくことが大切です。

■ 泣きやまない時は、どうしたら？

　特に泣き過ぎというわけではなくても、泣きやむために、親は何でもしたくなるでしょう。しかし、アレッサ・ソルターというスイス出身の児童心理学者は、著書『ティアズ・アンド・タントラムズ（泣くことと、かんしゃく）』の中で、「親が何とかできる痛みや問題ではない時、赤ちゃんを無理に泣きやませようとしないほうがいい」と言っています。[34]

　泣くのは不快を表すサインであり、特に活動的で、喜怒哀楽の強い子どもにとっては、体や心の緊張を解放させる手段でもあるからです。

　では、泣きやまない時、親はどうしたらいいでしょうか。

　ソルターは、「子どもをひとりにさせないように」とアドバイスしています。とりあえず体のケアが必要ないと分かったら、親がすべきなのは、泣くのをやめさせることではなく、見守り、好きなだけ泣かせておくことです。

　ゆったりとしたイスに座って子どもを抱き、その顔を見つめましょ

う。子どもが顔を背けるなら、優しくなでて安心させます。体を揺さぶったりせず、まずは大きく深呼吸して、リラックスした気持ちで、「大好きだよ。大丈夫だよ。泣いてもいいよ」と、子どもを思う気持ちを伝えましょう。「どうしたのかな？　おなかがすいた？　それとも眠い？……」と語りかけ、自分も泣きたくなったら、一緒に泣いてもいいのです。

　ただ、HSCの場合、刺激を受け過ぎた時には、かまわずにそっとしておいたほうがいい子もいます。見れば、「今日はいろいろあって、ストレスが多過ぎた」と分かりますから、子どもと2人で、静かな、できれば子ども部屋に行って休ませましょう。その時、体に手を添えてやると、お母さんの手の重みで安心できます。わずかな刺激とともに、親がここにいてくれるという安心感が得られるのです。

　子どもがこのように過剰な刺激を受けている時には、基本的には、抱っこしたり話しかけたりはしないほうがいいと思いますが、あなたと子どもに合った方法を試してみてください。

　最後に、『シークレッツ・オブ・ザ・ベイビー・ウィスパラー――ハウツー・カーム・コネクト・アンド・コミュニケイト・ユア・ベイビー（赤ちゃんのほほえみの秘密～なだめ方と接し方）』の著者の、トレーシー・ホグのアドバイスを紹介したいと思います[*35]。それは、子どもを一人前の人間として扱うというものです。

　目の前で大騒ぎしたり、乱暴に体を揺らしたり動かしたりしないことです。子どもに語りかけましょう。自分が何のために、何をしようとしているかを伝えていきます。子どももひとりの人間です。親が思うより、ずっとたくさんのことが分かっているのです。

■ 赤ちゃんが「泣き過ぎる」と感じた時

　まず、「泣き過ぎ」とは、どのような状態をいうのでしょうか。

　平均的な乳児が泣く時間は、生後2週間までは1日2時間、2週〜

6週めでは1日3時間、6週〜3カ月までは1日1時間といわれています[*36]。

敏感な乳児の場合には、過剰な刺激を受けると、これより多く泣くかもしれません。でも、あなたの子どもが生後4カ月以上で、一度に2時間以上泣くか、1日に3時間以上泣く日が週に3日以上ある場合には、注意する必要があります。

このような場合にも、刺激を減らす方法をとると、90パーセントは泣かなくなります[*37]。それでも解決しなければ、他の方法を考えたほうがよさそうです。

興奮しやすい乳児の経過を観察した研究がありますが[*38]、1歳の時点では、この子どもたちはまだ興奮しやすく、母親との愛着が安定していないところがありました。しかし、こういった乳児の母親は、そうでない乳児の母親に比べて、関わりが少なく、柔軟な子育てができていないことも分かりました。つまり、母親と子どもとの距離がどんどん離れていっているのです。

でも、同じ研究で、興奮しやすい乳児の母親のうち50名に、赤ちゃんのなだめ方や遊ばせ方のトレーニングを受けてもらったところ、生後1年では、状況への対応能力が増し、泣く時間が減り、社会性もあり、賢く、はるかに安定した愛着を得ていることが分かりました。

ですから、本章でアドバイスしたとおりに実践しても、子どもが泣きやまない場合は、専門家の助けを借りることを考えてもいいでしょう（カウンセラーについては、かかりつけの小児科医に紹介してもらうのがいいと思います）。乳児は、自分がどのように扱われているかを、実に鋭く感じ取っています。HSCならなおさらです。

この章の後半では、子どもの素晴らしさを満喫するヒントを紹介しましょう。乳児期の子育ては、体は疲れますが、心にそれほど負担がかかることはありません。自分の直感を信じ、赤ちゃんとのちょっとしたコミュニケーションができれば、大抵のことはうまくいきます。

でも、特に言葉を覚える前の乳児にとって、あなたの影響はとても大きいのです。

◆新生児の頃から、HSC は親の気持ちを感じやすい

　私たちは自分が小さかった時のことを覚えていないので、「新生児は自分に起こったことを覚えていないし、周りで何が起きているかもよく分かっていない」と思い込みがちですが、これは全くの誤りです。

　新生児の素晴らしい察知力を示すこんな例があります。

　息子を出産し退院したあと、私は家にすぐには戻らず、親友の小児科医と小児科看護師夫婦の家に滞在しました。この夫婦にも生後6カ月の赤ちゃんがいました。

　当時、私と夫はブリティッシュコロンビア（カナダの西部）で田舎暮らしをしていて、私は帝王切開で出産しました。主治医は、「水や材木を運ぶような生活に、すぐには戻らないほうがいい、ゆっくり過ごせる環境でないなら、退院は許可できない」と言っていて、そのことを知った夫婦が招待してくれたのです。

　友人宅での初めての夜、私は思いつく限りのあらゆる方法（といってもそれほど多くはありませんが）で、HSCの息子をあやしましたが、泣きやみませんでした。苦労している私を見かねた友人（母としての経験も、小児科の看護師としての経験もありました）が、息子を抱っこしようかと言ってくれました。その腕に抱かれた途端、息子は泣きやみ、体から緊張が抜けていくようでした。私と同じことをしているのに、気持ちに大きな違いがあったのです。

　彼女はリラックスしていて、私は緊張していたのです。

第6章　乳児期　225

おなかの中で、赤ちゃんは学習を始めています

　生まれたばかりの赤ちゃんは、無力で無意識だと思っているかもしれませんが、実は、その学習能力と記憶力には素晴らしいものがあります。赤ちゃんは、自分が生き延びるために重要な、世話をしてくれる人のことを、何らかの方法で記憶しているというのもうなずけます。

　さまざまな実験結果[*39]から、赤ちゃんには、潜在的に素晴らしい記憶力があることが分かっています[*40]。これによって、意識したり言葉を使ったりしなくても、教訓を得て知恵を身につけていくことができるのです。

　HSPは非HSPに比べて、無意識に情報や知識を潜在学習しやすいところがありますが、HSCも同じです。

　潜在記憶については、生まれたばかりの赤ちゃんは、親の顔や声、言語を認識し、好むことが分かっています。普通、父親の声をすぐには認識しない[*41]ことを考えると、生まれる前の子宮にいた頃から、潜在学習が始まっているのでしょう。それに対し、新しいことを覚えたり、習得したりといった学習能力は、経験によってしか培われません。こういった能力は、7カ月頃までには大きく育っていきます。

　赤ちゃんにとって重要な学習項目の一つは、世話をしてくれる人の感情に気づくことです。その合図となるのが表情です。

　表情を浮かべたり、その意味を理解したりするのは、霊長類に特有のものです。霊長類は顔に細かい筋肉があり、脳には微妙な表情を察知する部位があります。当然、人間の赤ちゃんは幼い頃から、顔を認識し、表情を読み取ることができますし、顔を見ることも好きです[*42]。でも、子どもが何より好きな顔は、あなたの顔です。「音がうるさくない？」「歌おうか？」というあなたの表情から、安心感と情報を得ようとしています。

　母親が無表情だと、赤ちゃんは強いストレスを感じることが分かりました。また、母と子を別々にして、ビデオカメラで互いの様子が分

かるようにしたところ、それぞれの顔に表情が浮かびました。これは
どのような霊長類の親子にも見られる現象です。でも、表情を出すタ
イミングがずれると、子どもは動揺します。予想外の事が起こると、
子どもには「何かが違う」と分かるのです。

　子どもというのは、親からの知識と、守られている安心感を抱いて
生きているのです。

　柔軟な子育ては、赤ちゃんに最も大切なポイントです。特に、HSC
は親の気持ちに気づきやすいので、「この人は自分の気持ちを分かっ
てくれている」と感じられることが必要です。HSCの感情の察知能
力の高さは、親たちの経験からも、生まれつき感情や社会性をつかさ
どる右脳が活発だということからも分かります。

　子どももおそらく右脳がとても活発に動いていて、「あなた」のあ
らゆる情報に気づき、学習し、記憶しています。ですから、親は自分
の気持ちを表現するだけではなく、子どもの気持ちをどのように受け
止めているかを伝えるようにしましょう。

◆生後2～6カ月は、刺激をコントロールすることが大切

　生後2カ月頃から、子どもは明らかにあなたに反応するようになり、
その反応を必要とするようになります。また、「楽しい」とか「知り
たい」というポジティブな感情を持つようになります。

　この時期に持つ唯一のネガティブな感情（不快感）は、自分のポジ
ティブな感情を受け取ってもらえないことへの怒りです。

　周りのことに気がつくようになり、社交的にもなって、一人きりの
時も、心の中にあなたが存在するようになります。例えば、それまで
一緒になって遊んでいたおもちゃで、あなたがそばにいるかのように

第6章　乳児期　227

想像して、楽しく遊んだりします。

この時期の HSC は、親のことを基本的に「自分をコントロールしてくれる人」と考えています。つまり、なだめたり、喜ばせたり、善い悪いを教えたり、遊ばせたりやめさせたり、何かを食べさせたりする人で、大切な存在です。特に HSC は刺激過剰な状態になりやすいので、刺激をコントロールすることが必要です。

周りの人たちから「この年齢なら、もっとたくさんのおもちゃや音楽、人との触れ合いが必要じゃない？」と言われると不安に思うかもしれません。ですからここで、赤ちゃんが必要とする刺激には、実は別の見方もあることを話しておきましょう。

■ 文化が違えば、子育ても違う～オランダ流に学ぶ

文化が違えば、どんな気質が尊重されるか、受け入れられやすいかも変わってきます。他の文化と比較すれば、自分の住んでいる社会ではどのようなことが歓迎されるかが、もっと分かってきます。敏感さが受け入れられにくい社会に住んでいるなら、そこで得られる、本や親たちからのアドバイスには、慎重になったほうがいいでしょう。

コネチカット大学のチャールズ・スーパーと、サラ・ハークネスの行った、文化比較のよい例があります。[46] 2 人は 1 年間、オランダに滞在し、オランダ人がどのように子どもの気質をとらえて育てているのか、それらがその現れ方にどのように影響するかを研究しました。

まず、オランダでは、気質はそれほど問題にされていません。というのは、「休養」「規則正しい生活」「清潔な環境」の 3 つがあれば、問題はうまく解決できるという考え方が根底にあるからです。この 3 つは、オランダ語では全て R で始まるので、「3 つの R」といわれています。

3 つの R の生活のおかげか、オランダの赤ちゃんは、アメリカの赤ちゃんと比べて、1 日の睡眠時間が 2 時間以上長いという結果が出て

います。また、アメリカの赤ちゃんがいつも落ち着きなく活動的なのに比べると、オランダの赤ちゃんは、起きている時も静かです。

スーパーとハークネスは、アメリカの赤ちゃんのほうが活発なのは、オランダに比べて母親の与える刺激が多いからだと考えています。アメリカでは、大人たちが赤ちゃんに話しかけたり、なでたり、あやしたりします。そのため、乳児のコルチゾールレベルは高い傾向にあります（ある程度のコルチゾールは生きていくために必要ですが、多過ぎると HSC に問題を引き起こします）。

アメリカの赤ちゃんは、こうしていつも活動性の高い状態に置かれ、ずっと神経系に影響を受けていることが分かりました。生後 4 カ月から半年ぐらいの間に神経系が変容し、また、「朝は静かで夜はにぎやか」という生活パターンができ上がっていきます。アメリカ人に睡眠障害が多い理由は、この生活パターンに原因があると思われます。一方、オランダの子どもは、アメリカの子どもに比べて、日中はのんびりと過ごし、夜はしっかり眠るようにしています。

この研究で、アメリカの乳幼児は、大人を歓迎し、意志を表明し、要求し、独立心を持つことがよしとされやすいことが分かりました。一方、オランダでは、乳幼児は静かで、おとなしいものとされています。会話の一部に子どもが登場することはありますが、会話の中心にはなりませんし、注目の的になることもありません。HSC にとっては生活しやすい環境です。

オランダの親は、夜の 7 時以降は外出しません。これは社会常識のようなもので、赤ちゃんや小さな子どものいる親が、夜のパーティーに誘われることもありません。オランダでは、親が家にいて、子どもを寝かしつけるものと考えられています。

仮に学校で、夜に行事がある時でも（そのようなことはまれですが）、次の日の授業はいつもより遅く始まり、子どもたちはゆっくり眠れるようになっています。この点でも、HSC の必要としているこ

とが自然に行われていて、自分は普通なのだと感じることができます。

オランダがいいというわけではありませんが、あなたの社会の常識が全てではなく、いろいろな環境があるのだと心にとどめておいてください。

■「いないいないばあ」が、過剰な刺激源になることも

親は、「物」が赤ちゃんに刺激を与えたとは分かっても、自分自身が刺激になっているとは気づかないことがあります。しかし、特に起き上がって反応するような年齢になると、そういうこともあります。

母子関係の専門家、ダニエル・スターンは、長年にわたって乳児を観察し、その過剰な刺激源についての豊富な例を得ました[*47]。例えば、母親がいつも息子の前で「いないいないばあ」をしていて、本人は過剰に興奮して不快感を覚えているのに、母親だけがそれに気づいていないケース。息子は母親と目を合わせないようにし、顔を背けることで、その場をしのぐすべを覚えました。顔を背けて目を閉じ、耐えるのです。

歩けるようになると、部屋から出ていき、そのうち人を避けるようになることもあります。また、母親からの刺激を避けずに、無理に合わせるようになった乳児もいました。母親が何をしても、虚空をじっと見て、ただ受け入れるのです。HSCが常に過剰な刺激にさらされていると、この種の反応を見せることがあります。

スターンは、親が過剰な刺激源になってしまうのは、子どもへの不満や、コントロールしなくてはと思う気持ち、親が敏感でないこと、反対に子どもに拒否されるのに敏感なことなど、さまざま要因を挙げています[*48]。私は、これ以外にもう一つ、子どもが敏感だと気づかないのも原因だと考えます。特に、上の子が刺激好きなタイプの子の場合はなおさらです。

泣く、顔を背ける、うつむく、目をきつく閉じる、虚空を見つめる、

苦しそうな表情を浮かべるなど、典型的な不快のサインが分かれば、子どもへの過剰な刺激を避けられます。子どもを、敏感なひとりの人間だと考えてください。ひとりでいたい時と、誰かのそばで安心したい時と、バランスを取る必要があります。一つ満たしてから、もう一つ満たすように、子どものペースに合わせて順番に解決していきましょう。

ただし、過保護にならないように気をつけましょう。敏感だからといって、真綿で包むように育てる必要はありません。多少のストレスを受けていると、軽いストレスにはそれほど反応しなくなるというデータもあります[*49]（ただし、すでに強いストレスを受けている場合は別です）。回復力を育むには、「適切な」量の刺激と課題を与えることが大切です。

そして適切な量を知るためには、常に子どもに目をやり、何を受け取って、何を学んでいるかを把握しておくことです。しばらくは刺激で不快な思いをするかもしれませんが、やがて子どもは、その経験を楽しみ、興奮しないようになっていきます。

■「眠らない」「すぐに目を覚ます」子のほとんどが HSC

生後6カ月頃になると、HSC の多くは、非 HSC に比べて眠りにくい、すぐに目を覚ます、といったことが起こります。これは、HSC がいろいろと気がつくようになり、自分にかまってほしくて周りの注意を引こうとするからではないかと私は考えています。

ある小児科医が見ている乳幼児のうち、約25パーセントが、夜じゅうぶん眠ることができず、そのほぼ全てが HSC だということも聞きました[*50]。

正常な睡眠とは何でしょうか。もちろん年齢によって変わります。

一般的には、眠れない時期を経て、よく眠れるようになっていきます。生後5カ月では、夜の12時から翌朝5時までの間に目を覚ますこ

とが、週に3回以上ある子はわずか10パーセントです。でも、生後9カ月では、この数字は20パーセントに増えます。その後は、しっかりとした睡眠が取れる子どもの割合が増えていきます。

過剰な刺激が睡眠障害の原因になることが多いので、日中に刺激を受け過ぎたか、眠る前の音や刺激が強過ぎるのか、眠れても家の中がうるさくて起きてしまうのかを見極める必要があります。

私は赤ちゃんをひとり泣いたままにして眠らせようとするのは、よくないと考えています。おそらくひとりにされた危険に、本能が反応して泣いているのでしょう。この反応を自分で抑えるのは、赤ちゃんには難しいことです。

でも、時にはなだめることが過剰な刺激になるため、眠らせるには部屋を暗くして泣いたままにさせておくしかない場合もあるでしょう。これは子どもによっても、その時々でも変わります。実際、1971年のある夜、私は「泣かせておく方法」を実行して、その結果、もっとよい方法を発見しました。

生後6カ月の頃、私の息子はなかなか眠らず、眠ってもすぐに目を覚ましてしまうので、睡眠不足から親子で疲れ果てていました。ある夜、私たち夫婦は、息子をそのまま泣かせておくことにしました。たまたま華やかなガーデンパーティーを開いていた夜で、地主さんが、「あなたたちの子どもはいつもいい子だけれど、今日はひどく泣くから、パーティーが台無しだ」と、部屋まで苦情を言いに来ました。

さて、どうしよう。パーティーをあきらめてもらおうか、それとも私たちが作戦を中止して、息子に「泣いたところで何も変わらない」と教えるか……。考えたあげく、「息子に毛布をかけて、音を遮断する」という、学者にあるまじき極めて原始的で独創的な方法を思いつきました！　もちろん、呼吸のための穴をあけておきます。息子はすぐに眠りにつきました。

それから私たちは、息子が眠るための小さなテントを作りました。

アルミ製のポール4本の端をつぶして平らにし、ドリルで穴をあけ、上端を4本まとめてボルトで留めます。下端は、1メートルぐらいに広げ、側面にネットを張り、中にふんわりしたマットレスを敷きました。

息子を中に寝かせてから、さらに毛布をかけます。その毛布は、息子にいつも同じ模様が見えるようにしました。空気がたくさん吸えるように、すき間を空けておきます。このテントに入れば、外の音はほとんど聞こえませんし、明かりも届きません。隔離されたと感じて安心できます。息子はこのテントが気に入ったようで、スヤスヤと眠るようになりました。

私たちは、息子がいつもこの小さな空間で眠れるよう、テントをどこへでも持っていくようにしました（この年はヨーロッパ中を移動しました）。

これまでは特にホテルで泣いて大変だったのですが、テントの中ではぐっすりと眠りました。3歳になって普通のベッドに移るまで、毎晩このテントを愛用していました。息子が大学生になって自分の部屋をデザインした時、就寝用のテントを据え付けたのには驚きました。

■ かまうと泣く子は、父親が抱っこするのも得策です

睡眠障害が長引く場合には、小児科医が軽い睡眠薬を勧めてくることがありますが、代わりに温かいカモミールティーを飲ませるのはどうか聞いてみましょう。エミリオ（ベビーサークルを自分の世界にしていた男の子です）は、なかなか眠りにつけない時期がありましたが、カモミールティーが効いたようです。前述のソルター博士は、子どもを眠らせるには、親が抱いて腕の中で泣かせておけばいいと言います。そうすれば、すっかり落ち着いてスヤスヤと眠る子もいます。

ただし、活動的エネルギーの高い子や、喜怒哀楽の強い子が、感情面での刺激を過剰に受けている場合は、抱っこされて母乳の臭いがす

第6章 乳児期　233

るなど、かまってもらえると分かると、さらに興奮してしまうことがあります。乳離れしていない子に、余計な刺激を受けさせないためには、父親が抱っこするのも得策です。ソルター博士によれば、父親といていっそう泣くような場合は、子どもは安心して自分の感情を出しているのだそうです。

◆生後６カ月〜１歳の子育てのキーワードは、 愛着、同調、自己コントロール

　６〜10カ月頃の赤ちゃんは、知らない人に抱っこされると嫌がるなど、人見知りするようになります（HSCには、最初からそういう子もいます）。これは、用心システムのスイッチが入ったためです。HSCは、このシステムが強く機能します。

　子どもは、新しい状況や人に出会った時、過去の記憶と照らし合わせて、安全な体験と同じか、似ているかなど、リラックスしていいと判断できれば進む決断をします。どう反応したらいいか知りたくて、これまで以上にあなたを見るでしょう。

　ハイハイや、歩けるようになると、親と子は、主に表情でコミュニケーションを取るようになります。例えば、台の半分を透明ガラスにした、見せ掛けの断崖を作り、そこを幼児が前に進むかどうか観察する実験では、大抵の子は、親が笑顔を見せれば進んでいきます。眉をしかめれば進むのをやめます。そこにいる他の人の顔ではなく、母親の顔を見ます。誰が自分の面倒を見てくれる大切な人なのかを分かっているのです。子どもは親である「あなた」に、愛着を示しているのです。

　この時期は、限られた信頼できる相手以外には、警戒心を抱きます。

子どもは、養育者と一緒にいて、何が起きそうか、それはよいことか悪いことかという、メンタルモデルを構築していきます。養育者が柔軟な対応をしてくれない人でも、その人の行動を予測できるまでに慣れていき、子どものとって唯一の「世話をしてくれる人」になるのです。

赤ちゃんと、世話をしてくれる特定の人との結びつきを「愛着（アタッチメント）」といい、そのあり方を「愛着のスタイル（アタッチメントスタイル）」といいます。愛着のスタイルにはさまざまな形があります。

◆1. 愛着 (アタッチメント) ——心から頼りにできるという安心感

子どもは一人ひとり、近くにいる人に何を求めるかというメンタルモデルを築いています。このモデルは乳児期に構築され始め、いったんでき上がると簡単には変わりません。生涯にわたって気持ちのあり方を左右し、友情や結婚にも影響を与えます。世の中を楽観的に見るか、悲観的に見るかも変わってきますし、心や体の健康にも影響します。

ここで愛着について取り上げるのは、HSCは非HSCよりも、愛着が安定しているかどうかの影響を受けるからです。子どもの約40パーセント（ということは、大人も同じ率）が、安定した愛着を得られていません。私の調査では、この割合はHSPに多いわけではありませんが、愛着が不安定だった場合は、その影響をより強く受けてしまいます。

第2章で見てきたように、HSCは、大人との愛着で安心感を得ていれば、初めてで刺激の強い状況でも、警戒心は見せるものの、非

第6章 乳児期　235

HSC に比べて特別大きなストレスを受けるわけではないようです。

でも、愛着が不安定な HSC の場合、刺激の強い状況におびえるだけでなく、脅かされます。これは無理もないことです。愛着とは、危険かもしれない新しいことに直面した時、安全で適切な判断をするためには誰に頼ったらいいかを教えてくれるものだからです。

HSC は、わずかな危険の臭いも感じ取りますから、まずは安全だと思えることが必要です。安定した愛着が得られていない HSC が、世の中に出て新しい出来事に出合うたびに、「自分は誰にも頼れない。たぶんうまくいかないだろう」と感じることは、簡単に想像がつきます。何もかもが怖くて、絶望してしまう状態です。

これは、「よい子ども時代を過ごした HSP は、非 HSP に比べて、特に不安や抑うつになりやすい傾向はないが、つらい子ども時代を過ごした HSP は、非 HSP よりもその傾向が強い」という私の研究結果を裏付けるものです。乳児期に安定した愛着を得られることは、HSC が健やかで幸せな大人になるために不可欠です。

■ あなたの愛着スタイルは、何型？

想像に難くないと思いますが、安定した愛着が得られていない親に育てられた子どもは、不安定になりがちです。主に親をロールモデル（手本）としているからです。でも、そのことが分かっていれば対応ができますから、自分のアタッチメントスタイルを知ることが大切です。次の説明を読んで、自分がどのタイプに当てはまるかを考えてみてください。

アタッチメントスタイルは、大きく「安定型」と「不安定型」に分かれます。

安定型は、人に好かれ、世話されることを期待します。誰かのそばにいると安心し、世界とうまく関わっていくことができます。自分の近く、あるいは心の中に愛に満ちた穏やかさがあり、そこから他の誰

かとつながりを持ち、親しくなっていくのです。

　不安定型には2つのタイプがあります。一つは「不安支配型」。このタイプは、子どもの頃は、人にべったりとくっついて、ひとりになることを怖がります。大人になると、嫌われて捨てられることを恐れ、親しい人との関係について常に気に病むようになります。この型は、親が一定の愛情を注げなかったことによってできます。「この前は必要なものを与えてくれたけれど、今回は与えてもらえなかった」という経験を経て、常に愛情を受け続けることに執着するようになるのです。

　もう一つのタイプは、「回避型」です。これは、そばにいることを親に嫌がられたり、育児放棄や虐待、攻撃や過剰な刺激を与えられたりしたことで作られます。

　回避型の赤ちゃんは、親との接触を最小限にします。いつもトラブルの兆候はないか気を張り詰め、どうしたら必要なケアを得られるかばかり考えているので、リラックスして外の世界を見ることができません。できる限り自分で解決しよう、できるだけ感情を隠そうとするようになっていき、誰かと親しくなったり、頼ったりするのを避ける大人になります。

■ 柔軟で温かく、行き届いた養育者が必要です

　HSCは、用心システムの働きにより、あらゆることに気づいて警戒するので、なかなか安心することができません。HSCには、親の不安やストレスではなく、子どもの気持ちに合わせた、柔軟で、注意の行き届いた子育てが必要です。一方、非HSCは、世話をしてくれる人の行動にあまり左右されません。

　HSCの親の多くは、ごく自然に、人一倍の世話をしようとしているようです。あなたもそうでしょう。ですから、「安定した愛着を得ている」子どもが多いのですが、それでも見落としがちな点がいくつ

第6章 乳児期　237

かあります。

まず、特に最初の1、2年は、HSCを2時間以上、養育者から離さないようにしましょう。ベビーシッターを雇う場合も、ずっと同じ（もちろん適切な）人に頼むようにします。人類、いえ、全ての哺乳類は、メインの養育者から引き離されると、食べ物や住む所があっても、生きていくことができません。

極端な例ですが、生後すぐに群れから離されたサルは、成長しても、仲間を作ったり子どもを育てたりすることができず、哺乳類によくある相手への威嚇だけでは済まず、どちらかが死ぬまで争う傾向があるようです。自分の体を傷つけたり、頭を打ちつけたり、過食をするなど、自傷行動も見られます。短期間だけ、母親から引き離されたサルの場合は、よほどのことがない限り行動は正常ですが、ストレス下に置かれると、生物学的、行動学的に不安定になります。

安定したHSCに育てるには、親や身近な人のストレスをできるだけ減らすことです。食糧が手に入りにくく、ストレスを抱えた母ザルに育てられると、幼い頃は全く普通に見えますが、大きくなると、服従的で怖がりで、誰かにすぐ執着するような面が出てきます。また、親から引き離されたサルと同様、不安や抑うつの兆候を見せ、神経科学的にも脳に変化が起きていることが分かっています。「卑屈になる」というアタッチメント・スタイルができているのです。

最後に、繰り返しになりますが、HSCは特に、柔軟で温かく、行き届いた養育者が必要なことが明らかになっています。[*52]「柔軟な対応」が必要だということです。いつも怒っていたり、疲れていたり、心ここにあらずの母親のもとでは、HSCは安定感が得られません（非HSCの場合は、それほど影響を受けません）。

では、次のテーマの「同調」について見ていきましょう。

◆2. 同調 (アチューンメント) ──理解し共感し合う

　生後６カ月〜１歳児にとって、重要な２つめが、「同調（アチューンメント）」です。これは、「愛着（アタッチメント）」に深く関わり、大きな研究対象となっています。[*53] 同調とは、子どもの興奮、不安、喜びなどの感情を、親が理解し共感していることを表現して返すという、直感的な相互作用です。赤ちゃんと親との間には、静かな時も、初めての場所や人の前で両親に意見を求める時も、１分間に１回といった頻度で、この同調が行われます。

■「ママは分かってくれている」そう思える瞬間が大切

　同調はどの年齢でも重要ですが、生後半年から１年の間は特別な意味を持ちます。９カ月頃になるまでは、子どもが笑えば親も笑い、甘え声を出せば甘え声で返すなど、子どもの表現に親は同じように返します。その時期を過ぎると、子どもと違う表現方法をとるようになっていきます。子どもが気持ちを表情に浮かべれば、親は声で返す。その時、子どもの表情の強さと感情のタイプに合わせた声を出します。

　もっと大きくなって、手を振ったり笑ったりできるようになると、「そうね。楽しいね」と、子どもが体を動かすエネルギーと同じ強さの言葉で返します。赤ちゃんが興奮してキャーキャー叫ぶと、親は、「はい、はい、そうだねー、分かった、分かった」といっぱいうなずくでしょう。つまり、そのまままねをするのではなく、強さ、持続時間、エネルギーのパターン、リズムや拍動に同調しているわけです。

　同調によって、親が本当に「この場」にいるかどうかを子どもに伝えることができます。ですから、同調は、愛着に影響を与えるのです。同調しない養育者は、不安や苦痛にすぐに気づいてくれないことがあり、子どもはなかなか安心感を得られません。

　このように、子どもの表現とは違った形で返すことで、「行動」を、

第６章　乳児期　239

ただおうむ返しにしているのではなく、同じ「思い」を抱いているのだ伝えることができます。「ママは今、自分のことを分かってくれている」と感じられるのです。

この短くも重要な瞬間を、ダニエル・スターンは「相互共有（interpersonal communion）」と呼んでいます。[*54]相手の行動や考えを変えようとせず、ただその人の経験を共有するという意味です。[*55]スターンは、幼児が「感情を人と共有できる」という感覚を養ううえで、この時間が不可欠だと考えています。この感覚が持てれば、同調が得られない時は相互共有ができていないのだと分かるようになります。

■ 同調してもらえないことも、一つの学びです

同調は普通、子どもも母親も全く気づかないうちに行われます。でも、ある研究で、母親に、乳児の感情とは違う強さのレベルで反応してもらったところ、赤ちゃんはすぐにその感情表現をやめ、「何かあったの？」とでも言いたげに母親を見つめてくるという結果が出ました。

大半の親は、この「ずれた」反応はやるほうも難しく、子どもを落ち着かなくさせることに気づいています。

どんな親も、同調しない時があります。他者の経験を完璧に理解して反応できる人などいません。そして、時々は、子どもの興奮レベルを変えるため、わざと同調せず、なだめたり、反対に興奮させたりすることもあります。さらに、同調したり、しなかったりすることで、親が子どもにやめてほしいと思うことや、希望していることを伝えることもできます。例えば、体を汚す、おもちゃを投げる、マスターベーションなど、親にとっては望ましくない行為で興奮している時、あえて同調しないことで、どのような感情なら受け入れられ、共有されていくのか、どのような感情は受け入れられないのかを、子どもに知らせていくのです。

HSCは、親から同調されにくいところがあります。

第1の理由は、親はもっと強い子に育ってほしいという思いから、子どもの苦痛や不安にじゅうぶん向き合えない場合があるからです。でも、そうしていると、子どもは「苦しみや不安はあまり表現しちゃいけないんだ。他人に分かってもらえない感情なんだ」と思ってしまいます（特に男の子はそう思いがちです）。不安や苦痛は「受け入れてもらえないもの」になります。かといって、ひとりで対処するのも大変です。

第2に、HSCは幼い時から、親の失望や不当な扱いに影響されやすいので、静かで従順な行動ばかり認められると、親の顔色を見る子になります。子どもが興奮していたら、たとえそれが望まないものでも、むやみにつぶしてしまってはいけません。子どもに「だめだよ」と言う時は、その子が反論したり怒ったりするなど、自分の気持ちを外に出せるようにしておきましょう。

ただし、HSCの親が、子どもにきちんと同調していないという意味ではありません。むしろ、しっかり同調している時がほとんどですし、完璧ではないにしても、じゅうぶんな程度にはできています。でも、こういった相互作用を知っておくことで、もっと行き届いた柔軟な子育てができるようになります。

うまく同調できないと感じている場合には、集中できない原因、あるいは余裕がなくなってしまう原因を解決し、ただ子どもに反応するだけでなく、子どもの反応を引き出していきましょう。

▌子どもがひとりになりたがっている時

ここまで、愛着と同調の話をしてきましたが、「赤ちゃんとずっと一緒にいなくてはいけない」とは決して思わないでください。ひとりになることで、自分を認識でき、バランスを取り戻すことができるのです。[*56]

HSC は、何事も深く徹底的に処理するので、この再構築の時間が
たくさん必要です。HSC は、ひとりになりたいサインを出してきま
すから、それに同調するといいでしょう。愛着の安定性は、一緒にい
る時間の量によって決まるのではなく、子どもの気持ちにどれだけ応
えられるかによって決まります。子どもがひとりになりたがっている
時には、ひとりにさせましょう。そうすれば、愛着がいっそう安定す
るでしょう。

ひとりになると、別の面でも安定性が高まります。それは、子ども
にとって、親がいない所でも、いてくれると感じる機会になるからで
す。何かしてほしいと泣けば、誰かが気づいて助けてくれることを学
んでいきます。子どもが「足りない」と感じる前に親が与えてしまう
と、学びの機会を奪うことになってしまいます。

◆3. 自己コントロール (セルフコントロール) ──適切な行動を選ぶ力

生後6カ月から1歳の HSC にとって、3つめに重要なのは、自己
コントロールです。自己コントロールとは、どの感情で行動するかを
選ぶ力のことです。この力は10カ月頃から発揮され始め、人生を通し
て育まれていきます。親の反応に同調して、おなかがすいてもすぐに
泣かないほうがいいとか、出されたものを全部食べなくてもいい、外
が騒々しくても不安におびえてなくていいなど、どうすればうまくい
くかが分かっていきます。おそらく、自分に好き嫌いがあることや、
煩わしいと思っていたことが、いずれ楽しいと思えるようになること
も分かっていくでしょう。

HSC には特に、自己コントロールが重要になります。自分をコン
トロールできれば、用心システムや、冒険システムの力が強くても、

それに振り回されなくて済みます。「初めてだからちょっと怖いけれど、前に進んでもいいだろう」、あるいは、「前に進みたいけれど、ちょっと様子を見よう」といった選択ができるようになるのです。そうすると、生き方が柔軟になります。柔軟になればなるほど、人生は豊かになります。

　自己をコントロールできるとは、HSC の特性である「慎重さ」もコントロールできるということです。そうすれば、「慎重」にはなっても「不安」になることはありません。

▌親のサポートが、大きく影響します

　HSC は、幼児期の知覚の感受性が高く[*57]、自己をコントロールする力が生まれつき強いというデータもありますが、親から学ぶ部分もあります。親が刺激への対応を教えたり、同調せず、「そのような反応は受け入れられない」と伝えたりすることで、子どもは学んでいけます。特に、用心システムと冒険システムをコントロールする力を育むには、こうした親の手引きが有効です。

　例えば、周りの音がうるさい時には、子どもの耳をふさいでやれば、次からはこうすればいいのだと分かりますし、子どもがウサギに触った時に、にっこり笑えば、このウサギはかまないから大丈夫と安心します。

　親の同調は、これほどまでに影響力を持つのです。同調を通して、子どもの自主性や探究心を伸ばしてやれば、用心システムが強くても、それによって行動を制限され過ぎずに済みます（特に敏感な赤ちゃんには、この方法で育てることをお勧めします）。

　逆に、子どもの自主性や探究心の芽を摘むような行動をすると（冒険システムが非常に強い場合は別ですが）、おそらく10カ月頃までには、それらを必要以上に抑え込んでしまうことになります。

　愛着もまた、自己をコントロールする力に影響します。親から同調

をほとんど得られないか、避けられてばかりだと感じている不安定な
HSC は、自己コントロールがうまくできません。特に、新しい状況
に直面した時には、自分をサポートしてくれる人はいないという思い
から、用心システムの力に負けてしまいます。

◆手がかかる子も、やがて大人になり、
   よき友達になる時が来ます

　どんな親でも、いつも完璧に対応して安心感を与えてやることはで
きません。時には、子どもがどうしたら眠るのか、なぜいつも泣いて
いるのかすら分からないこともあります。でも、それが分かった時、
あなたと子どもに、素晴らしい安心感が生まれます。子どもは愛情に
応えたがり、関係が育まれていきます。

　また、いつも完璧に同調できる親もいません。子どもが何を考えて
いるのか分からないこともあります。分かっていたとしても、疲れて
いて、分からないふりをしてしまう時もあります。自分の価値観や社
会常識に照らし合わせ、これは同調できないと判断してしまい、子ど
もをひどく感情的にさせる場合もあります。逆に、もし完全に同調し
てしまったら、「子どもは、独自の感情や感覚、自分の世界を持った
ひとりの人間である」ということを忘れ、自分の一部と感じてしまう
かもしれません。

　最後に、どんな親でも、周囲への対応や、自己コントロールに完璧
なお手本などにはなれません。特に、HSC の親は、過剰な刺激を受
けた子どもの反応に、どうしたらいいか分からなくなりがちです。

　赤ちゃんのうちは、たくさんのトラブルを起こします。特に HSC
は、他の子に比べて手がかかる面もあるでしょう。でも、覚えておい

てください。

　10年もたてば、小さな子どもは、小さな大人になり、きっとよき友
達になってくれます。ですから、今から、大切な友人として接しまし
ょう。将来、赤ちゃんが生まれた最初の1年を、いとおしく、懐かし
く思い出し、そして自分の子として生まれてくれたどんな子も抱きし
めようと思える日が来ると思います。

　この時期に得られた愛情と結びつきは、あなたにも子どもにも、生
涯にわたって大きな力を与えてくれます。ですから、この時間を満喫
して、子育てを楽しんでください。

第7章

幼児期（家庭生活）
育児の悩みを乗り切り、
無理なく生活習慣を身につけるには

この章では、1歳から5歳までのHSCに注目します。

まずは、「1.変化への対応」「2.刺激を減らす方法」「3.強い感情への対処」という大きな3つのポイントから、服や食べ物の選び方、睡眠、車に乗る時の問題などを取り上げ、具体的な解決策を提案します。1、2歳児のHSC特有の問題にも触れていきます。

◆初めての食べ物、習慣の変化、下の子が生まれた……
　〜日常のさまざまなことが、トラブルのもとに

ご存じのとおり、HSCのトラブルは主に、過剰な刺激や興奮です。そして、家庭での刺激で最大なのは「変化」です。

食べたことがない物を出された時、日々の習慣を変えられた時、いつもより長く待たされた時、遊び時間から食事や就寝の時間になった時、あなたに代わってシッターが世話をするようになった時、妹や弟ができた時など、変化はさまざまな形でやってきます。そしていつも、子どもは抵抗し、苦しみます。言うまでもないことですが、びっくり

することや、計画の突然の変更は、HSCにとって大きな苦痛です。新しいことへの挑戦も同じです。

◆１．変化への対応 ——敏感な子の気持ちになって

変化に対応するためには、刺激を処理しなくてはなりません。子どもの立場になってみれば大変です。AがBに変わると、Aに合わせて構築してきた脳の処理プロセスを、Bに合わせて再構築していかなくてはなりません。そのBが新しいことならなおさらです。

変化には、慣れていること（人、場所、行動、物など）から別の慣れていることへの変化と、慣れていないこと（新しいことや予想外のこと）への変化があります。前者を「移行」といい、後者を環境変化への「適応」、あるいは「対処」と呼びます。

子どもが目新しいものを追い求める性格（HNS＝新奇追求型）で、新しい経験が好きなタイプであっても、「適応」は簡単ではありません。実際に変化に直面してみると、想像したものより刺激が大きかったという場合もありますし、どんな時でも、HSCは危険がないかどうか、自分にできるかどうか、楽しいかどうかを確かめてからしか行動に移せません。

▌親が刺激から守る必要があります

アリスはまだ３歳ですが、自分の好き嫌いをはっきり伝えます。変化が苦手で、同じイスに座り、同じ服を着て、同じ食べ物を出されて安心します。知らない人が家に来るのが好きではなく、特に自分に触ってくる人は苦手です。知らない人に目をのぞきこまれるのも嫌がります。

第７章 幼児期（家庭生活） 247

母親は、アリスが他の人を受け入れられるよう、手をメガネの形にして顔の所に持っていくという方法を考えました。これがアリスなりの気持ちの表現であり、人から目をのぞきこまれないようにする効果もあります。

幼稚園に通い始めた時、最初の4カ月は全くしゃべろうとしませんでした。でも、家では、いとこや近所に住む友達、家族との会話を楽しみ、冗談を言ったり、歌ったり、パフォーマンスまで披露しました。

アリスは、自分が驚いたり、不快な思いをしたりしなくても済むよう、用心するすべを身につけてきました。他の人がどう思うかを先回りして考え、他の子が何か悪いことして罰を受けているのを見ると、自分は決してしません。誰かが大人から「ひざの上に座らないか」と言われていても、自分は嫌だとはっきり言います。かんしゃくを起こすことはなく、とても「大人びた」子で、自己主張はしっかりできます。母親は、「年齢の割りに賢い」子と言います。

HSCの中にも、アリスのような子もいれば、意志が弱い子、外向的な子、とさまざまなタイプがありますが、敏感で、「変化が好きではない」という点は共通しています。HSCはすでに、多くの変化を体験しています。

赤ちゃんの世界から家庭へと放り出され、その先には保育園や幼稚園も待っています。あっという間に大人のように歩いたり話したりできるようになり、時には非HSCよりも器用にこなすこともあります。でも、この刺激の多い世の中への対処は、まだまだ大人のようにはできません。

たとえ苦手でも、変化には対応しなければなりません。日常生活は、起床して、学校や仕事に行って、帰ってきて、眠る、というなだらかな移行の連続ですし、世の中や自分の周りで予期せぬことが起こることもあります。その対応を身につけておかなくてはなりません。まずは、一般的なポイントを見ていきましょう。

親が知っておきたい、9つの心得

(1) まずは「変化が苦手」という理解から

変化が苦手なのは、子どもだけではありませんし、異常なことでもありません。例えば、ランドールは、おむつが取れるのも、哺乳瓶を卒業するのも、平均より遅く、何とかなだめて次のステップに進みました。エミリオもベビーサークルから離れませんでした。アリスも新しい服が苦手です。どのような変化にも刺激があります。

HSC はたくさんの情報を受け止めるので、「これは初めてのことだ」というだけで、刺激も強くなります。初めての食べ物は、ただ初めてというだけではなく、初めての味、初めての香り、初めての食感です。電気を消してひとりで眠るのは、本を読んでもらいながら眠るのとは、全く違う体験になります。

(2) 時間はかかっても、大抵のことはできるようになります

例えば、新しい服でも、2、3日ベッドに並べて慣れさせれば、その服を着るようになるでしょう。もちろん、変化の内容によっては、なじむのに何年もかかる場合もあります。アリスはバニラアイスと温かいチョコレートソースのどちらも大好きですが、2つを一緒にすると食べません。でも、すぐには無理でも、10歳まで食べられないままということはないはずです。

(3) 問題の原因は、体の不調ではないか考えてみましょう

体に異常がなく、休息や栄養もじゅうぶんに取れて元気かどうかを確認することが大切です。

この年齢では、問題行動の原因はほぼ全て、疲れや空腹、風邪を引いた、耳が痛い、アレルギー反応、暑過ぎる、寒過ぎる、のどが渇いたなど、身体面の不調にあるといってもいいでしょう。子どもはすぐに体調を崩しますし、HSC は非 HSC に比べて、その影響を強く受け

第7章　幼児期（家庭生活）　249

ます。体調によっては、変化に対応できないこともあります。

健康と身体能力を維持するには、外で過ごし、運動することです。縄跳び、マットレスや低いトランポリンでのジャンプなど、関節を圧迫する動きのある運動を勧める専門家もいます。こうした運動をすることで、自分の体のことが分かっていくそうです。

⑷ 不機嫌な時は、まずはストレスを取り除く

気分がよくなるまで待つか、楽しい話をしたり、ゲームや散歩など、何か好きなことをさせたりして、気分転換を図りましょう。

⑸ まだ幼い子どもだということを忘れずに

HSC は大抵、大人びていて年の割りに賢く見えるものですから、親は、本当は体も心も子どもであることを忘れてしまいがちです。この年齢の子は、状況が変化した本当の原因を理解できません。

例えば、「パパが 1 週間帰ってこないのは、自分が悪いからだ」とか、「飼いイヌが死んでしまったのは、自分のせいだ」などと、勝手に思い込んでストレスを増やしていることがあります。頭の中で想像したことと、現実との区別がなかなかつかず、「思い込み」や「想像」の影響を人一倍強く受けます。

それから、変化とそれに伴う感情が、いずれ消えることも分かっていません。母親が出掛けて寂しいと感じると、母親がずっと帰ってこなくて、これからずっとこの気持ちが続くものと思ってしまうのです。前にも言いましたが、HSC は「これがずっと続くのではないか」という不安を強く感じます。

⑹ 期待しないぐらいが、ちょうどいい

子どもはすでに、親が自分に何を期待しているかが分かっていて、それに応えようとしています。期待しなければ、その必要がなくなり

ますし、あなたとの力関係を気にしなくて済みます。この点について
は、次のポイントで見ていきます。

⑺「子どもに選ばせる」のが、自信をつけるためのコツ

　自分が無力だと感じると、余計に過剰な刺激を受けてしまうもので
す。「ママは自由にできるのに、私はされるがままだ」などと、自分
が力のない人間だと感じることは、自我が芽生えた時期の子どもには
つらいことです。また、HSC は、「圧倒されると思うと、何もできな
い」と思ってしまうこともあります。

　自分に力があると思わせるには、まず、変化のタイミングや方法を、
子どもに選ばせることです。「電気を消すまで一緒に本を読む？　そ
れとも歌を歌う？」「ご飯の前におもちゃを片付ける？　それとも出
したままにしておいて、後でまた遊ぶ？」というように選択肢を用意
しておくのです。でも、選択肢を増やし過ぎてはいけません。この年
齢の子なら「1 回に 2 つ」にして、「スカートがいい？　ズボンがい
い？」と聞いてから「このスカートがいい？　それともこちらの？」
というように決めていきましょう。

　新しい食べ物や服に挑戦させる時には、特に注意しましょう。食べ
物や服は、体内に取り込んだり、身につけたりする物ですから、子ど
もの内面に極めて強い影響を与えます。押しつけ過ぎると、「自分に
はどうすることもできない」という無力感を起こさせます。できれば
いつも、「無理して食べなくていいよ」「嫌だったら着なくていいよ」
と言葉をかけて安心させましょう。そうしないと、子どもは強い不快
感を抱きかねません。「ママは、これをやってみたらいいと思う（け
れども無理してやらなくていいよ）」ということを伝えましょう。

第 7 章　幼児期（家庭生活）　251

⑻ 一つずつ、優先順位を考えて

　一度にたくさんの変化を与えないようにしましょう。今月はベビーサークルを卒業してベッドで眠れるようにする、来月はおしゃぶりを卒業する、というように、一つずつにしていきます。

⑼ 失敗や、泥んこ体験が気持ちを楽に

　子どもが、「好きになれなかったらどうしよう」「うまくできない。間違えたかもしれない」と、結果にとらわれ過ぎているようだったら、「完璧主義」から抜け出せるようにしましょう。ゲームや遊びを通して、こんな方法もあるし、こんな結果になることもある。時には、あれこれ考えずにやって失敗してもいいし、迷いに迷って決められないままでもいい、と伝えましょう。
　「きれいにしなくては」「乾かさなくては」という心配をせず、水遊びや、泥んこ遊びをさせるのもいいでしょう。自由な発想で、楽しい方法を考えてみてください。ただし、弱点をからかったり、他の子と比べたりしてはいけません。

　日々の生活は、慣れた行動から別の慣れた行動への移行の繰り返しですが、それでも子どもはサポートを必要としています。そのためのスキルを身につけていきましょう。
　初めにも言いましたが、幼いHSCは、移行の際にさまざまな感覚を受け取ります。いつもと同じことも、HSCにとっては新しいことになります。夕飯の時、台所から今までかいだことのない臭いが漂ってくることもあるでしょう。また、ゲームに集中している時にやめなくてはならないこともあるでしょう。
　次にアドバイスを挙げますが、すぐにうまくいくとは思わないでください。子どもは、時間をかけて一つひとつできるようになっていきます。だから、あなたの手引きが必要なのです。

変化を負担に感じさせない、6つの工夫

(1) 残り時間を予告しておく

「あと5分だよ」「あと1分だよ」などと声をかけるか、タイマーや、ぜんまい仕掛けのおもちゃを使って、約束の時間が近づいていることが分かるようにします。そして、いよいよその時間になったら、「もうおふろから上がる時間だよ」「寝る時間だよ」と伝えましょう。

(2) 変わっていない点を伝えるのも効果的

「ミニカーを食卓に持ってきてもいいよ」などと声をかけ、できるだけ同じ環境にしましょう。新しいメニューを出す時には、「これもママが作ったご飯だよ」と、今までと変わっていない点を伝えるのも効果的です。「食事が終わったらゲームを続けていいよ」と言うのもいいでしょう。

(3) 「〜したら、次は〜しよう」と、見通しを立てる

例えば、「おふろから出たら、体を乾かして、ココアを飲んで、それから寝ようね」というように言えば、心の準備ができます。

(4) ユーモアも入れて、親子で楽しむ

例えば、寝室まで行き、牛の鳴き声をまねて、「モー！ お休み時間を知らせる牛が来ましたよ」というような方法で、子どもが楽しいと感じる雰囲気を作りましょう。

(5) ままごと遊びを利用する、という方法も

ドールハウスと、人形やぬいぐるみを使って、「パティは遊んでいます。でもご飯はできています。パティはどう思っているでしょう？ パティはどうしたらいいでしょう？」というように、遊びを通して働きかけるのも効果的です。

第7章 幼児期（家庭生活）　253

(6)「どっちがいい？」子どもに選ばせる

「ママに乾かしてほしい？　それとも自分でやりたい？」「眠る前に本を読む？　それとも歌を歌う？」など、選択肢を与えましょう。面倒に思えるかもしれませんが、次のステップに進めないという不安やリスクを減らすことができます。長い目で見れば、親の負担を減らすという面でも、子どもの自己肯定感を育てる面でも、とてもいい方法です。

◆2．刺激を減らす方法　──省エネモードで

　2つめのテーマである「過剰な刺激」は、変化によってだけではなく、疲労や興奮、騒音や視覚的情報によっても生じます。子どもは、セロトニン（神経伝達物質）というガソリンを満タンにした状態で一日のスタートを切り、出合うことの一つひとつを処理し、ガソリンを使いながら走っていきます（そもそも睡眠が足りない、体調がよくない場合は、ガソリンを満タンでスタートできません）。

　そこで大切なのが、ガソリンの使い方と、ガス欠の時の対応です。いくつかのアドバイスを挙げておきます。

(1) 最初のサインに気づきましょう

　サインは子どもによって違いますが、普通は、興奮する、イライラする、目をこする、動作が鈍くなる、機嫌が悪くなる、おなかがすいているはずなのに食べたがらない、などの反応があります。

⑵ あせりは禁物です

　大抵は、しばらくすれば元どおりになります。あせってしまうとうまくいきません。

⑶ 後のことを考えてセーブしましょう

　特に、買い物や幼稚園に行くなど、後に刺激の強い予定がある時は気をつけましょう。前章の、赤ちゃんの刺激を減らす方法も参考にしてください。

⑷ 刺激を和らげる、さまざまな便利グッズがあります

　郊外に行く時には虫よけスプレーを、花火の時には耳栓を、浜辺に行く時や、雪の日には、着替えを用意しましょう。

⑸ 子どもを見てくれる人にも、限界を伝えておきましょう

　そうでないと、子どもが戻ってきた時、すでにガス欠状態になっていて、歯医者に行くエネルギーが残っていない、などになりかねません。子どもの様子を聞いて、あとどれくらいエネルギーが残っているかを考えましょう。

◆3. 強い感情への対処　──気持ちを言葉にする

　敏感な感性は、あらゆることを受け取るのに感情の反応も伴います。考えれば考えるほど、反応は強くなり、複雑になっていきます。例えば、最初は不安だったことが、苦手になり、嫌いになる。反対に、他の人の反応が気になって、そのことのよい面を考えるようになり、好きになり始める、ということもあるかもしれません。

子どもと一緒にいる時、こうした心の動きに寄り添うことが大切です。その気持ちを想像してみて、「名前」を付けましょう（不安、愛、楽しみ、好奇心、プライド、罪悪感、怒り、悲しみ、失望など）。

　心の知能（Emotional Intelligence）に関する最新の研究によると、この名づけ作業には大きな効果があることが分かっています。名づけによって、自分や自分の家系が苦手な感情、拒否している感情に気づくことができます。大抵の場合、例えば、楽しみ、プライド、怒りといった感情には対処できるけれども、愛の表現は苦手だとか、不安や悲しみは拒否するというようなところは、家族の間で共通しています。

　子どもが泣きじゃくったり、叫んだり、震えたりしている時に、気持ちを聞いて対処するのは難しいかもしれませんが、ひとりぼっちだと感じさせないことです。「ショックだよね。腹も立つし、つらかったね」と言葉をかけましょう。

　強い感情をうまく受け入れることで、子どもは、自分の世界が崩壊したと思わなくて済みます。でも、その気持ちに親が感染し、一緒になって怖がったり、怒ったり、悲しみに圧倒されたりしてはいけません。腹が立っても、それを外に出さないほうが、親子ともによい状態になります。親が自分をコントロールできなくなってしまったら、子どもはもっと動揺してしまうでしょう。

　子どもの気持ちを受け止めながら、その気持ちは、ずっとは続かないのだと言いましょう。解決できる場合はそのことも伝えます。「足が気持ち悪いよね。ママも靴の中に砂利が入るのは嫌いよ。このぬかるみを抜けて、ベンチの所まで行ったら、靴を脱ごうね」

　解決できない場合には、「リボン型のパスタは好きじゃないよね。でも、これもパスタよ。いつも食べているのと同じ材料でできているんだよ。新しいパスタを買うまでは、これを食べよう」と言えば、気持ちをきちんと受け止めると同時に、「今はこうしなくてはいけない」という新たな現実を教えられます。

■ 目の前にいるのはギャングではなく、まだ幼い子ども

　感情を大げさに表したり、ごまかしたりして「親を操っている」ように見える時は、自分の前にいるのはギャングではなく、まだ幼い子どもだということを思い出してください。動揺してはいけません。本当に感情をごまかしているなら、そこには何かしらの原因があるはずです。それを見つけましょう。あるいは、なぜ子どもに不信感を持ってしまうかを考えてみましょう。

　この年齢の子どもは、強い感情を出しやすいことを覚えていてください。

　例えば、子どもとエレベーターに乗る光景を想像してみます。両手に荷物をいっぱい抱えているあなたの横で、まだ2歳の子が、「車のカギは僕が持つ！」と言いだします。その時、子どもは、エレベーターのすき間に気づきました。暗いすき間と、あなたの顔に目を向けたあと、カギを見ます。そして、「落としちゃだめだよ！」と言われるが早いか、子どもはニヤッとして、カギを魅惑の空間に落としてしまいます。

　この年齢では、ひどいことをしたとしても、親に反抗したくてわざとしているわけではありません。子どもにとっては一つの実験であり、親にとっては2歳の子どもと暮らす生活の一コマです。まだまだ小さい子、大人のような思惑もなければ、どう思われるかも分かるわけではありません。イライラしても広い心で抑えましょう。そうしないと、子どもは罪悪感で自分を責めるようになってしまいます。自分のせいで起こしたトラブル自体が、すでにじゅうぶんな罰です。

　今度、子どもが新しい長イスにインクをこぼしてしまったら、次の言葉を思い出してください。

「物は取り替えができても、人間はそうはいかない」

　これは私のおばの言葉です。おばは自分の子を含め、たくさんの子どもを育ててきた人で、私の子育ての先生です。

第7章　幼児期（家庭生活）　257

かんしゃくを静める、5つの魔法

(1) 親が落ち着けば、子どもも落ち着きます

　子どもはコントロールの利かない状態になっているので、まずは親が落ち着くことが大切です。反撃したいとか、あきらめてしまおう、逃げ出そう、という思いもあるでしょうが、大人のほうが長く生きているのです。自分の感情をコントロールし、子どもに学んでほしい対応を選べるはずです。一息ついて、深呼吸してから目的に集中しましょう。

　目的は、子どもとの距離を縮め、うまくやっていくことです。自分まで圧倒されて、子どもを脅したり、遠ざけたり、罰を与えたりしていては、距離を縮めることはできません。動揺させるだけです。

(2) 話す時は、優しく静かなトーンで

　言うことを聞かせる時、場所を動いてほしい時は、優しくしましょう。決して、ぐいと引っ張ったりしてはいけません。

　また、話す時は静かに、どなったりしてはいけません。過剰に反応せず、落ち着いて行動しましょう。こういう時にはどんな言葉も伝わりません。言葉よりも、どんなトーンで話すかのほうが大切です。「とても怒っているんだね。どこかに行って話そうか」と、今の感情を言葉にしてみましょう。

(3) そっとしておくか、なぐさめるかは、子どもに合わせて

　明る過ぎない静かな部屋に行きましょう。ひとりになって心を静めたいか、一緒にいてほしいのかを聞いてみて、望むなら一緒にいるようにします。抱っこしてほしいなら、そうしましょう

　そのうち落ち着いてきますから、しばらく泣かせておくのも方法です。子どもがイライラして泣いているなら、「腹が立つね。分かるよ……」と声をかけましょう。

⑷ **何をしても効果がなければ、他の原因を探しましょう**

　過剰な刺激の他に原因があることも多いです。あなたの感情を振り返ってみましょう。この年齢の子どもにとっては、親の感情も大きな刺激になります。あるいは、かんしゃくを起こすことで注意を引こうとしているのかもしれません。うまくいかなくて動揺しているのを隠すために怒っている可能性もあります。子どもの目線に立って、考えてみましょう。

　「ママに話をもっと聞いてほしいの？」「おもちゃを持っていくことができないから怒ってるの？」「ジョージがたたいてくるの？」「ママが言ったことを気にしてる？」「家に帰る準備ができたところ？」と聞いてみましょう。

　質問は一度に一つ。答えをせかしてはいけません。自分で答えるまで、次の質問はしないようにしましょう。正しい答えを引き出すよりも、よい状態になるほうが大切です。子どもは考え始めています。もう泣いてはいません。

⑸ **予防こそが最善の策です**

　かんしゃくを起こしそうなサインに注意して、事前に防ぎましょう。散歩に連れていってもらえない、待たされる、思いどおりに食事が出てこない、自分でドアのカギが開けられないなど、何が引き金になるかを把握しておき、その事態を防ぎましょう。

　ただし、これは子どもの言いなりになることとは違います。成長すれば、自分でコントロールできるようになります。イライラしても、ある程度、抑えられるようにならなくてはなりません。でも、子どもはそのスキルを学んでいる途中です。親に全てをやってもらっていた赤ちゃんの頃から、あまり時間はたっていないのです。

第7章　幼児期（家庭生活）　259

ぐずりが長引く時の、7つの処方箋

(1)「子どもに悪気はない」と自分に言い聞かせる

　子どもは、わざと親を拒否したり、操ったり、傷つけようとしているわけではありません。ただ圧倒されているだけです。落ち着くのが難しいなら、休憩を取りましょう。しばらく離れたほうがいい場合もあります。できれば、自分を外に連れ出してもらえるよう、誰かに頼みましょう。

(2) 目先を変える、気分転換を図る

　水を飲む、歩く、外で遊ぶ、昼寝などをさせて、気分転換を図りましょう。ふろに入る、音楽を聴く、粘土遊び、水遊びなどをさせるのもいいですし、背中をマッサージしたり、体を揺らしたりなど、単純な反復運動や、深呼吸をさせるのもいいでしょう（幼児でもできるようになっていきます）。これは、甘やかしではなく、強い感情をクールダウンするための作業です。その後で、何が起こったか、何がいけなかったのかを話し合いましょう。

(3)「だめなことはだめ」と、ルールを曲げない

　変わらない態度が安心感を与えます。ルールを説明し、それを守るための柔軟な方法を見つけましょう。例えば、「腹が立つのね。でも、人をたたいてはだめよ。そのかわり、たたきたくなったら『ママのこと嫌い』と言ってもいいよ」と言うのもいいでしょう。子どもがたたいてきたら、まずは落ち着き、それからその手を持って、優しく、でもしっかりと「たたいてはだめよ」と言いましょう。

(4) 怒るのではなく、一緒にどうしたらいいをか考える

　幼い子にしつけをする時には慎重に、落ち着くのを待ちましょう。強い刺激のせいでかんしゃくを起こしているなら、子どもも心を痛め

ているはずですから、しつけの必要はありません。このようなことが起きないよう、どうしたらいいかを2人で話すといいでしょう。繰り返すようなら、コントロールできない他の原因があるのかもしれません。

⑸ タイムアウトも、一つの方法です

ただし、罰としてひとりにするのではないことをはっきりさせておきます。他の子には有効でも、HSCにはストレスが強過ぎることもあります。普通は、子どものそばにいるか、抱いてやるほうがいいでしょう。でも、時にはひとりにさせるほうがいい場合もあります。その際、子どもが「これは罰ではなく、気持ちを静めるための方法だ」と理解できることが大切です。

「ソファで気持ちを静めましょう」「ひとりになってみる？ ママとここにいる？ それとも自分の部屋で遊ぶ？」と声をかけましょう。

⑹ 長い目で見ましょう

この時期に、泣くことやかんしゃくが許されてきた子どものほうが、成長した時、より自信にあふれ、問題も少ないようです。[58]

⑺ 子どもの味方であることを忘れずに

かんしゃくを起こしているのは、ただ疲れているからだけではありません。「何か」を求めているのです。自分の気持ちを他の形で表すにはどうしたらいいかを話し合い、どうしてほしいのかを尋ねましょう（家と外とで対応方法を変える必要もありますから、その点は確認しましょう）。

第7章 幼児期（家庭生活）　261

■ 攻撃してくるのは、追い詰められている証拠

　HSC は、他の子に敵意や怒りを向けることは、あまりありませんが、私がインタビューした親の中には、そのような例もわずかながらありました。感情が激しい、順応性が低い、こだわりが強い、活動性が高い、イライラしやすい、といった気質を持った HSC もいます。そうでない子でも、けんかや暴力を目にしているうちに、「誰かが自分に過剰な刺激を与えようとしたり、境界に入り込んだりしたら、攻撃してもいいんだ」と思うようになることがあります。

　また、周りの状況（例えば、親の「もっと大人になってほしい、思慮深くなってほしい」という期待など）に圧倒され過ぎて、心がポキンと折れてしまう子がいます。あるいは、ストレスを受けないよう過保護に育てられ、いざストレスがかかると、どうしたらいいか分からなくなる子もいます。親が子どもを不安に思っていると、ますます、「自分は難しい状況だと、何もできないんだ」と思ってしまいます。そうすると、特に活動的エネルギーの高い子は、感情を爆発させるしかなくなります。そういった子どもにとっては、攻撃が唯一の手段なのです。

　あるいは、テレビの暴力シーンの影響で、暴力も問題解決の手段だと思っている可能性もあります。抑圧された気持ちがいっぱいあるようなら、休みの日の朝などに、楽しいことで気晴らしをさせるのもいいでしょう。

　いずれにせよ、HSC が他の子を攻撃する原因の大半は、第 2 章で述べた「その子に合わせた子育て」ができていないことに尽きます。ありのままの自分でいるとうまくいかない時に、子どもは怒りを覚えます。

　そのような時に役立つことを紹介したいと思います。

子どもの「怒り」とうまくつきあう方法

⑴ まずは、自分の気持ちに気づかせる

そろそろ限界だなと思ったら、「シーン、何かイライラしてるわね。何があったかママに話してごらん」というように言ってみましょう。思い当たる理由があるなら、「おなかがすいてるの?」「ジミーがあのおもちゃを持っていったから怒ってるの?」「家に帰りたい?」のように具体的に言ってみましょう。もし限界に達してしまったら、「今度はこんなに怒る前に、『帰りたい』とママに教えてちょうだい」と言って聞かせましょう。

⑵「これ以上、無理!」となる前に

散歩する、10数える、誰かに助けを求めて心を静めたり、そっとしておいてもらうようにお願いしたりする。あるいは「困っている」と伝えることを教えましょう。

⑶ 使ってもいい怒りの表現を練習させる

怒りの表現には、周囲に受け入れられるものと、そうでないものがあります。状況によっても違います。子どもと2人でゲームをする感覚で、にらむ、耳をふさぐ、はっきりと言う、無視する、率直に言う、殴る、けるなどの表現を試してみて、どれなら他の子に使ってもいいかを話し合い、レパートリーを増やしましょう。

⑷ 暴力シーンを目にしても、左右されない心を

友達と遊んでいる時や、テレビなどで、いずれ暴力のシーンを見て、こういった手段で問題を解決することもあるのだと知るでしょう。その時に、暴力はいけないことだと教えましょう。

◆１～２歳児の時に、よくある悩み

これまでに、「１．変化への対応」「２．刺激を減らす方法」「３．強い感情への対処」という、３つの大きなテーマを見てきました。この後、怖い夢を見る、車で出掛ける、といった個々のテーマに移りますが、その前に、１～２歳のHSCの対応についてお話ししておきましょう。

赤ちゃんは１歳前後になると歩き始め、言葉を理解し始めます。話せるのはまだですが、親の言うことは分かります。データがあるわけではありませんが、私は、HSCは平均より早く、親の言葉を理解し始めるのではないかと思っています。彼らは、声のトーンや身ぶりといった、言葉の意味のちょっとした手がかりになるものを残らず拾い上げるからです（話せるようになる時期は、多くの要素によって決まります）。

言葉で気持ちを分かち合うと、全く新しい世界が広がっていきますが、その世界はHSCにとってはかなり複雑です。例えば、大人はみんな、言葉を額面どおりに受け取ってはいけないと分かっています。時には、「だめ」と言っていても、声や表情では「いいよ」と伝えていることもあります。子どもは、こういったことに対処できるようになる必要がありますが、大人もそれに接する中で、改めて、誠実で思慮深い言葉の使い方を考えていくことになるでしょう。

また、この時期には、子どもが決断する前に相談に乗る必要があります。子どもに何かを伝えるには、まず親の言いたいことを理解してもらわなくてはなりません。

安定感、自信、思いやりといった、子どもが今後手にするであろう宝の種は、すでにまかれ、この時期までには芽を出していると思います。もしそうでなかったとしても、まだ間に合います。芽が大きく成長していくかどうかは、日々の過ごし方によって変わってきます。

では、この時期に見られる典型的な問題を見ていきましょう。

卒乳、食事

母乳が赤ちゃんにとっていちばんいいことは間違いありません。大半の赤ちゃんは、いつ母乳をやめたらいいかは見ていれば分かります。ただし、時間をかけて変化に対応していくタイプの子は、なかなか意志表示をしないので、他の子と比べて焦ってしまうこともあるでしょう。初めての物はゆっくりと食べさせ、嫌がっても慌てないようにしましょう。私の息子は最初、肉を受け付けず、つぶしたバナナに混ぜてようやく食べるようになりました。当時、パリに住んでいたので、熟したバナナを買って使っていました。

食事の時間は、親が子どもに「同調」（第6章参照）し、気持ちを尊重するよい機会になります。もし、特定の食べ物や食材を受け付けないなら、それに応じた工夫を考えましょう。摂食の問題は、普通は、子どもに苦手なものを食べさせようとする親側に問題があります。小さい子は、自分の生活をほとんどコントロールできません。食事の好き嫌いぐらい、認めてやりましょう。

とはいっても、子どもにはいろいろなものを食べさせたいものです。初めて食べさせる時には、「これおいしいよ」と態度で示します。一度だめだったとしても、様子を見ましょう。

初めて親と離れる時

HSCが親と引き離された時、どうなるかは予測しにくいものです。前章でお話ししたとおり、幼い子どもは本能的に、一人きりにされたり、じゅうぶんかまってくれない人と一緒にいたりすることを嫌がります。でも、子どもの要求に柔軟に応えられる信頼できる人がいて、子どももその人のことを知っている場合、うまくやっていける可能性もあります。

ただ、とても嫌がっていたり、1時間たってもまだ泣いているようなら、誰かに預けるのはやめ、できる限り子どもと一緒にいたほうがいいでしょう。私は、少なくとも3歳までは、慣れた養育者から引き離される時間は最小限にとどめたほうがいいと思っています。そうすれば、数年後には自立した子どもに成長しているはずです。

　というのも、幼い子、特にHSCは、親から引き離された経験がトラウマになる傾向があるからです。これまでに、幼い頃に母親から長時間引き離された経験が、強い不安となって残っているHSPを大勢見てきました。

　エミリオ（第1章で登場した、ベビーサークルから離れなかった子です）は、弟が生まれた時、父親と祖母の元に10日間ほど預けられました。その後、母親がまた自分から離れてしまうのではないかという強い不安を、6歳まで引きずることになりました。

　でも、よい養育者に長時間預けるなら、子どもとその人との間に強い絆が生まれることも期待できます。息子が3歳になる頃、1カ月ほど、母に預けたことがありました。母は、信頼できる人柄で、子育てのスキルもあり、一緒にいる時間を息子の子育てに注力してくれて、私が戻ってくる頃には、息子はすっかりおばあちゃん子になっていました。

　私が戻ってきてからも、息子は、何かあるたびに「ママの所に行ったらいいか、それともおばあちゃんの所に行こうか」と迷っていて、ちょっと悔しい思いをしたほどです。私と離れていた間に、2人の間にしっかりした絆ができていました。

トイレトレーニング

　おむつを替える時、顔をしかめないようにしましょう。HSCは、あなたの表情や言葉から、「汚い」「嫌だ」という思いを受け取ります。できれば浣腸も控えましょう。体に勝手に触ってこられるのは、HSC

にとってはつらいものです。このような経験をすると、リラックスしてトイレトレーニングをするのが難しくなります。

　HSC は大人のすることを覚えたがるので、早めにいろいろ教えたくなります。ですが、HSC のトイレトレーニングは、「1 週間で外せるステップ」などに集中し過ぎて、結局、何カ月もかかってしまい、長期化するという親もいます。ですから、子どもがもう少し大きくなって、大人と同じような方法でやりたいと心から思うまで、トレーニング開始を遅らせたほうが、結局は近道になります。どんなに待ったとしても、20歳までおむつを着けていることはありません。5 歳には取れているでしょう。焦ることはありません。

　トイレトレーニングについて、HSC が陥りがちな問題を知っていれば、慌てなくて済みます。

　例えば、HSC はぬれて汚れたおむつに強いストレスを感じるので、それを生かすこともできます。一方で、慣れたおむつを卒業してトレーニング用のパンツを履くのは、HSC にとって新しい経験です。トイレやおまるは硬くて冷たいと感じます。水を流す音や水流そのものを怖いと感じるかもしれません。

　また、HSC はプライバシーを必要とし、便意を催しても、それをなかなか伝えません。家の外では、トイレを使いたいと言うのも恥ずかしく思うこともあります。こういった要因からトイレになかなか行けず、便秘になることもあります。便意が強い場合には、もっと隠そうとします。

　HSC にとって一番のトレーニング方法は、リラックスして打ち解けられるような、親子 2 人だけの空間を作り、よく見える場所におまるを置いてさせることです。

　思いどおりに動いてくれないと思う時は落ち着いて、こう考えてみましょう。この時期は、生活のほとんどを親にコントロールされています。トイレトレーニングが、自分で主導権を握れるものだと分かれ

第7章　幼児期（家庭生活）　267

ば、子どもは進んでやるようになるでしょう。

性器に触る

　生後10カ月頃になると、大半の赤ちゃんは自分の性器の存在に気づき、触るようになります。これは性的な快感を得るためというよりは、好奇心を満たし、安心感を得るためです。母親のおっぱいに触るのと同じ感覚です。1歳半ぐらいになると、マスターベーションによって性的な興奮を感じ始める子もいます。強い刺激を自分自身に与え、自己完結しているのです。

　こういった行為を無視して取り合わないという方法もあります。子どもが喜んでいても同調せず、他のことにはたっぷりと同調してやれば、HSCはほぼ間違いなく、こうした行為は受け入れられないのだと気づきます。

　でも、別のアプローチもあります。自己を分析することは、ごく自然な成長の一部です。性器に触ったり、それによって快感を得たりすることも、自己分析の一つです。また、性に関する教育は一生にわたって続きます。できれば、性的なものは忌むべきものではなく、安全な愛着であり、親密さの表れと感じられることが望ましいでしょう。

　親自身の考え方や、文化的価値観を考慮して判断することですが、私は、ネガティブにとらえるよりは、ポジティブにとらえ、「することはいいけれども、人がいる所ではしないように」と伝えるのがいいと思います。

イヤイヤ期

　2歳頃に見られる「かんしゃく」（「魔の2歳児」ともいわれます）については、私の知る限り、この年齢のHSCが、非HSCに比べて扱いにくいことを示すデータはありません。むしろ扱いやすい子のほうが多いように思います。

しかし、2歳あるいはもう少し大きくなっても、HSCは一日中活動して疲れたり、人間関係で嫌なことがあったりすると、取り乱して騒ぐことがありますから、この章の前半で見てきた過剰な刺激と強い感情への対応法を実践してみてください。

◆日常生活で起こりがちな問題で、知っておきたいこと

ここでは再び1～5歳児を対象に、日々起こりがちな典型的な問題の対処法を見ていきましょう。

悪夢を見る

この時期に怖い夢を見るのは、HSCでなくともよくあることです。大半の子は、捨てられた夢と、攻撃された夢を見ています。この2つが、子どもにとっての2大恐怖なのです。そのような時は、「大丈夫だよ、大好きだよ。これは夢で、現実ではないよ」と教えましょう。

でも、HSPは生涯を通して、強烈な夢を見がちです。ですから、どこかの地点で（もちろん1歳よりは5歳に近い時期に）、子どもが夢を受け止められるように、さらにはうまく利用できるように、手助けを始めるといいでしょう。

悪い夢を見た翌朝、その夢について話し合うのは、悪夢の影響を取り払うのに効果的な方法です。夢を見た理由（おそらく前の日に、何か怖い体験をしていたのでしょう）について話してもいいと思います。実は悪い夢にも、避けていることに目を向けさせるとか、恐怖にどのように向き合ったらいいか準備しておく意味がありますから、夢からも学べることを教えられます。

怖い夢ではなく面白い夢なら、例えば、「どうして熊が夢に出てき

たんだろうね？（熊のどんなところに興味があるのかな？）」「妖精さんがあなたの所に来たのはどうしてだろう？　話すことができたら、何て言うかな」というように、夢の内容を話し合うことができます。

　私の知り合いに、毎朝、一日の始めに両親のベッドの周りに集まって、各自が見た夢の話をするという家族がいます。夢を分析するのではなく、ただ、それぞれが見た夢の話を聞くのです。

怖い映画やテレビ番組を見た時

　HSC は、小説や映画、テレビ番組の怖いシーンや悲しいシーンが苦手です。でも、非 HSC には、こういったシーンに何ら抵抗がなく、面白いからと喜ぶ子も多いので、メディアの流す番組には、あなたの子どもには苦手なシーンが多く含まれています。子どもを守りたいという気持ちもあるかもしれませんが、いずれ学校や友達の家で、このようなシーンを目にすることになるでしょう。それに、『バンビ』や『くるみ割り人形』のような子どもに見せたい映画の中にも、残虐なシーンは出てきます。

　見せたくないシーンがあっても、自分でコントロールすればいいと教えましょう。怖いシーンが流れるタイミングを知らせておけば、その前に部屋を出たり、目を閉じたり耳をふさいだりすることもできます。自分から周りの人に、怖い部分はどの辺なのか、ショックを和らげるためにあらかじめ詳しい描写を聞かせてもらう、ハッピーエンドを教えてくれるようお願いしておくこともできます。

好き嫌い、食事のマナー

　すでに何度か述べてきて、また多くの HSC の親も言っていることですが、何を食べるかは、子ども自身に決めさせましょう。そうすれば、摂食問題はなくなります。スパゲッティソースが他の食材についていないか、ブロッコリーがポテトについていないかなど、親が気を

つけられるところはいろいろあります。

「子どものお抱えコック」になってしまってはいけませんが、家族が欲しがっているものを、HSCだけが食べられない時は、スクランブルエッグを別に作るぐらいはいいでしょう。ジャンクフードを買わないようにすれば、長い目で見て、バランスの取れた食生活になっていきます。

メニューを子どもと一緒に決めるという方法もあります。そうすれば、予想外のメニューに驚くこともなく、自分の決めたものが出されるのを楽しみに待ち、喜んで食べます。自分が計画し、ある時は準備も手伝ったメニューですから、予測できているわけです。

食事は団欒の場ですので、楽しむことが大切です。せかさずに楽しく食べることで、子どもは自分が苦手な物を、他の人が食べているのを目にする余裕ができます。気分がいい時なら、食べてみようと思うかもしれません。子どもにはぜひ、「料理を断る時は、丁寧に」と教えておきましょう。家でできないことは、よそでもできないからです。

テーブルマナーをあまりにも厳しく教えようとすると、幼いHSCは緊張してイライラし、落ち着かなくなってしまいます。でも、全く教えないと、これから社会に出た時に、もっと緊張し、もっと恥ずかしい思いをすることになります。

教えるべきこと（口の中に物が入っている時はしゃべらない、ナプキンを使う、ひじをテーブルに突かないなど）をリストアップし、最終的に教えたい項目を確認しましょう。あくまでも一つずつ、そして教える時はまねをさせることです。HSCは厳しく言わなくても、ふだんから、他の人の行動や希望を気にかけていますから、時々思い出させるだけでじゅうぶんです。

外食をする時

　レストランに行く前に、どんなメニューがあるかを伝えて、何を注文するか子どもと一緒に考えておきましょう。何にするか決まったら、注文の練習をするか、「ママがあなたの代わりに注文するから」と説明しましょう。行ったことのないレストランに行くのは、新しい環境や食べ物に徐々に慣れさせる方法としても有効です。子どもが疲れている時は、近くの行きつけの店にしましょう。

　まだ小さい子でも、おやつや、見る物、遊ぶ物を用意しておけば、レストランで長時間、おとなしくしていられる子を何人か見てきました。また、メリーゴーランドの順番待ちの行列に並んでいる時のように、ワクワクしながら食事を待てる子の場合も、問題はありません。

　でも、中には、生まれつき行動的で落ち着きがなく、じっと座れるようになるのに、まだ何年かかかる子もいます。子どもの年齢や気質を考えて、期待はし過ぎないようにしましょう。一緒にいる誰かに頼めるなら（おそらく喜んでやってくれますが、それが当たり前だと思ってはいけません）、子どもを外に連れ出してもらいましょう。レストラン内を探索するのもいいでしょう。みんなで外出する時には、子どもも楽しめるようにすることが大切です。

服選び、タンスの整理

　できる限り子どもの好きなようにさせましょう。3歳のアリスは、自分で服を選びます。あなたの子どもにもできます。チクチクするタグや布地、ザラザラした靴下や靴を嫌がる子が多いようですが、これはHSCにとっては至って普通のことです。子どもと一緒に買い物をして、どのような物がいいのか把握していきましょう。

　時には、買ってはみたけれど「着られずに失敗」ということもあります。そんな時もイライラせず、どうしてこの服はだめだったのか、このような失敗をしないためにはどうしたらいいかを話し合いましょ

う。

　正装や、しかるべき服を着せなくてはならない時は、「結婚式には
このドレスを着てね。そのかわり、披露宴では好きな服に着替えてい
いよ」というように、交換条件を出しましょう。

　何を着るかは余裕を持って決め、問題が起こりそうなら、夜のうち
に服を選んでおきます。

　タンスの引き出しを整理整頓して、探し物を見つけやすいようにし
ます。引き出しにラベルを貼ったり、かごに中身の写真を貼りつけた
りするといいでしょう。着るもの一式（シャツ、ズボン、下着、ソッ
クスなど）をセットにしておくのもいい方法です。

<u>寝つかせる時、起こす時</u>

「眠る」「起きる」というのは、大きな移行です。手順を決めておく
といいでしょう。眠るまでにすべきことをイラストにして順に並べ、
それに従って行動できるようにします。子どもと相談して、ふろに入
る、本を読むなど、心を落ち着かせる順番を決めましょう。

　眠る時には、好きな服を着せます。ベッドになかなか入りたがらな
い子には、「ベッドから出ます」と書いたカードを何枚か作って渡し
ておき、このカードを見せればベッドから出てもいいことにします。
カードはいつでも使うことができますが、手持ちがなくなったらその
日は終了です。

　朝晩、外が明るいようなら、カーテンを閉めて部屋を暗くしましょ
う。真っ暗よりも適度に明るいほうがいいというなら、常夜灯を使い
ます。カーペットやカーテンを使って部屋を静かにしましょう。他の
部屋も同様です。この年齢の子は、一緒に眠るのもいいですが、親も
ぐっすりと眠れるようにすることが大切です。

　子どもが夜中に起きてしまうなら、原因を突き止めましょう。怖か
ったのか、ひとりが嫌なのか、のどが渇いたのか、暑過ぎるのか、あ

第7章　幼児期（家庭生活）　273

るいは刺激の受け過ぎでスイッチが入ったのかもしれません。時には、ソルター博士が言うように、気が済むまで泣かせるのが必要なこともあります。

子どもが寝たがらない時には、先ほどの「ベッドから出ます」カードを使いましょう。また、「ママは明日、元気に過ごすためには眠らなくてはいけないの。あなたは起きていても大丈夫？」と聞いてみるのもいい方法です。

外出する時の約束事

ある人から、素晴らしい「2回までルール」というアドバイスをもらいました。HSCを1日に2回を超えて、買い物には連れていかないというものです。HSCにとって、買い物や用事は疲れるものです。車は乗り降りから、カーブや停止時の揺れ、窓の外を流れる景色など、どれも刺激の強いものです。

新しい場所へ行けば環境も違います。いろいろなものが感覚を攻撃してきます。時には機嫌の悪い店員がいたり、店内が汚れて空気がよどんでいたりして、つらい思いをすることもあります。大人には慣れた自動車修理工場や、コンビニも、HSCにとっては初めての場所です。自分の生まれてきた世界なので、これからさらされることになるのですが、徐々にであることが大切です。

子どもには、どこに行くのか、どれくらいの間かを伝えておきましょう。これは約束ですから、簡単に破ってはいけません。子どもがあなたとの約束を破ったら嫌でしょう。そうならないためには、親も約束を守ることです。

ドライブでは

手順を決めておきましょう。例えば、シートベルトを締めてから発進すると決めておけば、子どもは安心します。誰がどこに座るかを決

め、それを守りましょう。長時間のドライブの場合、30分から1時間に一度は休憩を取りましょう。多過ぎると思われるかもしれませんし、特に運転する側は「早く目的地に近づきたい」という気持ちがあるでしょう。でも、休憩を取ったほうが、最終的には早く着くことができます。

休憩する時は、できれば車から出て、車や雑事から離れましょう。ファストフード店ではなく、屋外で食事を取りましょう。

車の中では、子どもが退屈していないか、刺激を受け過ぎていないか注意し、刺激が最適になるようにしましょう。会話やゲーム、音楽をかける、歌う、窓の外を見る、黙って静かに過ごすなど、行動を変えることによって刺激のレベルを調整することができます。

子ども部屋について

できれば、HSCには一人部屋があったほうがいいでしょう。プライバシーが守られ、静かになれる場所、自分の環境をコントロールできる機会が必要です。

誰かと一緒の部屋になる場合も、非HSCとは一緒にならないようにしましょう。特に、年上の子や仲がよくない子と一緒の部屋にするのは避けましょう。そりが合わなかったり、支配関係ができたりすると大変です。どうしても一緒でなければならないなら、仕切りで部屋の境界をはっきりさせましょう。

家具は、赤ちゃんの部屋と同じことがいえます。シンプルにして、カーペットやカーテンで遮音しましょう。ただし、この年齢では、アレルギー症状のある子も多いので、掃除しやすく清潔な部屋であることが大切です。カーペットもカーテンも、洗えるものにしましょう。おもちゃを収納できる場所も用意します。引き出しより、箱やかごのほうがいいでしょう。ポスターや絵を飾るのは最小限にとどめます。そして、徐々に、子どもに主導権を持たせていきましょう。

第7章 幼児期（家庭生活）　275

◆毎日ではないけれど、時々起こること

▌ かかりつけ医の選び方

HSC にとって、医者や病院を選ぶのは、生まれた時からの重要な問題です。医者にかかる時の子どもの反応は、ほとんど、どんな医師や看護師に診てもらったかによって決まります。その他、好きなおもちゃや本が待合室にあるかどうか、あるいは持ち込めるかどうかも影響します。

生後3カ月から1年3カ月まで、息子は、世界的に名声があるけれど性格に難のある小児科医に診てもらっていました。前章で述べた、「毎日外で過ごさせるように」というような指示まで書いてくる医師です。

この医師は、自分は子どもが好きではなく、そもそも人間が嫌いだと公言していました。子どもの扱い方を見てもそれが分かりました。その後に出会った医師は素晴らしい人ばかりでしたが、息子は医者が苦手になり、それが今も続いています。生まれたばかりの時に、冷たい医師にひどい扱いを受けたことが、尾を引いているのでしょう。

子どもの気質について、担当医に話し、ちゃんと理解してくれる人かどうかを判断しましょう。病的なものととらえたり、逆に軽く扱ったりするようではいけません。

（担当医には、『ザ・テンペラメント・パースペクティヴ（気質の見方）』（ジャン・クリスタル著）、『コーピング・ウィズ・チルドレンズ・テンペラメンツ（子どもの気質に対処する）』（ウィリアム・ケアリー、ショーン・マクデヴィット著）などの本を読んでもらうといいでしょう。どちらも子どもを扱う専門家のために書かれた本です）

かかりつけ医には、次のことを伝えておきましょう。

・HSC は痛みを感じやすい。

・そのため不調を訴えることが多く、必要以上の検査や投薬を受ける

ことがある。

・一方で、自分の訴えを否定されて情けなく思ったり、検査や治療で
つらい思いをしたりすると、症状を実際より小さく表現することが
ある。

・頭痛を感じやすい。[59]

・注射が強いストレスになる。[60]

・入院中はあまり調子がよくない。[61]

・アレルギーが見られやすい。[62]

さらに、この気質の子どもは一般的に、ストレスがない状態なら、
非 HSC に比べて健康、つまり病気やケガが少ないことも伝えておき
ましょう。[63] ただし、ストレスのかかる状況では、それらが多くなりま
す。

また、なかなか行動に移せない、学校でしゃべらない、落ち込む、
不安になるなど、気質がもとになった行動が見られても、抗うつ剤な
どの薬は必要ないことも伝えておきましょう。むしろそのような時は、
こういった気質をよしとしてくれる環境や人に飛び込んでいったほう
がいいのです。

■「赤ちゃんはどこから来るの?」と聞いてきたら

HSC は、性がデリケートなテーマであることに気づきますから、
親は、性的な行為やマスターベーション、裸になることについて、丁
寧に教える必要があります。質問にきちんと答え、いつでも聞いてい
いし、話していいと伝えましょう。でも、子どもの年齢を考えて、必
要以上に話さないことが大切です。

どこまで話したらいいかは、親の考えで決めましょう。公の場での
適切な振る舞い方を教えれば、子どもは、大人が適切な振る舞いをし
ているかどうかを判断できるようになります。なぜ性的なことを人前
でしてはいけないのか、自分の体で人に見せてはいけない場所はどこ

第 7 章　幼児期（家庭生活）　277

か（水着で隠す場所です）を説明し、その場所を見たり触ったりさせてもいい人とそうでない人がいることも話しておきます（この時、お医者さんになら診せてもいいことを教えておきましょう）。

　子どもの年齢を考えましょう。2歳の子と5歳の子では、必要な情報が全く違います。そして、それ以上に大切なのが、親以外から情報を吸収している可能性について考えておくことです。

　子どもだけでテレビを自由に見たり、親がいない場所で友達と会話したりしていますか。インターネットで性的な情報にアクセスする可能性はありませんか（これは、ありがちで深刻な問題です）。

　また、子どもは自分が知ったことにショックを受け、それを否定したい、もう全部分かったから親に聞く必要はない、こんなことまで知って恥ずかしい、などと思って聞いてこない可能性もあります。

■ 誕生パーティーや遊びの約束

　親や教育者なら誰でも気づいていることですが、誕生日パーティーは子どもにとって大きなイベントであり、ストレスの要因でもあります。パーティーを企画する時には、ゲストのことより、「子ども」の気質を考えましょう。

　参加人数は、通常、子どもの年齢×1〜1.5倍程度がいいといわれていますが、HSCには多過ぎるかもしれません。家族だけか、家族の他に1人か2人のゲストを招くことから始めてみましょう。親が指揮を執り、なるべくシンプルなパーティーにしましょう。派手な演出よりも、コミュニケーションの質が大切です。

　パーティーの計画と準備には、子ども参加させましょう。タイムスケジュールを一緒に考えれば、「移行」の準備にもなって、予定どおり進めやすくなります。パーティーの後は、虚脱感を覚えるでしょうし、心残りもあるでしょう。片付けよりも、この気持ちの処理を優先しましょう。外を少し散歩してから静かにおふろに入れば、子どもは

さっき体験したことを消化して、落ち着いてきます。

　幼い HSC には、サプライズパーティーはお勧めできません。HSP には、幼い頃のサプライズパーティーがとてもつらかったという人がたくさんいます。ドアを開けると、大勢の人がいて「おめでとう」と叫んでいて、喜ぶこともできず、泣いて自分の部屋に戻ってしまった。親は自分の気持ちを理解してくれず、イライラしていて、どなられ、罰を受け、とてもつらくやりきれない思いをした、という体験です。

　パーティーの間は、これも新しい学びの場だと心にとどめておきましょう。子どもにとって初めての経験です。完璧を期待してはいけません。動揺したり圧倒されたりするなら、途中で退席させ、別の部屋に連れていって、落ち着いてからまた会場に戻れるようにしましょう。

　プレゼントを開ける時は、要注意です。奇想天外なプレゼントにも、きちんとお礼を言えるように、あらかじめゲーム感覚で練習しておきましょう。例えば、「おじいちゃん、この大きなヘビ、素敵だね。首に巻くのにぴったりだ」というように。

　HSC の場合、その場にふさわしい反応ができないことがあります。がっかりしているのを隠して喜んでみせたり、「これはなんだろう？」と驚いてみせたりすることは難しいかもしれません。子どもの年齢を考え、期待し過ぎないよう、去年に比べてどれほど成長できたかを喜びましょう。

　パーティーに比べれば、家で友達と遊ぶほうがずっと簡単です。HSC の場合は、自宅に友達を連れてくるほうがいいでしょう。自分の家ですから、慣れていて自分をコントロールしやすく、自信を持って接することができますし、親の目も届きます。でも、短時間にとどめ、頻度も控えましょう。他の子たちが行き来し合っていて、親たちからは、「○○ちゃんが、○○ちゃんと遊んでいるよ」という話を聞くかもしれませんが、HSC には 1 週間に 1 回程度が適切です。

第 7 章　幼児期（家庭生活）　279

◆今を思い切り楽しんで
～「最後のだっこ」までの時間は、あと少しです

　この年齢の子どもは、無邪気で素直で、新鮮な楽しさを与えてくれます。子どもの見る世界の豊かさに、あなたは親としての誇りと幸せを感じ、笑顔でいっぱいになるでしょう。この時期に見せてくれる愛情表現は、この時期だけのものです。

　私は、息子が最後のだっこをしてほしいとひざに乗ってきた時のことを覚えています。6歳でした。これが最後のだっこなのだとしみじみと思いました。確かに、この年齢の子どもの世話は大変です。でも、それだけ素晴らしいこともあります。この貴重な期間を大切にしましょう。そしてあなた自身も楽しんでください。

第7章　幼児期（家庭生活）　281

第8章

幼児期（外の世界へ）
最初のハードルをうまくサポートすれば、
次からは自分で乗り越えていけます

　この章では、1歳から5歳のHSCが、外の世界に踏み出
す時のサポートのしかたをお話しします。

　HSCは立ち止まって考えます。しかし、大丈夫と分かっ
た時には、自信を持って前進しなければなりません。そこで、
新しいことを始める時の不安や、人見知りの克服法、幼稚園
での留意点、深刻な不安への対処法を紹介します。

　幼稚園の選び方や、子どもと離れる時のコツについても説
明します。

◆**新しいことにチャレンジする自信を与えましょう**

　この本の第1章で、芝生に初めて触れた時に泣きだしてしまった、
ウォルトを紹介しました。HSCの彼は、よちよち歩きするようにな
っても、新しいことを始める時は、とても慎重でした。子育てサロン
に行っても、まずは観察します。

　自分もやってみようとするのは、そうして好きなだけ観察して、帰
る時間が近づいてからです。怖がっているのではなく、確認して大丈

夫そうなら参加しよう、怖そうならやめよう、と思っているのです。

2歳の子育てサロンに始まり、3歳では友達の誕生日パーティー、4歳で保育園や幼稚園、6歳で小学校、後にはボーイスカウトやガールスカウト、デート、大学、仕事など、人生にはたくさんの未知の世界が待っています。

本章は、ウォルトのような子が、不安に負けずに新しい世界に飛び込んでいけるようになるのを目的としています。

前にも述べたとおり、HSCの中にも大胆で外向的な子（食事や衣服、音や他の人の気持ちに敏感ではあるけれど、内向的ではない子）がいます。このような子はおそらく、HNS（目新しいものを求める性格。第3章参照）が高く、世話をしてくれる人から安定した愛情を得られていると思われます。

ただし、HSCであれば皆、立ち止まって警戒しやすいですから、この章は、どんなHSCにも多かれ少なかれ参考になる内容です。

▎HSCが、内気だとは限りません

「内気」な子といえば、一般的に、「臆病」や「怖がり」を広くまとめて指していますが、研究者の間では、「新しいことへの恐れ」と、「知らない人への恐れ」は、違うものとされるようになりました。[*64]そのため、この2つを違う種類の恐れとして、別々に扱っていきます。

また、心にとどめておいていただきたいのは、進む前に立ち止まってチェックするという、HSCに目立つ特徴は、新しいことや、人を何でも恐れるという意味ではありません。また、この年齢でひとりで遊ぶからといって、内気だとも限りません。子どもが親に懐いている、ままごとに熱中している、というなら問題はありません。

（そうでない場合は、スタンレー・グリーンスパンの著書『ザ・チャレンジング・チャイルド（育てがいのある子〜5つの違ったタイプをよく理解して子育てを楽しむ）』の「ザ・セルフアブソーブド・チャ

第8章 幼児期（外の世界へ） 283

イルド（自己完結型の子）」の章を読むことをお勧めします。ここに[*65]
書かれているアドバイスを実行しても改善されない場合は、小児科医
に相談するか、しっかりしたカウンセラーを探しましょう）

　一人遊びが好きなのが5歳を過ぎても続くなら、周りに変わった子
だと思われて、本当に内気な子になってしまうのも事実でしょう。
「本当に内気な子」とは、私は、「判断されたり、拒否されたりするこ
とを恐れる性格」という意味で言いました。しかし、5歳以下の子に
はあまりない傾向なので、「本当に内気な子」については、後で述べ
ることにします。

◆不安は、克服するより予防するほうがずっと簡単

　誰にでもいえることですが、不安は不安を生みます。私たちは、新[*66]
しい状況に出合った時はいつも、脳内にある評価システムによって、
怖いと感じるべきかどうかを決定します。もし、その時すでにストレ
スホルモンが流れていたり、過去、特に幼い頃に、怖い経験があった
りすると、より不安を感じやすくなります。

　不安があまりにも長く続くと、「過興奮性」を持つようになります。
そうすると、特に今、怖いことがなくても、恐れが不安という形にな
って出てきます。そして、何か経験をするたびにつきまとうようにな
るのです。

　このような不安は、克服するのがとても大変です。恐れを予防して
おくほうが、それも子どもの時のほうが、ずっと簡単です。

　新しい状況では、HSCは少なくとも3種類の疑問を感じます。

① 「このまま進んで安全だろうか？」

　傷つくか、それともいい結果になるか。成功するか、失敗してしまうか。

　これに対する子どもの答えは、過去に似た経験をした時の記憶によって決まります。

② 「今の自分にできるだろうか？」

　サポートしてくれる人はいるか。体調は万全か。疲れていないか。

　答えは、この時の子ども自身の状態と、親や周囲から、励ましやサポートをもらってきた過去の経験で決まります。

③ 「いつもはどうだろう？」

　新しい状況で、自分はいつもうまくやっているだろうか。新しいことをやり、新しい人に出会うのが楽しいか。

　この答えは、子どもが人生で築き上げてきた、これまでの印象によって決まります。

　この子どもの問いと答えに、親はどう影響するのでしょう。

　まず、最初の問い（このまま進んで安全だろうか）については、子どもがいつものように現状を確認するために立ち止まった時、まずは現実を見られるようにしましょう。全てを危険だと考えるのではなく、現実を踏まえ、状況に応じて答えを出せるようにしていくのです。

　ただし、場合によっては、「これは本当はこうなんだよ」と教えて、安心させる必要があります。大人でも、ロープをヘビだと見間違えれば怖くなります。子どもが自分より大きなイヌを見て、お話の中に出てきたオオカミかライオンだと思っているようなら、「これはイヌだよ」と教えて安心させましょう。特に、親と引き離されたばかりだったり、怖い体験をして不安定だったりしたら、なおさら安心させるこ

第8章　幼児期（外の世界へ）　285

とが必要です。

2つめの問い（今の自分にできるだろうか）については、親はもっと大きな影響を与えることができます。子どもが、「ママは自分の気持ちを受け止めて、全力でサポートしてくれる」と感じ、安心して万全の状態で挑めるようにしましょう。状況によっては、現実を見て、「今は準備ができていないから、時期を待とう」と判断することも必要です。

3つめの、「世の中をどう見るか」という問いには、子どもが新しいことに直面した時、記憶の泉から、うまくいった経験や、楽しい経験を呼び出せるようにしておくことが大切です。子どもが現実をどうとらえるか、親には大きな影響力があります。世の中には危険もありますが、楽しいこと、ワクワクすること、そして心が温かくなることもたくさん待ち受けているのだと教えましょう。

◆親は背中を押したり、守ったりするバランスを大切に

うまくいった経験、楽しかった経験の記憶の泉を作るのは、HSCにとっては簡単ではありません。誰でも刺激を受け過ぎると、不快になったり失敗したりしがちです。特にこの年齢のHSCにとっては、新しい状況はさまざまな感覚を動員させるので、「過剰な」刺激を受けます。ですから、HSCが新しい世界に進もうとしている時は、「自分は安心だ、支えられている」と思えるようにするだけではなく、刺激のレベルをできる限り最適に保って、いい経験を積んでいけるようにすることが必要です。

もちろん、よくない経験もするでしょうし、それもまた意味のあることです。そういった経験で親のサポートを得ながら、子どもは逆境

にどう対応するか、自分を動揺させる不安に打ちかつにはどうするかを学んでいきます。HSC は生まれつき、たくさんの悪い結果を想像しますが、ほとんどが実際には起こらないことです。

この年齢の HSC は、特に本当の恐怖を味わわせないことが大切です。水の中に投げ込まれたり、沈められたり、泳がされたりなど、されるべきではありません。もし子どもがそのような経験をしてしまったら、2人で話し合い、大丈夫だと思えるよう、もう一度、一緒に体験しましょう。少なくとも、怖い思いを一緒に背負いましょう。そうしないと、HSC の特性で、何度もこの怖い経験をひとりで処理しようとします。そうすると、「過興奮性」の状態が慢性化してしまいます。

親は、子どもの背中を押すことと、守ることのバランスを取ることが大切です。歩き始めの HSC で、安定している子と、不安定な子の対応能力を比べてみると、安定した子の母親は、あれしなさいこれしなさいと押しつけがましくないことが分かりました。[*67]

不安定な子の母親は、口うるさく干渉して、HSC にとって大切な「まず過剰な刺激を避けてから、ゆっくり取り組んでいく」というスタイルを妨げてしまっているのです。母親なら誰でも、子どもが新しいことをする時、上手にできてほしいと願い、背中を押すものです。その時、不安定な子どもの母親は、母親自身も不安定で、無神経に子どもの背中をどんと押すことが多く、安定している子どもの母親は、適切な押し方をしているのでしょう。

子どもが不安を感じやすくなるかどうかは、一般的にその子の気質が挙げられますが、過剰に圧力をかける親の存在も、大きく影響していることが分かっています。[*68]

子どもが新しいことをする時、親は、過保護でも、突き放すのでもない、程よい対応をとる必要があります。そのためには、子どもの動作や言葉、声のトーン、表情を観察し、直感を働かせましょう。本当

はやってみたいと思っている（それまではやりたいと思っていた）と分かったら、背中を押しましょう。

　誰にでも、例えば「旅行に行きたい」「人前で話したい」と心の中では思っていたのに、いざその時がくると、引き返したくなったという経験があるでしょう。大人なら、そこで前に進まなかったら後悔するだろうと分かっていますが、子どもには、まだそれが分かっていません。

　でも、子どもがあまりにも緊張している時、やりたがらない時、過剰な刺激を受けている時、あるいは、その能力を超えていて、やっても失敗するだろうという時には、背中を押すのはやめましょう。

■ いい子過ぎる子どもには、感情を話せるようにしむけましょう

　全ての不安が、そのまま不安と感じられるわけではありません。HSCは、自分の気持ちをあまり外に出しません。悲しみや怒り、不安を直接表現せず、内にため込みます。叫ぶ、殴る、うそをつく、物を盗むという形で怒りを外に出すのはまれです。

　例えば、新しい弟や妹のことや、仲間外れにされたことで、怒り、暴れたいと思っても、自分の中の怒りや悪意、その報いを恐れ、そういった気持ちを心の奥に封印してしまいます。

　こうした「よい子」の親は、「うちの子はとてもうまく育っている。怒らないし、全く問題を起こさない」と思っています。しかし、その間に、子どもは心の奥深く、おそらく無意識の領域にまで「悪い考え」を押し込めています。「あんなことをするなんてひどい人だ。嫌いだ。でも、人を憎むなんて、自分はだめな子だ。何とかこの気持ちを抑えなくては……」と思っているのです。

　そして、突然、あらゆる種類の訳の分からない不安が何の脈絡もなく噴き出し、爆発します。親にも子ども本人にも、心当たりがないのです。

子どもがいい子過ぎるうえ、何かを怖がっていると感じる時は、怒りを表現するように促してみましょう。子どもが怒っているかもしれない理由（例えば、あなたが怒っていた、行動を制限してしまった、うっかりひとりにしてしまった）を探し、きょうだいへのやきもちの気持ちにも目を向けてみます。そして、これらの感情を話せるようにしむけましょう。効果が表れることがあります。

◆初めての人や場に溶け込むための、3つのステップ

ここまで、一般的な「不安」について見てきました。次に、新しい物事や、初めての人を前に抱く不安について、その回避のしかたを順に述べたいと思います。

HSCが不安を感じることなく、うまく新しい状況に溶け込めるような手助けは、たくさんあります。計画が必要なものもあれば、その場その場での対応が必要なものもあります。まずは計画できるものから見ていきましょう。

ステップ1　入念な準備と予習が、必ず役立ちます

(1) 周りの協力を得ましょう

入っていく環境に責任者がいるなら、子どもが不安に思っていることを伝え、その克服の手助けに何ができるかを話し合ってみましょう。仲のいい友達に付き添ってもらったり、すでにその環境にいる子に会ってもらったりしておくのもいいでしょう（場所はできれば、あなたの家がいいと思います）。

第8章　幼児期（外の世界へ）　289

⑵ どんな場所か、何が起こるかを説明しておく

前もって説明しておけば、子どもはびっくりしなくて済みます。例えば、「砂浜というのは、こういう所だよ」「イースターエッグの卵探しでは、こんなことをするよ」などと言います。

⑶ 思いどおりにはいかないことも話しておく

思いどおりにはならないかもしれないと伝え、その時の対応のしかたを話しておきます。例えば、「卵を集められなかったらどうしようか」などと言います。

⑷ やめたくなった時のことを話しておく

やめたくなった時は、どうすればいいか話しておきましょう。例えば、「好きじゃなかったら、戻ってくればいいからね」などと言います。

⑸ リスクを計算しておく

状況によっては、「もしかしたら、うまくいかないかもしれないけれど、誰も気にしないよ」と言っておきましょう。親がリスクに立ち向かう手本になるのです。

（「やってみようか。何か困ることがある？　ママは大丈夫だと思うよ」「ママも怖くなることがあるよ。でも、最悪の場合にどうなるかを考えてみる。それでも大丈夫と思えたら、やってみることにしているよ」）

⑹ ウォーミングアップさせる

ポニーに乗るなら、その1週間前に、馬やポニー見学に連れていってなでてみる、馬の乗り物に乗ってみる、最初はまたがるだけで、次に動かしてみる。ボール遊びをするなら、ボールを買って、枕元に置

いて眠る、など。

⑺ 子どもの気持ちを残らず聞いておく

「やってみたい」「やるのが怖い」「やらなかったらママに怒られるかな」「やらなかったら後悔する」「ワクワクする」「こんなことしたくない」等々。思いは一つとは限りませんから、全部聞き出しましょう。

⑻ じゅうぶんな休息が取れていますか

　休息が取れているか、栄養や体調は万全かを確認しましょう。そうでなければ、万全になるまで延期することです。

⑼ やってみたい気持ちが見えたら、応援しましょう

　やってみたいという気持ちは、子どもの冒険システムの表れです。用心システムに対抗して働いているのです。ただし、大げさに取り上げたり、子どもが実際にはそう思っていないのに、無理に思わせようとしたりしてはいけません。そうすると、本当は親子で同じことを考えていたとしても、新しいことをさせようとする親に子どもが抵抗する、という図式ができてしまいます。

「ほら、滑り台だよ。面白そうじゃない！」と言うと、警戒心の強い子は反射的に、「やらせようとしたって無理だよ」と答えます。

　このような対立を避けるためには、子どもが熱意を見せたら、その一つひとつに目を向けることです。

「滑り台をやってみたいのね」。でも、怖がって戻ってくるようなら、その気持ちも認めましょう（「そうだね。この滑り台は少し高いものね」）。

　これまでにやってみて、好きになったことを話して、「それと似ているよ」と言うのもいいでしょう（「○○ちゃん、滑り台が好きだったよね？　この滑り台は、上まで登るのがちょっと大変そうだけど、

高いということは、それだけ滑り下りるのも楽しいよ」）。議論に持ち込まず、「やってみたら」ということだけを伝えましょう。

⑽ 生活を楽しむ「お手本」になる

　大切なこと、やってみたいこと、ちょっとした楽しみがあれば、日常生活の中で幸せを感じることができます。このようなささやかな幸せの源となるのが、初めてのレストランに行く、いつもと違う道を歩いてみる、などの新しい経験です。冒険システムのおかげで、これらが楽しくなるのです。

　子どもにもこの冒険システムが備わっています。それを作動させ、上手に利用する方法を示しましょう。

　HSCの親たちからは、子どもが大きくなって話ができるようになると、新しい環境への戸惑いにも対処しやすくなるという話を聞きました。ここに素晴らしい会話例を教えてもらいました。

子「ママ、僕、水泳教室が怖いんだ」

親「そうだよね。今までやったことがないものね」（息子さんが「自分はだめだ」と思ってしまわないように配慮しながら、不安を認める）

子「ママも怖くなることある？」

親「しょっちゅうあるよ」（不安は正常な感情だということを伝える）

子「そういう時はどうするの？」

親「そうね、怖くても、本当はやってみたい、取り残されたくないと思えるなら、前に進むことにしているよ」（自己コントロールの手本になる）

親「他の人に、『初めての時はどんな気持ちだった？』と聞くこともあるよ」（気持ちを共有したり、誰かと話したりするという対処法を伝える）

親「先生に『ドキドキしています』と正直に言ってみるものいいかも
　しれないね」（誰かに助けを求めることは悪いことではないと教え
　る）

親「ママなら、とにかくやってみて、好きかどうか確かめるよ。やっ
　てみないと、何も得られないからね」（冒険の後押しをする）

ステップ２　体験している最中は、程良く見守ることです

⑴ まずは、一緒にその場へ行ってみる

　子どもに付き添って、その場所に行きましょう。そして新しい状況
に引き入れましょう。警戒している間はそばにいて、楽しみ始めたら
一歩離れて見守るのがいいです。

⑵ 他の子に協力してもらいましょう

　親切で人懐っこく、順応性のある子、あるいは子どもと同じような
タイプの子に、子どものことを頼みましょう。

⑶ 助けを求められる範囲に待機します

　でも、それを待っているかのようにウロウロしてはいけません。子
どもが助けを求めてきたら、その気持ちの強さに合わせて反応しまし
ょう。慌てて駆け寄ったりせず、まずは「どうしたの？」と答え、様
子を見ます。

⑷ 進む時は、段階を踏んで少しずつ

　そのことでからかわれないよう、子どもを守りましょう。誰でも最
初はこんなふうだったはずです。みんなにもそのことを理解してもら
いましょう。

第8章　幼児期（外の世界へ）　293

⑸ 戸惑ってしまうのは当たり前

親が、高飛び込みや乗馬を初めて経験した時の話をしましょう。子どもが前に進むのを嫌がるなら、強要してはいけません。自分をだめだと思わせないようにすることです。そうすれば、親がどう思うかを気にせずに決断ができるようになっていきます。

⑹ いつもたどるパターンを確認しておく

最初は躊躇して、それから決断する、でも後でよかったと思う、というパターンです。おそらく、プールに初めて入った時やネコを初めて触った時も、最初はためらっていたはずです。そういった道のりを思い出させましょう。

⑺ 焦ってはいけません

怖がっている時、葛藤している時の子どもは、わがままで、しつこく、イライラしていますが、こちらまで怒っていては、うまくいきません。イライラの後ろにある不安に集中しましょう。相手にしているのは、「逃げたい」という子どもの本能的な激しい衝動です。

ここで早まった行動を執ってしまうと、さらに刺激を与え、望むようになるまでの時間が長引くことになります。力ずくで何とかしようと思わないことです。親がそういう態度を執ると、一時的には思いどおりになったとしても、子どもは自分という人間を大切に思うことができなくなり、親も信じられなくなってしまいます。子どもが不安に圧倒される時、その記憶は、経験から引っ張り出されてきているのです。

ステップ３　成功はもちろん、進歩や挑戦したことを喜びましょう

親の目標は、子どもが新しい体験をする時、気質によって確認を行うことはあっても、現実を正しく判断し、安全だと分かれば前に進み、楽しみや成功を味わうようにしていくことです。子どもが道を進みだし、いいことがあった時は、どんどん褒めましょう。

⑴ 成功を心に刻むために

大げさに褒めたり、他の人のいる前で自慢したりしてはいけませんが、このようにすればうまくいった、楽しい経験ができた、ということを認め、子どもの心に刻むようにしましょう。

（「滑り台が好きだったね。きっと気に入ると思っていたよ。楽しくてやめられないくらいだったね」）

⑵ 進歩を認めましょう

１カ月前、１年前、同じ状況で子どもはどうだったかを考えてみましょう。変化とは過程です。できないことでも、一夜の奇跡でもありません。

（「今までずっと見ているだけだったけれど、今日はやってみたね。すごいよ」）

⑶ 大切なのはチャレンジ精神

成功か失敗かではなく、挑戦したことを褒めましょう。

（「途中まで登ろうとしたね。すごいよ」）

⑷ 子どもに先生役をさせてみる

ぬいぐるみや、年下の子を前に、自分がどのようにして不安を克服してきたか、その結果がどうだったかを説明させましょう。そうすれば、この一連の過程が記憶に残ります。

⑸ 次への希望につなげる

　これをきっかけに、強くなる、自信が持てる、責任が持てるという夢を描けるようにしていきましょう。

◆人見知りがひどくても、心の中では冒険心が動いています

　次に「初めての人や、環境への恐怖」という、2つめの不安のタイプを見ていきましょう。

　ジャネットは生後6カ月にして、知らない人がやってくると顔を隠そうとしました。発育の標準からいえば、そのようなことをするのはもっと後です。祖母に1、2日会わなかっただけでも、慣れるのに時間がかかりました。

　2歳の時、母親は人に慣れるきっかけになればと、ジャネットを保育園に入れました。「あの時は、本当に大変でした」と母親は当時のことを振り返ります。

　ジャネットは、その年のハロウィンまで先生と話をすることができなかったのです。ウサギの仮面を着けていいことになると、ようやくその下から話すようになりました。

　でも、担当してくれた先生たちは皆、ジャネットのことを「自己肯定感が高く、楽しそうにしている」と言います。保育園を卒業してからは、幼稚園に喜んで通いました。まだ先生とはなかなか話すことはできませんでしたが、その年に親友ができました。19歳になった今も、友情は続いています。

　この時期のHSCにとって、人見知りをするのはごく普通のことです。

「注意しよう。今までに会ったことのない人だ」という用心システムと、「でも、人は大抵、小さな子には親切にしてくれるから、嫌な顔はしないでおこう。そしてどうなるか様子を見てみよう」という冒険システムの2つが働いています。私は、この年頃の子と飛行機の通路ですれ違う時、子どものそんなそぶりを見るのが好きです。

　子どもが大人を見て、「多くの人間は危険なんだ」と思ってしまわないようにしましょう。また、「知らない人と交流してみようかな」という気持ちが起きた時は、褒めるようにしましょう。訪問客には、子どもはすぐに打ち解けられるので、少し待ってもらい、強引なことはしないようにしてもらいます。心の準備がまだのようなら、相手に訳を話して、子どもがその人に内気な態度を執るのを許しましょう。親よりも子どものほうが、その人のことを分かっているかもしれません。

　親しい親戚であっても、心の準備ができてから交流させましょう。私は幼い頃、親族の集まりで、一人ひとり順番に手遊びの相手をさせられたことがあります。最悪の経験でした。嫌だと言ったのに強要する大人たちが怖くて、どうすることもできず、いたたまれない気持ちになりました。

　この年齢では、子どもが人に懐き過ぎるようなことはありません。誘拐や虐待を心配するあまり、子どもが知らない人と関わるたびに警戒する親が多いですが、統計的に見れば、そのようなことが起こる確率はまれです。子どもは親の危機感を鋭く感じ取りますから、親が世の中を怖いと思っていると、子どもにもそれが伝わります。

　もう少し大きくなったら、「知らない人の車に乗ってはいけない」「このようなことをしてくる大人には注意するように」ということを教えていく必要がありますが、この年齢では、外の危険に目を光らせるのは、子どもではなく親の役目です。ただし、警戒心にあまり気づかれないようにしましょう。

第8章　幼児期（外の世界へ）　297

「ママや信頼できる大人がそばにいてくれる時なら、知らない人と話しても安全だ」と思えるようにしていきましょう。

▌本当に独りぼっちになってしまわないために

　私が調べた限り、「子どもが内気になるのをどう防ぐか」をテーマにした研究では、いずれも、この時期に、人見知りの子をなるべく周囲に溶け込めるようサポートすることを勧めています。もう少し大きくなって、ひとりでいるのに慣れてしまうと、「本当に内気な子」になってしまいます。

　研究者には、内気なのを「治療する」と表現したり、「外向的なのはよいこと」という信念があり、その意味では、多少偏った意見かもしれません。しかし私たちの社会では、自信を持って社会に加われることが高く評価されるというのも、また事実です。多少の社交性や、少なくとも必要な時に発揮できる社交性を身につけておいたほうが、人生の選択の幅が広がることは間違いありません。

　人間は社会的動物です。「自分に合った」人がいる前では、（誰かひとり、静かに横にいてくれるだけでも）どのような子も穏やかで、安心した状態になります。ただし、数少ない人と深くつきあいたいという嗜好があっても、その誰かを選ぶには、大勢の人と出会う必要があります。

　ミネソタ大学の児童心理学者ミーガン・ガナーは、学童のコルチゾールレベルを１年間にわたって研究しました。開始時点では、人の輪に入っていく子（最初は嫌がっている子も含む）のコルチゾール値は高く、人見知りする子の値は低い（つまりストレスが少ない）傾向が見られました。しかし、１年後には、ひとりで遊ぶことにこだわっている子のほうが値が高くなっていて、不安を克服できず、孤立して周囲のサポートが得られていないことがうかがえました。

　つまり、子どもが後でつらい思いをしないためには、今、ちょっと

した「つらさ」を体験させる必要があるのです。気が進まないようでも、グループに入れて遊ばせましょう。保育園や幼稚園には心得のある先生もいますから、お願いしてもいいでしょう。最初の社会経験はとても大切です。

もう一度言います。この年齢で人見知りするのは正常なことですから心配する必要はありません。ただし、そのままにしておいてはいけません。

▌むしろ早いうちから、子どもたちの輪に入れていく

まず、親が周りの人を警戒していたら、子どももまねをします。何度も言いますが、親は手本にならなくてはなりません。人を家に呼ぶ、知らない人ともリラックスして話すなど、親自身の人見知りを直していきましょう。

ここで、私の失敗談を紹介します。息子が生まれた時、私たちはブリティッシュコロンビアの離島に住んでいて、その後、生後3カ月から1年3カ月までをパリで過ごし、再びこの島に戻ってきました。息子は健康で、予防接種もほとんど受けていたので、わざわざフェリーと車をそれぞれ2回ずつ乗り継いで、町へ出ることはありませんでした。3歳になって久々に小児科に行った時、息子は他の子どもを見て私に不安そうに聞いてきました。「あの子はどうしたの？　どうしてあんなに小さいの？」

「そうか。この子を他の子どもがいる場所に連れていったことがなかった！」と今さらながら思いました。

それまで、幼いうちから他の子と接する経験が必要だとは、考えたこともありませんでした。島を離れ、幼稚園に通い始めた時も、息子は子どもたちの輪に加わるのに随分と時間がかかりました。

あなたはこのような失敗をしないようにしてください。HSCは特に、早い時期から他の子と接することが大切です。ただし、負担がか

第8章 幼児期（外の世界へ）　299

からないよう、静かで短時間の交流にしましょう。相手の選び方も注意し、子どもに合った子（とその付き添いの大人）を選びましょう。同年代だからといって、誰とでもつきあえるわけではないのは、大人も子どもも同じです。相性のいい友達と環境を探しましょう。

　まずは、同じくらいの年齢の子がいる親と知り合いになることから始めてみましょう。年下の子と接すれば、自分が引っ張る立場になることで自信ができますし、年上の子なら、お兄さん、お姉さん代わりになってくれることも期待できます。

　相性がよさそうなら、遊ぶ機会を増やしていきましょう。次に、グループで遊べるようにしていきましょう。親子で集まれるようなスペースがあれば、子どもの行動に目が届きますし、子どもも母親が近くにいると分かって安心できます。

　それができたら、活動範囲を広げていきましょう。音楽や絵画、体操などの教室（親が横で見学できるようなもの）に行くのもいいでしょう。この時も、教室の雰囲気が大切です。いじめっ子や、意地悪な子がひとりでもいると、グループの雰囲気が台なしになります。慎重に選びましょう。

　子どもを保育園や幼稚園に通わせることを検討している親もいるでしょうから、それらの利点を見ていきます。

◆外の世界へのサポートには、保育園や幼稚園が効果的

保育園や幼稚園は、家の外の世界に触れる第一歩として、また、小学校に行く前の準備としても、素晴らしい機会です。ジャネットの母親は、2歳の娘をこんなに早く保育園に入れていいかどうか迷っていました。

私がインタビューした先生たちは、「お子さんに合った所なら、ぜひとも入れるべきだ」と言っています。保育園や幼稚園を経験せず、いきなり小学校に行くというのは、HSCにとっては大変です。

また、「うちの子は敏感だから、毎日ではなく週に2日程度のほうがいいだろう」と思う人もいるかもしれませんが、むしろ、短時間でもいいから毎日通わせ、日課に組み入れたほうがいいそうです。そうすれば、一日ずっと家で過ごす日々から、園で過ごす日々へと、習慣を大きく変えなくても済みます。

▌友達作りが楽しいと思えるように

新しい体験をするのと同じく、子どもが人との出会いを楽しみにできるようにしたいものです。それには、子どもがある特定の子とうまくいかないようなら、その子と遊ぶのを強制しないようにしましょう。HSCは、極端な非HSCや、強いストレスを受けている子が苦手です。いずれはそのような子ともうまくやっていけるようになる必要がありますが、最初からそれを求めるのは酷です。

誕生日パーティーなど、初めての体験をする時は、このような点を守り、前もって、どのような状況か、誰がいるのかを伝えておきます。子どもが誰かを気に入ったら、いい関係が築けるように応援しましょう。

新しい友達と遊ぶ時は、他の子との楽しかった経験を思い出させ、「きっとまた楽しく遊べるよ」と声をかけましょう。①子どもと一緒

にその場に行って、②一歩引いて見守り、③いつでも手の届く所にいて、④うまくいくようなら気配を消す、というステップでやっていきます。短時間で切り上げて、子どもが、「まだ遊び足りない、もっと遊びたい」と思えるようにしましょう。

その他のポイントとしては次のようなものがあります。

① 準備する側になる

状況になじみやすくなる方法を考えましょう。子どもと一緒に早めに行って、準備を手伝うのもいい方法です。そうすれば、他の子が来た時に、自分が「受け入れる側」だと思うことができます。これは大きな自信になります。そして早めに帰りましょう。疲れて脱落してしまう前に切り上げることが大切です。

② 遊びながら会話の練習を

ロールプレイやごっこ遊びをして、最初のあいさつ、質問に答える、質問をする、雑談をするといった練習をしましょう。まずは大人たちに「必ず」聞かれる質問にそつなく答えることから始めましょう。「5歳です。幼稚園に通っています。おじさんは何年生の時がいちばんよかったですか？」

深刻にならないよう、楽しく、面白くやりましょう。

例えば、女の子なのに恐竜好きの趣味を持っているなら、「ブロントサウルスの朝ご飯って知っていますか？」変わったペットを飼っているなら、「かわいいネコですね。僕もイヌを飼っていて、ピッピーという名前で、なんとカタツムリを食べるんですよ」などと、ユーモアを交えて話せるようになれば、相手は笑ってくれて、子どももリラックスできるのではないかと思います。

③ 親同士、協力して子どもに話しかける

ママ友に頼んで、子どもと2人で話してもらいましょう。大人から注目してもらえるのは、子どもにとって何よりの自信になります。ただし、質問し過ぎないように前もってお願いしておきます。

幼稚園でのショー・アンド・テル（自分の好きな物を、クラスみんなの前で話し、質問を受けて答える授業）で、無口な子どもの様子を観察した時、大人が質問するとしゃべらなくなるという傾向が見られました。[*69]

質問には、少なくとも子どもにとって「力関係」を感じさせるところがあります。大人がする質問は話題が決められ、答えもすでに予測されていることが多いものです。質問したほうがすぐに話せると考える先生もいますが、実際には、質問せずに待っていたほうが話しやすくなるようです。

どうしても質問したくなってしまうのは、しかたがありません。大人と子どもとでは、会話のテンポが違い、大人の会話では3秒以上の沈黙が流れると、ぎくしゃくしてしまいがちです。でも、気にせずに待っていられるようにすれば、子どもはもっと話すようになるでしょう。

子どもとの会話では、「私も昔、ネコを飼っていたよ。黒いネコだったから、『ミステリー』と名前をつけたの」というように自分のことを話すといいでしょう。そして、言葉以外の手段で、ちゃんと話を聞いているんだよ、ということを示しながら、子どもが話し出すのを待ちましょう。

④ 仲間に入るきっかけを作る

リーダー格で親切な子に、子どもと話したり、仲間に入れてもらったりするように頼みましょう。また、年下の子と遊べば、リードする側になり、自信につながります。

⑤ まずは親から社交的に

親自身が社交的になって、友人を招待したり、友情の素晴らしさを子どもに伝えたりしましょう。

⑥ 環境を整える

ひとりで社会に飛び込んでいくのに、ふさわしい環境を作りましょう。

これについては、次から説明していきます。

■ HSC を理解してくれる保育環境を選びましょう

保育園や幼稚園、託児所は、どこも同じというわけではありません。前の章で紹介したアリスの通った幼稚園は、彼女が敏感なことを理解してくれていましたが、他の所はそうでないかもしれません。ですから、実際に園に行って見学し、先生に質問してみることです。

第1の判断基準は、騒がし過ぎず、人が多過ぎないことです。刺激が強過ぎない落ち着いた環境がいいでしょう（もちろん、親がいいと思えることが大切です）。そのような環境なら、子どもは最適な刺激レベルで過ごしながら、社会生活に挑んでいくことができるでしょう。少人数制か、設備が整っているかどうかも確認しておきます。[*70]

環境と設備を検討したら、子どもが敏感なことを先生に話しましょう。「子どもに問題がある」と言う先生もいるでしょうし、「親御さんは皆、自分の子は他の子と違って、特別だと思うものですよ」などと言う人もいるでしょう。先生が「理解してくれるか」、少なくとも聞こうとしてくれるかを見ましょう。気質について説明する時は、ポジティブに表現しましょう。

特に、子どもが人見知りの場合は、決められたグループに入っていけない子や、他の子と遊ばない子をどうフォローするかを聞いてみましょう。

例えば、最初は先生と2人で、あるいは友達と2人で遊ばせ、それから1人ずつ加えていく。2人で遊べたら次は3人、4人と増やしていくなど、時間と段階を踏んで、準備をしてからグループに加わるようサポートしてくれるなら大丈夫です。

　30分から2時間程度見学し、それを数日続けてみましょう。入学させてからも、何日かは、子どもがうまくやっていけない時はいつでも知らせてもらえるよう、車の中か、どこか近くの場所で待っているのもいいでしょう。

▌初めての登園を乗り切るには

　保育園や幼稚園、託児所に通うと、親との別れを毎日体験するようになります。子どもにとっての初めての経験ですから、うまく日課に組み入れ、「引きずらない」ようにしましょう。

　これまで、祖父母や親戚、好きな友達との間で社交経験を積んできました。次のステップとしては、親と一緒に見学した、珍しいおもちゃがたくさん置いてある保育園や幼稚園は最適です。

① 子どもが驚かないよう、しばらくの時間、親と離れることをよく説明しておく

　子どもが悲しんだり、うろたえたりしない限り、その子に合わせたトーンで、淡々と話します。それから、「ママもあなたと同じ気持ちだけれども、頑張ってやっていくよ」ということを伝えましょう。

② 離れている間の、自分の予定を伝える

　特別なことではなく、「あの人に電話するよ」「台所を掃除しておくね」というようなことです。帰ってきてからの予定も話しておきましょう。そうすれば、子どもは親の存在をずっと感じていることができます。

③ 安心できる物を持っていかせましょう

母親の物や写真など、子どもの気持ちが落ち着く物を、ポケットか小さなケースに入れて持たせておきます。

④ 最初は短時間にして、お迎えは早めに

「ママが迎えに来るからね」「ママが迎えに来たよ」と、そのつど伝えましょう。

⑤ 帰りの時間を、分かるように伝えておく

迎えに来る時間を、子どものスケジュールの言葉（「お休みの時間が終わったら」など）で、しっかりと伝えましょう。

⑥ バイバイする時の習慣を、特別に作りましょう

特別な握手やハグをするか、「なめくじを食べたらだめよ（ノロノロしないでね）」「ほら、笑顔でね」といった、2人だけのあいさつをしましょう。

⑦ 離れたあと、5分以上泣いていないかを確認する

頃合いを見て電話で様子を聞くか、ママ友に報告してもらいましょう。何週間かたっても、15分以上泣き続けている、いったん泣きやんでもまたぐずぐずしているようなら、預けるのは早過ぎるのかもしれません。ただ、特に、慣れるのに時間がかかる子どもの場合には、泣くことが親と別れる儀式になっているケースもあります。母親の直感に従いましょう。

朝は泣いていた子が、帰ってきた時はイキイキとうれしそうにしているなら、心配は要りません。そうでないなら、もう少し家にいさせるか、保育時間を短くしたり、園の様子（子どもが多過ぎたり、騒がし過ぎたりはしないか）を確認しましょう。しっかりと温かく育てて

くれる園だと思ったら、少なくとも1週間は様子を見てみましょう。

⑧ 子どもの次は、親の気持ちを吹っ切る番です

　子どもが離れるのに慣れてきたら、明るくきっぱりと、短時間で出発し、親の気持ちがぐらつくのを見せないようにします。出発とお迎えの時間も決めましょう。

⑨ 慌ただしくならないように

　家を出て保育園に着き、親と別れるまで、興奮させないよう時間に余裕を持って行動しましょう。

⑩ 家に帰ってくるのも、また一つの移行です

　楽しく帰宅できるようにしましょう。子どもが自分の便意に気づいていないことがあるので、帰る前にトイレに行かせます。帰りの車の中では、園であったことを聞きましょう。家にはおやつを用意しておきます。HSCは静かな環境に戻ってきてようやく、自分がのどが渇いていたり、おなかがすいていることに気づくことがあります。また、おやつは移行の儀式にもなります。

⑪ 時々は、通っている保育園に行きましょう

　子どもが何をやっているか、親が見るいい機会になりますし、家でもいい話題になるでしょう。家と園の2つの世界をつなぐためにも効果的です。

◆防ぎようのない怖いことに遭ってしまったら

　新しい場所や、人への警戒心は比較的簡単に解くことができても、子どもはいずれ、本当に怖いことを聞いたり、体験したりしていくでしょう。そのような時には、子どもの不安に向き合わなくてはなりません。

　親も怖くてその不安を防ぐことができず、罪の意識を感じるかもしれませんが、話題にするのを避けたり、ただ漫然と不安が消えるのを望んでいてはだめです。親自身も打撃を受けているなら、まずは誰か大人の助けを借りて自分を立て直し、それから子どもと話しましょう。

① 必要のない不安からは、解き放たれるように

　そのためには、親自身の感情にまず対処し、不安を子どもに伝えないようにしなくてはなりません。ただ、子どもは、例えば飛行機事故や牛の屠殺（とさつ）の様子、誘拐された子どもがどうなるかなどを頭の中で想像していることがあります。このような想像がどんどん膨らむようなら、頭の外に出させたほうがいいでしょう。ですから、まず、どんな情報を得て、何を想像しているかを聞いてみましょう。

② 悪い想像をするのは、おかしなことではありません

　想像を吐き出させたら、次はそれに対する子どもの「思い」を聞きましょう。不安を共有すれば、ひとりで抱え込まなくて済みます。不安を軽く見たり、子どもが「こんな不安を感じるなんて、自分はだめな子だ」と思ったりしてしまわないようにしましょう。

③ 自分はどう対処しているかを話しておく

　災害や侵入者に備えて準備をしているなら、それを伝えましょう。自分では防ぎようのないことについては、心を落ち着け、コントロー

ルすることを教えます。

（「ママも、不安なことがあるけれど、『そういうことが起こる確率は
わずかだから、心配しないでおこう』と言い聞かせているんだよ」
「ママも以前、飛行機がエアポケットに入って、こんなふうに揺れて
とても怖かったことがあった。でも、『後はなるようにしかならない』
と思って乗り切ったよ」など）

防ぎようのないことへの不安にも立ち向かわなければならないこと、
そうしないと負けてしまうことを伝えましょう。

④ ありえないことは、論理的に誤解を解くのがいちばん

例えば、内陸部に住みながら津波を恐れている子には、「ここなら
津波の被害に遭うことはない」と説明しましょう。理解できる年齢な
ら、確率の話をします。コインを何度か投げて、続けて表が 8 回出る
確率について計算し、恐れていることが起こる確率はこの程度だと説
明しましょう。

⑤ 克服できる不安なら、少しずつ慣れさせましょう

全ての不安を克服する必要はありませんが、いくつか不安を克服す
る方法を学ぶのはいいことです。親が、飛行機、クモ、ヘビ、イヌな
ど、怖いものについて、本で勉強するのもいいでしょう。

まず、それらの明るくて楽しい話から教えるようにして、徐々に子
どもが怖がりそうな話も含めていくのです。そうやって、これらに対
して、いい体験と悪い体験と、両方を想像させます。それから見に行
き、次に触ってみましょう。ただし、クモやヘビ、高所への恐怖は先
天的なもので、克服するのが（不可能ではないにしても）難しいこと
が多いものです。ヘビは実物を見せるなら、野生のヘビではなく、動
物園の爬虫類コーナーか、ペットショップに行きましょう。

⑥ 口に出さない不安にも、常に安心できる声かけを

「みんな不安に思っているよ」「ママがあなたぐらいの年の時には、〇〇が怖かった。あなたは？」などと声をかけてみましょう。

⑦ 怖い人ばかりではないことを教えましょう

例えば、子どもを親切な警官やスクールの警備員の所に連れていき、彼らが子どもの安全を守るためにどれだけ頑張っているかを教えましょう。怖いニュースをできる限り耳に入れさせないようにしましょう。もし聞いてしまったら、すぐにそれについて話し合います。「こんなことはほとんど起こらない。人は普通はこんなことをしない」ということを伝え、バランスの取れた理性的な対応をとる手本になりましょう。

⑧ 親自身が、犯罪や暴力への恐怖感を抱えている場合

自分も子どもも、被害者にならないための対処法を勉強しておきます。できる限りのことをしましょう。そして肩の力を抜きましょう。子どもは親の不安を感じ取ります。

⑨ 自動車事故や火事を目撃したり、事件に巻き込まれたりした時

動揺しているようなら、できれば、親かセラピストがいる静かな場所で、恐怖感をとことん吐き出させましょう。子どもの気持ちを受容し、起こったことを引きずらなくて済むようしましょう。これは大きな癒やしになります。ただし、親自身のケアも忘れないように。

また、大人にとっては慣れたことでも、子どもには大きな影響を与えることがありますから、過小評価しないようにしましょう。注射などの医療行為、通院、入院、家から長く離れる、ペットの死、好きなおもちゃが壊れてしまったことなどが、子どもには深い傷となる可能性があります。

◆人生旅立ちの始まりに、親の責任は重大です

　人一倍敏感であることは、不安を抱えて生きていくという意味ではありません。

　確かに、HSC は全ての状況を慎重に処理して、危険を鋭く感じ取るため、大胆で冒険好きな子には育ちにくい面があります。だからこそ、どのような経験をするか、どのように育てられるかが大きく影響してきます。親の責任は重大です。

　子どもが不安に立ち向かう勇気を持ち、人生は基本的に安全で、信頼できる、生きていてうれしいと感じられる旅なのだと思えるようにしていきましょう。

第9章

小学生時代を健やかに過ごし、生きる力を育むために

　この章では、小学生、およそ5歳から12歳のHSCへの家庭での対応を話します。引っ越しや連休といった大きな変化、刺激を伴う出来事への注意点の他、頻度としては少ないのですが、不安と抑うつ状態の対処法も取り上げます。このような問題に効果的なのは、家族みんなが、なるべくストレスのない生活を送ることです。そのヒントも紹介します。

　最後に、少数派ですが扱いにくいタイプのHSCについても取り上げました。HSCにも、カンが強く、活動的で、気が散りやすく、いこじで、細かいことにこだわり、イライラしやすい子がいます。治療が必要かどうかの見極め方もお伝えします。

◆**学童期は、独特の才能を開花させる時期です**

　対処法を見ていく前に、まず、HSCを育てる喜びを知りましょう。それを存分に感じられるのが、5歳から12歳頃です。

　この時期の好奇心や創造性、世界を見る独特の視点を観察するのは、親には大きな楽しみです。音楽、絵画、数学、自然科学などの分野で、

驚くような才能を発揮する子もいます。この頃からすでにチェスなどのゲームや、独自の小さな「ビジネス」を始める子も大勢います。

　例えば、ナンシーは、本来は外向的な子ではありませんが、お金を稼ぐ方法を思いついた時は別です。7歳の時にはアイスキャンディーの棒で人形を作って、母親が少し離れて見守る中で、1軒1軒売り歩きました。10歳の時には小説を書き、それも同じように売りました。

　すでに、かなり自己コントロールできるようになっています。立ち止まって確認し、ここで前に進まなかったらどうなるかを考え、自分の力で、それも思いがけない方法で問題を解決して進んでいきます。

　例えば、キャサリンは、知らない人と会うのが苦手で、家から出ようとしない子でした。3、4年生の時には、先生との相性が合わず、また耳の感染症がもとで歯の治療に通うなど大変でした。歯医者のことを考えると吐くほどでした。また、学校のテストを乗り切るために、児童心理学者に診てもらったこともありました。でも、5年生で交換留学生としてフランスに行く機会が訪れた時には、彼女は自分で行くべきだと思い、行きたいと強く主張しました。両親もそれを許しました。

　キャサリンの直感は確かでした。ステイ先の家族はとても素晴らしい人たちで、高校生になった今でも交流は続き、これまでに3回にわたってフランスを訪れています。5年生という幼い頃から、彼女はすでに、「立ち止まって確認し、深く考える。そして自分の選択に自信を持つ」という姿勢を身につけていたのです。

　この時期になると、HSCは、家族の感情のトーンを鋭く感じて、思いやりも示すようになります。これもキャサリンの例ですが、彼女が3歳の時、弟が生まれました。弟にはダウン症をはじめとする深刻な体の疾患がありました。母親は毎日のように彼を医者に連れていきました。家族はみんな、その影響を受けていましたが、いちばん大変だったのが母親です。

第9章　小学生時代を健やかに過ごし、生きる力を育むために　313

ある日、病院に行く前に息子がいなくなり、母親は疲れ切って探すことができなくなってしまいました。座り込んで泣きだす母に代わって、5歳のキャサリンがベッドで毛布にくるまっていた弟を見つけました。そして、母の隣に座って「ママ、大丈夫だよ。私たちは家族だからね」と言いました。母親を変えた一言でした。これを聞いた瞬間、「娘がこんなにしっかりと前を向いているのだから、自分だって頑張ることができる」と思ったのだそうです。

　しかし「うちの子は、癒やしどころかトラブルのもとです」と言う親もいるかもしれません。安心してください。あなただけではありません。この章の後半で、わがまま姫のディナと、暴君チャックという2人のHSCを紹介します。

◆日常生活で気をつけたいこと

　この年齢のHSCに起こりやすい問題を、いくつか話しておきましょう。まず、日常生活の問題、次に、けんかや休日、引っ越しなどで起きる問題、最後に、不安と抑うつ（この状態にならなくて済めば、それに越したことはないのですが）の順で見ていきます。

■ よい習慣やマナーを無理なく身につけるには？

　一般的に、HSCには規則正しい生活、少なくとも、それによる静けさが必要です。小学生になったら、一日にすることと、ルールや褒美を決めて、よい習慣を作れるようにしましょう。

　（「服を着て、ご飯を食べて、用事を済ませたら、学校へ行くまで〈あるいは寝るまで〉何をしていてもいいよ」など）

　登校や就寝までにやらなくてはならないことを、個条書きにして張

り出し、子どもが一つひとつ確認できるようにしましょう。1、2週間後には、もう習慣になっているはずですから、「チェックリストどおりにやってる？」と声をかければじゅうぶんです。

　習慣になったら、小さなことから責任を持たせていきましょう。これは大人になる準備です（いつから責任を持たせるかは、子どもや責任の内容によっても変わってきますが、早いほどいいでしょう）。食べる物、寝る時間、着る服とそれを洗濯するタイミングを決めさせましょう。

　約束の時間にベッドに入らなかったり、服をたたまなかったりしたらどうなるか、親の説教や罰によってではなく、生活の中で理解できるようにしていきます。守らないと自分が困ることを体験して分かっていないと、ルールの意味も分からなくなってしまいます。

　もちろん、親が意見やルールを強く言ったほうがいいこともあります。就寝もその一つです。HSCはたくさんの睡眠が必要です。睡眠はダウンタイムでもあるからです。早く寝るように言い聞かせ、寝ようとしないのが続くなら、何年かかっても、「じゅうぶんな睡眠を取ると気分がいい」と分かるようにしていきましょう。

　家の手伝いは、親の主張を押しつけないほうがいいでしょう。お勧めは、家族会議を開くことです。2人家族なら、2人で話し合いましょう。特にHSCは、自分の気持ちを主張したり、他の人の考えと折り合いをつけたりする方法を学ぶ必要があります。家族会議はよい機会になります。会議では、家の仕事と分担を皆で話し合い、決められた仕事をやらなかった時のペナルティーについても、前もってみんなで確認しておきましょう。ペナルティーは、さぼったことの埋め合わせになるようなものにしましょう。

　例えば、ごみ出しは（みんなのごみです。親だけが出しにいかなくてもいいでしょう）、当番の日にごみを出さなかったら、2週間ずっとごみを出すというルールにしましょう。子どもがごみ出しを忘れた

第9章　小学生時代を健やかに過ごし、生きる力を育むために　315

からといって、一方的に外出禁止やテレビ禁止にしてはいけません。それでは民主主義ではなく専制政治になってしまいます。

　お互いに気持ちよく過ごすためのマナーについても決めておきましょう。誰かの悪口を言ったり、悪態をついたりするのはよくないと話し合ったら、そのようなことをした場合にはまず謝り、反省文を書いて次の家族会議で読み上げるというルールを作りましょう。ルールは、両親を含めみんなに適用します。

　時には、なかなか決まらず、そこまでして話し合わなくてもと思うこともあるかもしれません。でも、会議の目的は、合意ではなく、子どもがそこから学んでいくことです。例えば、HSC は、家では大声を出さず、静かに過ごしたいと思っていても、上の子は、気分がいいとはしゃぎたくなるし、時には納得いくまで言い合いたいと思っています。

　こういう場合、家が静かになるかどうかよりも、2 人がよく話し合って、創造的で互いに納得のいく解決法を見つけることのほうが、はるかに大切です。経験を積んでいくうちに、意見が違っても大丈夫、話し合えば、相手との距離が縮まると思えるようになります。

　子どもがルールを守らない時は、何か事情があるかもしれません。例えば、新しい友達や遊びに夢中になっていて、家に帰る時間を過ぎてしまうこともあります。まず、なぜ守れなかったかを尋ねましょう。言い訳の裏に、どんな事情があるかが酌み取れます。もし、今回はペナルティーを与えるとしても、その後のルールは見直したほうがいいこともあります。

▍ 激しいけんかも、話し合いのルールを学ぶ機会

　この年齢になると、きょうだいや友達と、激しいけんかをするようになります。HSC は、ずけずけと鋭いことを言います。過剰な刺激を受けたり、追い詰められたりすると、荒い言葉を使い、相手をたた

くこともあります。基準をしっかりさせましょう。例えば「攻撃しない」というルールを決めたら、それを守らせます。

（ここでいう攻撃とは、相手を傷つけようとする言動です。それに対して怒りは、「自分」を傷つけるのをやめてほしいという強いメッセージです。怒りは「これ以上やられたら、私は傷つく」という、自分の境界を明確にすることですが、攻撃は他人の境界を踏み越えることです）

けんかが激しくなったら、まず２人（特にHSC）に、心を落ち着けてじっくりと考える時間を20分くらい取らせましょう。それから２人を一緒にして、何があったか話し合わせます。公平に真実を追究し、悪かったことは謝ることを手本とさせるのです。

先にも述べたことですが、目標は仲直りではなく、子どもが話し合いのルールを学ぶことです。ルールとは、悪口を言わない、相手を責めない、また、「あんたはいつもインチキをする」とか、「昨日の晩、お手伝いをさぼったから、こういう目に遭って当然だよ」などと言わず、目の前の問題だけに集中することです。そのためにも、まず親が落ち着くことが大切です。

それから、何をどうしたらいいかを話し合いましょう。お互いの意見を聞いて、かわるがわる話をさせ、どちらも納得する状態に持っていきます。第４章でも言いましたが、けんかの時、こういうことが自分たちでできるようになるまでは、子どもたちだけにしないようにしましょう。

事情が分からないのに「どっちも悪い」などと言ってはいけません。HSCは特に、親から不当な扱いを受けることが嫌いです。必要な時に助けを求めることができないと思うようになり、迎合し過ぎたり、他の子を支配したりするようになります。いつも同じ子とけんかをするようなら、原因を突き止めましょう。

第９章　小学生時代を健やかに過ごし、生きる力を育むために　317

連休や長期休みは、ゆったり、楽しい思い出作りを

　連休は大げさなものではなく、シンプルで充実したものにしましょう。お客さんにも気をつけます。多過ぎると、HSCの負担になります。特に「突然の来客」は要注意です。親しく接してくれても、子どもには礼儀正しく「こんにちは」とあいさつする以上のことは求めないようにしましょう。ただし、お客さんと楽しく過ごせるようにして、子どもが親しんでいる人なら、あまり気にせず招き入れましょう。

　長期休みは特にワクワクするものです。プレゼントをもらったり、特別な服を着たり、来客があればなおさらです。葬式などは、子どもが重く受け止め過ぎないよう、分かることだけを伝え、理解できそうにないことは、もう少し大きくなってからにしましょう。

　家族で休日の習慣や、決まった過ごし方を設けておくのもいいでしょう。HSCはこういったことが好きです。習慣にすることで、イベントが、ただの刺激ではなく、懐かしくて心休まるものになります。こうして刺激を最適にコントロールすれば、子どもは休日をもっと楽しめるようになります。目新しいことや興奮すること、サプライズを準備し過ぎると、HSCは興奮して眠れなくなってしまいます。

引っ越しは、苗木を移植するように慎重に

　ランドールが1年生の時、家族で引っ越しをすることになりました。彼は新しい家でも、昔の自分の部屋を懐かしがって、新しい部屋を全く同じようにしたがりました。向かいに住んでいる男の子が遊びに誘ってきても、何カ月かは外に出ようとしませんでした。ようやく遊びに行けるようになった時も、お気に入りのビデオを一緒に持っていきました（これは今でも、2人の母親の間の笑い話です）。ランドールは、生活の変化の中で、部屋を全て同じようにすることで、刺激をコントロールしようとしていたのです。

　HSCによっては、できれば引っ越しを経験させないほうがいい場

合もあります。そのような子は、ネコのように自分のテリトリーを大切にし、家の壁や、庭の木々や草に、自分だけの目印を付けています。その空間がその子の世界なのです。引っ越しは、根をしっかり張った木を移植するようなものです。軽々しくやるべきではありません。

　どうしても引っ越しが必要なら、子どもにとってよい経験になるよう、準備にじゅうぶんな時間をかけてください。引っ越しの前後には、子どもを、それまでの環境と似ている公園や図書館、店へ連れていきましょう。子どもの部屋の荷造りは最後にして、荷ほどきは最初にします。この時、子どもの物を捨てないようにしましょう。変えたいと言わない限り、家具や持ち物は同じように配置します。一緒に手伝わせて、お気に入りの枕など、「心が落ち着く物」を箱に詰めておき、到着したらすぐに開けられるようにしましょう。

　引っ越し当日は、誰にとってもストレスがかかりますから、みんなに最適な計画を立てましょう。子どもにはじゅうぶん時間をかけて、これから引っ越しすることを理解させます。引っ越し作業を手伝わせるのもいいでしょうし、当日はどこか別の場所に行かせる方法もあります。

　引っ越しの前に理解させるのはもちろんですが、引っ越してからも、しばらくは子どもの気持ちを聞き、親の思いも話しましょう。寂しく悲しく感じていいのだと説明します（ただし、親の気持ちを子どもに背負わせてはいけません）。

「うさぎ小屋からお城に引っ越しても、ちょっとはうさぎ小屋が懐かしいね」と言いながら、"お城"のよさも伝えましょう。

　親自身のストレスや、感情、喪失感にも気をつけます。家族との食事、読書、キャッチボールなど、子どもとふだんからしていることを続けましょう。これは親にとっても、子どもにとってもいいことです。

第9章　小学生時代を健やかに過ごし、生きる力を育むために　319

◆嫌な時、落ち込んだ時の不安解消法

学校で友達ができない、家族に病人がいる、親が失業中でお金がないなど、HSCはストレスの下では、不安症や抑うつ状態（現代の脳科学では、この2つは密接に関連すると考えられています）になりやすくなります。

HSCの中には、人生そのものにまつわる恐怖や悲しみを知り、対処しているうちに、抑うつ状態になる子がいます。そういう子たちは、周りの真の危険や喪失を強く感じます。

子どもが不安症や抑うつ状態になっても、自分を責めないでください。親が何らかのストレスを加えてしまったとしても、おそらくしかたがなかったのでしょう。少なくとも、傷つきやすいという特性を持って生まれてきたことは、どうしようもできなかったのです。大切なのは、置かれた状況にどう対処するかです。

第7章で見てきたように、不安はどんどん膨れて慢性化します。不安の種はできるだけ減らすことが大切です。幸いこの年齢の子どもは、もうしっかりした理解力を持っています。不安が現実に起こる確率はごくわずかだと伝えましょう。

「可能性は小さくてもゼロではないから不安だ」という見方もあるでしょう。特にHSCは、とにかくリスクを避けたがります。でも、人生にはよくないことが起きる可能性もあると分かったうえで、それでも勇気を持って生きていかなくてはならないこともあります。これは、HSC、HSPにとっては難しいことです。

非HSCならば、「そんなことは起こらないだろう」と思うことができても、HSCはどうしても現実を見てしまいます。ですから、子どもが勇気を持てるように、サポートしていきましょう。不安をはねつけるのではなく、そういった感情を抱えながらも、うまく生きていく方法を教えましょう。

子どもが、不安症だけではなく、抑うつ状態になることもあります（これは、不安やストレスが続いたあとによくあります）。うつの兆候として、不眠、過眠、元気がなくなる、楽しみが感じられない、興味が持てない、食欲不振の他、特に子どもの場合は、過剰にイライラする、急に不適切な行為や、「行動化」が増える、今までにないほどひきこもる、などの様子が見られます。

　このような症状をほぼ一日中感じている状態が、ほとんど毎日、2週間続けば、単に気分がふさいでいるのではなく、うつ病だと思われます。しかし、うつ病の人は、他人と一緒にいる時は元気に見えることがあります。ごく近い家族だけが、その変化に気づくこともあります。

　私がインタビューした人の中にも、子どもがうつ病になり、すぐに薬物療法を受けるケースが何例かありました。

　私が息子を育てていた時代には、抗うつ剤が簡単に処方されることはありませんでした。息子は強い感情を持っていましたが、抗うつ剤を使わずに対処しました。ですが今日では、HSCの親は、子どもが慢性の不安、うつ、興奮状態になっている時、難しい決断をしなくてはなりません。薬をのむと決める前に、さまざまな面から検討し、少なくとも、後になって「あの時のまなければよかった」と思うことのないようにしましょう。

　薬についての医師の知識の大半は製薬会社から得たもので、会社は当然、自社マーケットを拡大しようとしています。ですから、薬の欠点を医師に語ることは少なく、おそらく知られないままでしょう。しかし、薬が成長期の脳に与える何らかの影響までは予測できません。子どもに抗うつ剤（あるいはリタリン）が処方されるようになったのはごく最近で、生涯にわたる薬の影響を評価できるほどのデータは、まだありません。

　抗うつ剤の研究は、まだ発展途上で、よい面ばかりしか聞かされて

いないことを考えると、私は、まずは他の方法を試すほうがいいと思います。例えば、親がカウンセリングを受け、子どもの気質に合わせた子育てをすることで、ストレスが減るかもしれません。

　親がひとりで、あるいは夫婦で児童精神科医やカウンセラーの所に行って、家族関係に何か問題がないか相談するのもいいでしょう。両親だけでうまくいかない場合は、子どもを同行させるのもいいですが、それは最後の手段にしましょう。というのは、この年齢の子どもは、自分が治療される意味を理解できず、異常だと思われ始めたと感じて、不安やうつを加速させることもあるからです。

　また、抗うつ剤には依存性がなくても、すぐに効果があれば、不安定な状態への恐怖から、薬をやめるのが難しくなります。しかし大切なのは、大抵のHSCは常に多少の不安を抱えていて、時々は、短期間（２週間未満）うつ状態になることもある、と知っておくことです。

　特に、がっかりすることや、喪失体験、拒絶された体験など、明らかな理由があり、落ち込んだ状態が長く続いて学業に支障が出るようなら、子どもの気分を変える方法（薬以外）を試してみるといいでしょう。練習を積むうちに、どうしたら自分の気分を変えられるかが分かってきます。このようなスキルがないと、生涯にわたって薬をのむことになりかねず、その影響は我々にとってまだ未知の領域です。

　もう一つ、少量の薬で、「不安は残っていても、何とかコントロールできる状態」にしておく方法もあります（症状が全くなくなるのを目指すのではありません）。

　この場合、親がアドバイスし、自ら手本になることで、子どもにとっては最高のセラピーになります。プロから「自分の行動をコントロールする方法」「気分をコントロールする方法」のコーチ術を学び、教えるのもいいでしょう。

　例えば、子どもに不安やうつへの対処法を教えるには、まず、その気持ち自体に気づかせて、共感します（「今日はちょっと落ち込んで

いるね。つらい時もあるよね」）。その後、原因を探します（「夕方、何か腹が立つことがあった？」）。

　この時、詮索したいのではなく、気分をよくする方法を見つけるために、原因を知りたいのだと伝えましょう。

　共感し、事情を少しでも理解できたら、ただ気分を受け入れるだけでなく、子どもに行動を起こすことを勧めてみましょう。やり方はいくつかあります。

　例えば、不安の原因となった出来事が本当かどうかを調べるのも一つです（「パパがあなたに怒っているかどうか、聞いて確かめてみようか」）。

　また、起こったことを振り返り、新たな視点から見てみる方法（リフレーミング）もあります（「今回は勝てなかったね。でも、経験豊富な年上の子との対戦は初めてでしょう？」）。

　あるいは、これからそのような気分になるのを防ぐ方法を考えることもできます（「あなたはどうか分からないけれど、ママはこういう映画は見ないよ。作った人や喜んで見ている人、『ただの映画だ』としか思わない人もいるけれど、こういうのが嫌いな人もたくさんいるよ。もちろんママも好きじゃないよ」）。

　映画の例のように、気分の原因を何とかしようとしても簡単には解決できない時や、よくない気分が長引く時には、次のアドバイスを試してみましょう。

① 気分転換を勧めてみる

　気分を変えるヒントを考えさせ、乗り気でなくてもやらせてみましょう。
「ソファーで寝ていたい気持ちは分かるけれど、散歩（あるいは入浴、休む、友人と過ごす、パパと話すなど）してみたらどう？　ママも、最初は気が進まなくても、すっきりするから、やってみることにして

第9章　小学生時代を健やかに過ごし、生きる力を育むために　323

るよ」

② 時間に解決してもらう

　気分は、自然に変わるものだと実感させるには、別のことを始める
のも一つの方法です。
「朝（あるいは食後、体を起こしてふろに入ったあと）には気分がよ
くなっているよ」

③ 一緒に悩む

　問題解決の力になりましょう。
「もっといい方法を考えてみようか」

④ 現実的な方法を提案する

　助けを求めても大丈夫だと伝えましょう。
「ママかあなたのどちらかが、先生（あるいはカウンセラーやグルー
プの責任者）に話したほうがいいんじゃないかな。どう思う？」

　子どもにとってのいちばんいい方法を見つけ、それを伝えましょう。
そして実践するのを見守りましょう。親の役割は、子どもの気分を観
察し、そのコントロールをすることです。親が勧めたことを無視した
り、拒絶したりしても、気にしないようにしましょう。次の機会には
やってみるかもしれません。

　私は決して、薬物療法に反対というわけではありません。特に、い
つもと違うストレスがあったり、悪い気分や不安が常に続いたりする
と、成長期の脳は生理学的な影響を受けます。そのような場合は、薬
が必要になることもあるでしょう。

　薬という選択肢があるのは素晴らしいことです。しかし、薬を使う
場合は、じゅうぶんに説明を受けましょう。複数の専門家に意見を聞

くか、第1章で述べたような、チームアプローチを執っている専門家グループに相談しましょう。薬物療法は、子どもの環境を調整したり、対応スキルを向上させたりすることによって、さらなる効果を発揮するということがあらゆる研究で指摘されています。

◆刺激にあふれたストレス社会を生き抜くために

　第7章の医師の診察を受ける項で、「ストレスレベルが許容範囲なら、HSCは非HSCに比べて健康で、ケガが少ない」ということが、2つの研究で示されたことをお話ししました。子どものために周りのストレスを減らすことは、家族全体をよい状態にしていくことにつながります。

　あなたはすでにできる限りのことをして、有害なもの、事故や病気、家族のすれ違いといった、コントロールできるストレスからご家族を守ろうとしていることでしょう。しかし一方で、愛する祖父母の死や、テロ攻撃といった脅威は、防ぎようがありません。

　親にできるのは、子どもが早過ぎる時期にこのような脅威にさらされないように守ること。子どもが心配していることが起こる可能性はどれぐらいなのか教え、社会生活を守るためにどんな方策があるのかを説明して、こうしたストレスに自分で対処していく姿勢を見せることです。

「人生は簡単なことばかりではない。時には勇気を持って進まなくてはいけない」ということを、親自身がしっかりと心得ていることが大切です。

　見過ごされがちですが、人生のチャンスや期待もストレスになります。今日の世界にはチャンスがあふれています。どこの誰とでもつな

がることができ、インターネットを使えば、どんな情報も手に入れることができます。

　本気で望めば、世界中、どこにでも行くことができ、どんなスキルも身につけることができる。金持ち、有名人、知識人、聖職者、芸術家……。どんな人間にもなることができます。お金がないなら、パートタイムの仕事を増やし、学位を取ればいい。不可能なものはない——私たちは世界にこのような印象を持っています。そして、子どもをサポートしたいという強い気持ちから、「何だってできるよ。大きな夢を見てごらん」と伝えています。

　そのような環境の中で、子どもはついつい「もっとやってみたい」と思ってしまいます。ゲームやテレビ、インターネットは、学びや遊びのチャンスを果てしなく提供します。その多くは、子どもたちを引き付け、刺激を与えることを意図して作られたものです。

　学校でも多くの情報が提供されます。かつては、学校が終わったら、静かに読書したり、森や空き地で遊んだり、川遊びをしたりするなどして、いくらか刺激を和らげることができたのに、今は放課後に過ごす場所にも刺激がいっぱいです。

　私たちの脳はあらゆることを想像できますが、その全てを実現できるわけではありません。活動性が高く、さまざまなことに挑戦する子に比べれば、HSCの子どもができることは少ないかもしれません。

　例えば、友達と遊んだり、スポーツを楽しんだり、子どもらしく遊ぶことは多くはないでしょう。でも、私は今の子どもたちを見ていると、「そんなにたくさんのことをしなくてもいいのに」と思います。やり過ぎはストレスにつながります。HSCはすぐにストレス過剰になってしまうので、「このままではいけない」と、他の子に警告できる存在になるでしょう。

■ 守られていた幼い時代とは、さよならしなくてはなりません

子育ての専門家であるメアリー・カーシンカは、子どもの日常のあらゆるストレス要因を挙げています[*71]。中には思いもつかないものも多いです。

これまでに、誕生パーティーや旅行、休日、引っ越し、医師の診察に加えて、学校生活でのチャンス、あるいは失望という形でやってくるストレスについて見てきました。

ですが、他にも異常気象で外出できないと、神経過敏になることもあります。洪水や竜巻などの災害、気持ちをかき乱されるようなニュースもあります。また、友達と遊べば衝突が起き、おもちゃをめぐってぎくしゃくしたり、からかい、いじめ、拒否、不当な非難を受けたりする、といった心配も出てきます。

また、子どもは大切に守られていた幼い時代とさよならし、自分をコントロールしていかなくてはなりません。痛みや大切な人の死を経験していきます。大人になることは避けられないと分かっていても、子どもの部分も捨て切れない。これもまたストレスになります。

グローススパートと呼ばれる、急激に成長する時期もあります。これは、およそ半年ごとにやってきて、4週間から6週間ほど続きます。カーシンカはこの時期の対処法について、「親ができるのは、自分の基準をぐらつかせず、愛情を注ぎ、見守ることだけです。グローススパートは、突然現れ、突然終わります。そしてある日、それまでできなかったことが、簡単にできるようになっているのです。モンスターは姿を消し、愛すべき子どもが現れます」と述べています。

ここまで、一般的な隠れストレスについて見てきましたが、次に、HSC に特有の、ささいなことに敏感で、何でも徹底的に処理してしまうために起こるストレス、他の子とは違う原因によるものを見ていきましょう。子どもは「ストレスがたまった」とは言わないかもしれ

第9章　小学生時代を健やかに過ごし、生きる力を育むために　327

ませんから、行動に表れているメッセージを読み取りましょう。

・**赤ちゃんがえり**……トイレ、服を着る、親と離れるなど、すでにで
　　　　　　きたことができなくなる

　　　　　　（特に、急成長中に顕著に現れます）

・**ささいなことで、大騒ぎする**

・**大げさに感じ過ぎる**……異常なほどの不安、悲しみ、イライラ

・**身体症状**……喘息、アレルギー発作、頭痛、腹痛、風邪を引きやす
　　　　　　い

・**睡眠障害**……悪夢を見る、過眠

・**母親への執着**

・**孤立**……押入れに隠れる、家の中にひきこもる

ストレスを減らす効果的な方法　〈短期編〉

　ストレスを減らす戦略には、短期的なものと長期的なものがあります。このうち大半は、別の章で紹介したので、ここでは子どもが過剰なストレスを受けていると分かったら、すぐに実践できる短期的な戦略をまとめておきます。

(1) 休む回数を増やす

　子どものために（そして親自身のために）、一日のうちに静かに過ごす時間を組み込みましょう。そうすることで、ストレスの予防と同時に、ストレス反応が起きた時、すぐに対処することができます。

(2) 愛情いっぱい、触れ合いを大切にする

　ストレスを受けている時だけでなく、ふだんから愛情を注ぎましょう。触れる、抱く、なだめて寝つかせる、子どもの話をじっくりと聞く、健康的でおいしい物を食べさせる、しっかりと眠らせる、自然や動物と触れ合う時間を取る、水に触る、水の近くで過ごす時間を取る

などして、子どものケアをしましょう。研究により、大切に育てられたウサギとサルは、同じストレスを受けても反応が低いことが示されています。[*72]

⑶ じゅうぶんな睡眠時間を確保する

　睡眠不足は、次の日の気分にいちばん影響します。慢性的な睡眠不足は、HSC にはとてもつらいものです。

⑷「いつもと同じ」を取り入れる

　特に、いつもと違うイベントがある時には、習慣を守る、いつも持っているおもちゃを使う、いつもの遊びをする、昔好きだった場所に行ってみるなど、慣れていることを取り入れましょう。

⑸ 決めさせるのは、負担になることも

　一般的には、HSC に決定権を与えるのはよいことですが、すでにストレスを感じている時は負担になります。例えば、学校で何が起こるのかを心配している時、朝食のメニューを決める余裕はありません。そんな時は、親がよいと思うものを出しましょう。

　欲しいか欲しくないか二者択一で決めさせるのもよい方法です。それでも負担が重いようなら、親と一緒に決めたいかどうかを確認しましょう。でも、慣れた簡単な決断をすることで、ストレスが減ることもあります。子どもは、生活の中のいくつかの場面では、自分の好きにしたいと思っていることもあるのです。

　ストレスが減ってきたら、これから過剰なストレスを防ぐためにはどうしたらいいかを考えましょう。

ストレスを減らす効果的な方法 〈長期編〉

　短期的なストレスの管理と同じくらい重要なのが、家族のあり方と、HSCの生活を長期にわたって調整していくことです。すでに、たくさんのことを実践していることと思いますが、いくつかヒントを挙げておきます。

(1) 何ごとも習慣化し、計画を立てておく

　そうすれば、親子ともに、決めなくてはならないことや、予想外のことが減ります（ただし、なくなりはしません）。例えば、食事の時間や配膳のしかたを決めておくのはよい方法です。1週間の献立や着る服、やるべきことを、適切なタイミングで一緒に決めましょう。週間カレンダーを見て、困るところはないか、詰め込み過ぎではないかを確認します。少なくとも、平日の日程表は作りましょう。

(2) 「ただ一緒にいる」という時間が大事

　人間は社会的な動物です。誰かと一緒にいることで、心が落ち着きます。仕事があるなら、子どもと同じ空間でできないか考えてみましょう。例えば、同じ部屋で着替える、親がメールに返信をしている間、子どもがそばで塗り絵をしているのもいいでしょう。また、庭仕事、料理、イヌの散歩、おふろに入るなど、共通の楽しみを見つけるのもいいものです。HSCにはひとりになる時間も必要ですが、そのような時も、近くにいるようにしましょう。

　子どもがいつもひとりになりたいと思うようなら、外の世界に誘う必要があるかもしれません。あるいは、親がせかせかしていたり、無理に会話をさせたりしている可能性もあります。隣に座って静かに過ごしてみましょう。

⑶ 植物や生き物など、自然を取り入れた生活を

これは本当に大切なことです。子どもがバランスを保つためには自然が必要です。金魚を飼う、鉢植えの植物を育てる、というのでもかまいません。私たちは自然から生まれたので、その体は、自然の中で生きるようにできているのです。

⑷ お互いが目指すものを、前向きに語り合う

人生で何を大切にするかは人それぞれです。知識を得る、道理に従う、他人を助ける、創造する、新しい経験をする、家族や友達を大切にするなど、いろいろな生き方があります。親自身の方向性を子どもに伝えるのもいいかもしれません。そうすることで、親の優先順位や何を目指しているかが理解できますし、多くの可能性の中から、どのように自分の道を選べばいいのか、ヒントを得ることができるでしょう。

一方で、親が人生にこれといった目標を持てず、不安で、前向きになれないなら、子どもにはその気持ちを伝えないことです。たとえ気づいて聞いてきても、子どもを相談役にして、負担をかけてはいけません。大人には、考え直す時期、手探りの時期があり、そういったことを経て、よりよくなっていくのだと話しましょう。親とは違った人生の見方ができる余地を、子どもに持たせるのです。それが親にとってもいいことです。

⑸ 苦難に立ち向かう姿勢を示す

災害や悲惨な事件については、どのように教えればいいのでしょうか。そういったことを経験したり、耳にしたり、恐れたりすることは、人生最大のストレスです。HSC にとってはなおさらです。あなたは不条理な圧力、喪失感、痛みや大切な人の死に、どのように向き合ってきましたか。子どもの先輩として、これまで学んできたことを伝え

第9章　小学生時代を健やかに過ごし、生きる力を育むために　331

てください。

　ただし、型どおりの答えや、安直な救いのイメージを植えつけないようにしましょう。実際に起こってしまった時、それが助けにならなければ、失望させてしまうことになりかねません。人生には不確かなことや謎があってもいいのです。世の中は安全だとニセの安心を与えるよりも、真実を伝えることが大切です。

⑹ 危機こそチャンスと受け止められるように

　私が出会ってきた尊敬できる人は皆、子ども時代に何らかの苦難に向き合った経験をしています。苦難は人格形成に大きく影響します。どう影響するかは、親のサポートによって変わってきます。病気や貧困、家族関係の変化、あるいは世界で起きる大惨事といったつらいことからも、教訓を得ることはできます。そこに「気づき」すらあるかもしれません。

　親自身がこのような考え方ができれば、子どもが苦難に向き合う大きな力になるでしょう（自分は無理でも、子どもがそのように考えられるようになったら、精一杯サポートしましょう。それは親だけに与えられた特権です）。

　次に、親にとって避けられない、ストレスの要因にもなる「扱いにくいHSC」への向き合い方を見ていきましょう。

◆育てにくいタイプの子は、傷つきやすさを隠しています

　これまでの話では、HSC は警戒心が強く、思慮深くて親のサポートがないとひきこもりがちな印象を持たれたかもしれません。しかし、HSC の中には、ほとんど真逆のタイプもいます。

　例えば、9歳のディナは、よい時も悪い時も、とにかく大げさに騒ぎます。強い感情を持ち、物事にこだわり、ずけずけと物を言います。創造性が高くて、パフォーマンスが大好き。家ではわがままで聞き分けがなく、芝居がかった言動をし、小さなことに文句を言います。料理の味や、誰かの立てた計画が気に入らないと、一人ひとりに不満を言ってまわるので、ディナの気持ちが落ち着くまでは、何も進みません。他の人の気持ちにとてもよく気づきますが、自分に不利なことだと、かたくなに無視します。

　このような点では、ディナは「育てにくい子」という印象を受けます。実際、育てるのは大変ですが、幸い彼女の両親は、本当は傷つきやすい子だと分かっていました。彼女にはしっかりと向き合うことが必要です。自己コントロール力を養うには、罰を与えるのは得策とはいえません。これについては、後でお話しします。

　敏感な男の子にも、頑固で大げさに騒ぐ子がいます。9歳のチャックは、スキーと木登りが好きです。気に入らないことがあった時は、母親にひどい態度を執り、やりたくないことは頑としてしません。矯正歯科に連れていかれた時には、意地でも口を開こうとせず、お医者さんから「口を開けないなら、こじ開けるよ」と言われてしまいました。でも、習慣となってからは喜んで通うようになりました。

　チャックについて私の気に入っているエピソードは、初めて司祭の所に罪の告白に連れていかれた時のことです。チャックは反抗的で、はだしで泥だらけでした。初対面の司祭に「話すことは何もないよ。話させようとしても無駄だよ」と言って口をつぐみ、司祭も無理強い

はしませんでした。チャックとディナなら、気が合うかもしれません。

チャックには、優しい面もあります。泣き虫で、家族がけんかした時は仲裁に入り、小さい子の面倒もよく見ます。目立たない子とも仲良くし、誰かがいじめられていると、その子の味方になります。司祭も喜ぶようなよい子の面もあるのです。

■ 子どもの感情に流されないで、怒らず、あきらめず

ディナやチャックのような子は特殊なケースです。特徴としては、大げさに騒ぐこと、率直なこと、創造力が豊かなこと、感情が激しいなどがありますが、最も目を引くのが、自己をコントロールする力が欠けているところです。

このような子は、後で自分が困ると分かっていても、反応を止められないことが多く、感情に負けて流され、周りから孤立しがちです。こういう子たちに必要なのは、ちゃんと自己をコントロールしてくれる親なのです。

いつもいつもできる人はいませんが、親がコントロールできていると子どもが感じていればいるほど、事態はよくなります。私の印象では、親自身が感情をコントロールできていない場合、HSC は、非 HSC よりも何かしらの強い影響を受けるようです。自己コントロール力は、大人の影響を受けるといえそうです。

このタイプの子がいると、最善を尽くそうとしている親の忍耐力が試されます。親も敏感ならばなおさらです。自分自身をコントロールできなくなったり、怒ったり、投げやりになってはいけません。争いを仕掛けられたからといって、子どもを責めてもしょうがないのです。

その子の行動は、感情に支配されています。もちろん、他の人の感情も支配し、不快にさせます。ですから子どもをとがめないにしても、そのままにしておくわけにはいきません。子どもが周りの人から好かれ、また好きになるためにも、その子自身の幸せのためにも、「これ

以上したらだめ」という制限や指導によって、少しずつでも成長していくことが必要です。

　ここまで述べてきたしつけの原則は、このタイプの子にも当てはまります。基準を設定し、それを守りましょう。ただし、ペナルティーを与える時には注意が必要です。ペナルティーによって刺激を受け過ぎると、伝えたいメッセージが伝わりません。

　子どもがすでに興奮している時は、「これ以上はだめだよ」と言ってそれを守らせましょう。その時、あるいは後からでも、なぜこのようになったのか、理由を考えましょう。

「疲れているからそんなに怒っているの？」「学校で何かあったのね。話してみない？」と聞いてみます。このタイプの HSC をなだめるには時間がかかり、忍耐力も必要だと覚悟してください。

　これは責任もあり、難しい仕事ですから、できる限り周りに協力してもらいましょう。パートナーがいない場合でも、ひとりで何とかしようと思わないことです。心得のある親しい親戚や友達、専門家にサポートしてもらいましょう。

　このような扱いの難しい HSC は、治療すべき深刻な問題があると思われるかもしれませんが、まずは、気質の面からアプローチすることを強くお勧めします。気質について考えることは、ちょっとしたラベルを貼ることになり、専門家に相談すれば経費もかかりますが、問題といえばそこだけです。

　いくつかの気質を併せ持っている場合、特に、第1章で述べた、「活動性が高い」「カンが強い」「気が散りやすい」「順応性が低い」などの気質がある場合は大変です。この4つの気質があればあるほど対応が難しくなりますが、その気質が、親や学校に合っているかどうかによっても変わってきます。

　親や専門家が、子どもの気質を徹底的に評価したら、スキルのある人に協力してもらって、その気質に合うことと合わないことを検討し、

第9章　小学生時代を健やかに過ごし、生きる力を育むために　335

節度ある行いをしていくための策を探していきましょう。

　問題がいくつかあっても、一度に取り組むのは1つか2つにしておきます。まずどの点を改善しなくてはならないか、優先順位をつけましょう。

A「今すぐ改善する」

B「そのうち必ず改善する」

C「できれば改善したい」

に分類し、Aの問題をまず解決しましょう。

　例えば、行儀が悪い、かんしゃくを起こす、ベッドに行きたがらないなどの問題がここに分類されそうです。「こうしたらだめ」という基準を設定し、それだけに集中しましょう。周りの人たちが、改善されたと感じられれば、ぎくしゃくした雰囲気も少なくなります。

　カウンセリングでも問題が解決されない場合は、別の方面の専門家を探しましょう。ただし、ほとんどの専門家は気質について考慮せず、子どもの問題行動を、障害や疾患のせいにするかもしれないことを頭に入れておいてください。

　特に、教師やカウンセラーの多くは、ADD/ADHD（注意欠陥障害/注意欠陥多動性障害：気が散りやすいタイプと多動タイプ）についての知識を多少なりとも持っています。そしてHSCは、小さな音や動きに気づくので、物があふれている環境では気が散りやすく、そのためにADD/ADHDと診断されて治療を受けることがあります。しかし、第1章でも述べたとおり、HSCは、落ち着いた環境なら強い集中力を発揮します。これはADD/ADHDの子にはない特徴です。

　本当の原因を見極めるもう一つの方法として、問題がいつ始まったかを考えてみることがあります。

　例えば、先生が変わった、学校が変わったなどの時期に、突然始まったということはありませんか。子どもに合わせた対応ができていな

いことに原因があるケースは珍しくありません。例えば、子どもに過剰な集中力を求める先生の場合です。

集中できなくなくなると、興奮や不安が生じる、そうすると、ますます集中力が発揮できなくなる、という悪循環に陥ってしまうことがあります（集中するには脳内エネルギーが必要ですから、過剰な刺激を減らさなくてはならないのに、それができないのです）。

あるいは、学校の環境が騒がし過ぎたり刺激が多過ぎたりすると、ADD/ADHD のような症状を見せることがあります。

その子に合わせた対応をし、気質のコントロールをして、１、２カ月たっても大きな改善が見られない場合は、第１章で述べたように、他の問題がないかも徹底的にチェックしましょう。ADD/ADHD であれば、大抵短めのチェックリストや問診で診断できますが、学習障害、双極性障害、うつ病など、考えられるさまざまな可能性もチェックすることが必要です。

厄介だと思う時もあるかもしれません。でも、子どもの厄介な気質は、木々を剪定するように、手をかけ、しかるべき方向に伸ばしてやれば、素晴らしい実をつけます。

感情表現が強くなければ、人の心を揺さぶるオペラ歌手にはなれませんし、順応性が高い発明家はいません（不便なものに順応できないから、発明をしようと思うのです）。気が散るからこそ、他の人の気づかないことに気づき、偉大な発見が生まれます。一流アスリートで、活動性の低い人はいないでしょう。

今は少し大変な時期だと思います。でも、家族は子どもという素晴らしいロケットを打ち上げる発射台なのです。精一杯のサポートをして、万全の状態で世の中に送り出しましょう。

第9章　小学生時代を健やかに過ごし、生きる力を育むために　337

◆学んだことを実践してみましょう

　子どもの敏感な面が、今どのように花開いているかを書き出してみましょう。例えば、親や周囲が気づく才能、資質、美徳、古きよき性格など。

　次に、家での子どもの問題点を書き出してみましょう。例えば、気難しい、食べ物や洋服が気に入らない時にひどい態度を執る、移行（それまでしていたことをやめる、起きる、眠るなど）がうまくできない、新しいことをしたがらない、など。

●書き出した問題の中で、子ども自身、変えていきたいものがないか聞いてみましょう。

●子どもが変えていきたいと言ったら、一緒に計画を立てましょう。無理のない最終目標を設定し、そのためのステップも考えます。

●以前にその問題に取り組んで失敗した経験がある時は、改めて創造的な解決法を考えましょう。

　今回は、「動機づけ」をしてみるといいでしょう。例えば、子どもが時間どおりに寝ようとしないなら、朝型と夜型の人について本などで勉強し、どうして「夜型」になるのか、学校に早く行くにはどうしたらいいかを一緒に考えましょう。

　例えば、夏休み期間は、自分の寝たい時間に眠らせる。学校がある時期は、子どもに睡眠時間をたっぷり取らせ（学校の許可が出れば）１週間に１度は、２時間遅刻するのを許す。ただし、その時期は、学校がある前の日だけではなく、親子で決めたやり方で、毎晩、早く眠るように努力する。毎日同じ時間にベッドに入ることで、眠りにつきやすくなると実感できるようにしていく、という方法もあります。

●やる気を出させるために、おもちゃやお菓子などのご褒美ばかりに頼らないようにしましょう。ただし、例えば星やリボンをつけるなど、成功が目に見えるようなご褒美は別です。目標を達成できたらこんないいことがあると分かっていれば、達成すること自体がご褒美になります。

　子どもが不安になってうまくいかないようなら、段階を踏んで1歩ずつ進めましょう。興味を失ってしまったら、「どうして始めたか」を思い出させましょう。親自身が、ダイエットや運動などの目標を達成するために、どのように自己管理しているかを伝えるのも参考になります。

　親が目標を立てるのを、子どもと同じ時期にすれば、一緒に頑張ることができます。強い意志や、あきらめない心を持つことの大切さ、失敗があってこそ、ゴールまでにどんな障害があるのかを学べるのだと伝えましょう。

　最終的には、「あなたの思うとおりにしなさい」と子どもに決めさせましょう。どちらにしても、強制では長く続きません。強制してばかりだと、子どもが大きくなった時、親が差し伸べた手を、もっと強く拒絶することになります。

　目標までのステップの例としては、次章の終わりの「学んだことを実践してみましょう」をごらんください。

第9章　小学生時代を健やかに過ごし、生きる力を育むために　339

第10章

学校生活は、
学び友情を深めながら、
社会へ巣立つための土台に

　この章では、HSCの小学校生活について見ていきます。3つの課題は、①人との関わり（友達を作り、輪に入っていく。キャンプなどのイベントに参加する）、②学校の環境（HSCに向いていない、過酷な環境に適応する）、③勉強（完璧主義や、学業不振とならないようバランスよく学ぶ）です。親にできるサポートも紹介します。

　最後に、子どもがいじめに遭った時はどうすればいいかもお話しします。

◆学校が楽しみになるようなサポートを

　私は、HSCが小学校で大きな問題を起こしたという話は聞いたことがありません。せいぜい調子に乗って騒いだり、生意気な口答えをしたりする程度で、けんかやいじめ、うそ、泥棒、授業のさぼり、薬物、先生に強く反抗するなどは、まずありません。

　大抵勉強が好きで、成績もよく、先生にも気に入られる優等生です。

みんなから慕われ、リーダーになる子もいます。そうでなくても、ひとりの友達と深くつきあったり、少数の仲間と楽しく過ごしたりします。

　ただ残念ながら、学校生活はHSCにとっては負担が大きいものです。

　前章で紹介した、わがまま姫ディナや暴君チャックのような、一見、好き放題に振る舞うような子ですら、簡単にはいきません。本章ではまず、この「扱いの難しい」タイプのHSCがどのように学校生活を送っているかを見ていきましょう。先生たちは気づかないかもしれませんが、それほど厄介ではないHSCも、同じような問題を抱えています。

　ディナは、多くのHSCと同じで、集団よりは1対1のつきあいが好きです。人に好かれたい気持ちがあり、自分の強い反応に周りの人がたじろいでしまうことも分かっているので、懸命にコントロールしようとします。でも、先生は彼女のことを、いまだに「敏感過ぎる子」「傷つきやすい子」だと言います。

　ディナは本当は、相手の気持ちも考えて、自分をコントロールしていきたいと思っているのですが、実際のところ、先生たちにはそれをサポートできるだけの時間がないのです。

　例えば、受け入れてもらえなかったり、からかわれたりすると、激しく怒るか泣きだすか、あるいはその両方です。すると当然、みんなは彼女を攻撃します。ちょっと冷静に対応できれば、仲良く受け入れてもらえるのでしょうが、まだまだ幼くてそこまでできません。人とうまくやっていくことは、ディナにとって大きな課題です。家の外では、親は直接指示を出すことができませんから、学校で彼女が冷静に振る舞えるようになるまでには、あと何年かかかりそうです。

　チャックは、少なくとも人気はあります。面白いことをしてみんなを笑わせるのが好きで、女の子からも注目されていますが、優等生で

第10章　学校生活は、学び友情を深めながら、社会へ巣立つための土台に　341

はありません。学校の勉強よりも、動物や昆虫に興味があって、勉強が苦手なことに引け目を感じています。でも、洞察力に優れ、豊かな発想力を持ち、クラスでの発言力もあります。

外向的で強い子も、静かでおとなしい子も、HSCにとって、新しい世界、特に学校という世界に入っていくのは、茨の道を歩くことを意味します。

多くのHSCは、「家にいた時は幸せだった。親は優しくしてくれた。でも、学校は地獄だった。いまだにその傷が残っている」と言います。その理由を見ていきましょう。

▌HSCにとって、学校は刺激が多過ぎる難所です

HSCにとって学校が地獄である理由に、まず、刺激が多過ぎることが挙げられます。生徒の80パーセントは非HSCですし、大きな声が飛び交う狭い教室で、長い一日を過ごさなくてはなりません。HSCは先生の言うことをすぐに理解しますが、先生はそうでない子のために、何度も同じことを繰り返して言います。退屈に感じてついつい他のことを考え、何かしらのミスをしてしまうこともあります。

第2に、学校には指示や罰がたくさんあります。でも、これはちょっとやそっとではこたえない非HSCに合わせたもので、先生たちの要求に、一つひとつしっかりと応えようとするHSC向けではありません。HSCは、自分やクラス全体が強く叱られたり、罰を受けたりすると、そのメッセージの強さに押しつぶされてしまいます。

第3に、学校は多くのHSCにとって、社会生活の難しさを初めて体験する場所です。HSCは、自分や友達の家、近所では他の子と同じように積極的なのに、学校ではそうでないことが珍しくありません。刺激が強い環境を黙って観察するだけで、人の輪にもなかなか入っていけず、ひとりでぽつんとしていたり、他の子や自分に向けられる敵意を感じて、余計引っ込み思案になったり、逆に強く反応したりしま

す。強く反応すれば、孤立していきます。

ルールが分かり、めまぐるしく変わる状況にうまく対応できるようになる頃には、他の子の間にはもう友情が育っていますし、自分には、「あの子は怖い」「変わった子」「近寄り難く、気取った子」「人見知り」「つまらない子」といった印象を持たれています。気質への偏見に遭うのです。

このようなことを考えると、子どもが学校で不安になり、刺激の多さに興奮する可能性は少なくはありません。刺激があり、強い不安を感じる環境では、社交能力、学習、運動能力が存分に発揮できなくなります。不登校になることもあります。子どもはうまくやりたいと思っているのですが、体がついていけなくなるのです。

小学生の子が、抑うつ状態や不機嫌、イライラ、過剰な興奮、登校しぶりなどの様子を見せた時は、学校生活が子どもにとってつらいものではないか、じっくりと検討しましょう。

▌ヨーロッパの教室は、まるで家庭のよう

ここで、広い視点で北米の典型的な教室を見てみましょう。

第6章で、コネチカット大学のチャールズ・スーパーと、サラ・ハークネスのグループによる、オランダとアメリカの幼児の「刺激と睡眠の研究[*73]」についてお話ししましたが、このグループは他にも、ヨーロッパ滞在中に、「アメリカの教室環境と比較する研究」を行っています。その結果、ヨーロッパの教室は、秩序があり、刺激は少なめだと分かりました。

スウェーデンをはじめとするいくつかの国の教室では、黒板は必要な時以外は片付けられ、イスもダイニングキッチンのように配置されていて、そこで生徒と先生が一緒に過ごします。教室というより家の中のような雰囲気なのです。研究対象となった学校には、豊かとはいえない東欧ですら、机やイスなどの備品はよく手入れされて清潔で、

第10章　学校生活は、学び友情を深めながら、社会へ巣立つための土台に　343

デザインも優れたものでした。

　つまり、ヨーロッパの学校は、子どもたちが自分のペースで学び、センスを育てていける、安心で落ち着いた環境を提供しているのです。前向きで規律正しい子どもには、理想的な場所です、HSC も落ち着いて学ぶことができるでしょう。

　それに対してアメリカは、大抵の教室が刺激が強く、秩序よりもどれだけ活発に動けるかが優先されています。できるだけ早く、できるだけ多くの情報を生徒に注入しようとしているせいで、黒板にも壁のポスターにも文字がいっぱい書かれています。

「子どもにいい物を与えてもしかたない、どうせ壊すだろう」と考えているのか、備品のセンスはいいとはいえず、修理もじゅうぶんにされていません。

　このような環境は、強い反応をする子、荒っぽい行動をする子、刺激を求める子、順応性が高い子、微妙なことに気づかず、刺激への感度が低い子、つまり HSC とは逆のタイプの子には悪くないのでしょう。

　子どもをヨーロッパの学校のような環境に置きたいと思っても、簡単にはいかないと思います。私立の学校やチャーター・スクール[※]に通わせたところで、なかなかそこまでは実現できないでしょう。でも、少なくとも、子どもがどんな環境ならうまくやっていけるかを理解しておくことは必要だと思います。

※チャーター・スクール　アメリカでは、1990年代から増えてきた公募型の学校。理系に特化する、不登校の子を対象にするなど、独自の教育目標を持った人たちが集まり運営される。

■ ホームエデュケーションという選択肢もあります

　近年、ホームエデュケーション（在宅学習）を検討する親が増えています。仕事などの事情で無理だという方も多いのですが、今までに見てきたとおり、学校環境はHSCにとっては過酷ですから、HSCの親の中には、おそらく、ホームエデュケーションを検討している人もあると思います。

　公立学校や私立学校に行くことができるのに、あえてホームエデュケーションを選択することが、子ども、特にHSCにとっていいかどうかは、簡単に結論が出せる問題ではありません。確かに、社会的スキルを学び、この世の中で強くしっかり生きていけるようになるには、他の子どもたちに交じって教育させたほうがいいという考え方もあるでしょう。

　でも私は、HSCの中には、ホームエデュケーションを選択すべき子もいると考えています。ただし、そのためには家の環境がよいことが条件です（残念ながら、子どもたちが学校でつらい思いをしている原因が、実は家庭にあったというケースもあります）。

　今通っている学校環境が、子どもの体によくない、なじめない、先生との相性が合わないのに変更してもらえない、からかわれたりいじめられたりしているのに、学校は対処してくれない……。理由がどうであれ、ホームエデュケーションのほうがいいと思ったら、周囲の反対に遭ってもあきらめないでください。

　これは他人の意見を聞いて決める問題ではありません。私の息子は、4年生から6年生まで、公立学校になじめず大変でした。この時期にホームエデュケーションで学ばせればよかったと、今は思っています。

　インターネットでは、各州の法律や地元のサポートグループなど、情報が充実していますから、見てみるといいでしょう。

第10章　学校生活は、学び友情を深めながら、社会へ巣立つための土台に　345

◆学校生活の課題①　友達関係
〜親友がいることで、自己肯定感が高まります

　これまでお話ししたとおり、10歳までに子どもが人見知りするのは、大きな問題ではありませんし、大抵はそのうち治っていきます。でも、10歳を過ぎても人見知りだと、自己肯定感が持てず、孤独になり、不安症の原因にもなります[74]。というのは、この時期になると（少なくともある社会では）、子どもたちが社会に溶け込めないのは悪いことだと考えるようになるからです。

　しかし、たったひとりでも親友ができれば、自己肯定感を回復でき、社会にも溶け込めることが研究で指摘されています[75]。特に、その友情が「自分の存在を認めてくれて、思いやりに満ちたもの」ならば、なおさらです。

　また、グループに溶け込むことが難しくても、1対1で友情を築けないわけではありません。子どもが学校で他の子たちになじめなかったら、学校の外で友達を作れるようサポートしましょう。たとえ親が助けられない場所だったとしても、友達ができることは大きな力になります。

　また、子どもの頃に内気だったとしても、それが一生続くとは限りません。引っ越したり、クラスで友達ができないなど、うまく社会に溶け込めない時期はあるものです。

　でも、人見知りがずっと続いたり、からかわれたり、仲間外れにされたり、いじめられているならば、子どもの行動をもっとよく見てみる必要があります。同時に、ひとりでも友達ができるよう、サポートしていくことも大切です。

クラスの内外で、心通い合う友達を作るために

まず、子どもが自分には友達がいないと言ってきたら、それが事実かどうか、なぜ友達がいないのかを確認しましょう。HSCは、実際には何人かいたり、人気者であったりしても、孤独を感じて大げさに言うことがあります。

他の子のように、たくさんの友達に囲まれていなくても、ひとりの親友がいればじゅうぶんです。ただし、先生から「いつも自由時間はひとりでいる」と聞いたら、その理由を解明しましょう。子どもとざっくばらんに話をしながら、それとなく気持ちを聞き出し、慎重に様子を見てみるのがいいでしょう。

時には、先生がこの時点で、親切な子、友達を必要としている子、相性のよさそうな子と組ませて何かをさせたり、隣に座らせたりしてくれることもあります。

先生の助けが得られない時は、親がサポートしましょう。クラスの外で友達を作ってみるのもよい考えです。自分のクラスの人間関係とは無縁の場所で、1対1でいるほうが仲良くなりやすいものです。子どもと同い年で、できれば同じ学校の子を選びましょう。うまくいけば、次の年に同じクラスにしてもらえるかもしれません。

同じ学校にいても、まだ知らない子なら、他の子が子どもをどう見ているかに関係なく接してくれるでしょう。同じ興味が持てること、共通の話題や趣味があること、家族が同じ価値観を持っていることが大切です。乗馬教室、チェス、絵画教室、音楽教室、スポーツやデイキャンプなどの場面で、子どもと相性がよさそうな子を探しましょう。

そのような子が見つかったら、声をかけてみましょう。あるいは、一家を招待して食後の時間を過ごしたり、ピクニックなど家族ぐるみで出掛けてみるのもいいでしょう。

家の中や屋外ではそれほど刺激がなく、自然な形で知り合いになれるし、親も、子どもが新しい子と知り合ってどうするか、よくしゃべ

第10章 学校生活は、学び友情を深めながら、社会へ巣立つための土台に　347

るのか黙っているのか、自己主張するのか、相手の言われるままなのかを観察できます。そしてその情報を基に、他の子と知り合って仲良くなるにはどうしたらいいかを考えていくことができます。何よりも、友情が育ったら、次の年には2人を同じクラスにしてもらうこともできます。

　内気な幼稚園児を対象にした研究でも、学校に入る前に知り合いになっていた子がクラスにいれば、他の子にも受け入れられやすいことが分かっています。[*76]

　クラスに友達を作ることについては、親がクラスの生徒とも話をして、友達になれる可能性を見落としていないか確認しましょう。自分は拒絶されていると誤解していたり、他の子が誰かを拒絶しているのを見て、自分もその子を拒絶したりしていることもあります。

　子どもが友達を連れてきやすいような家にするのも効果的です。その年齢の子どもたちが興味を持つような遊び道具と、散らかしてもよいような、ある程度のプライバシーが保たれる空間を用意するといいでしょう。

　でも、極端なまでにもてなすことはありません。何もかも至れり尽くせりで子どもの存在感が薄くなったり、利用されたりするケースもあります。そういう場合、子どもは、友達が自分ではなく、おいしいお菓子や、かっこいいパパに釣られてやってきているのに気づきます。

　また、親が子どもの友人関係に首を突っ込み過ぎるのはよくありません。サポートが必要ない段階に来たら、子どもに任せましょう。プライバシーが守られ、自分で物事を進められるという感覚が必要です。また、親の行動は子どもの評判にも関わります。

▌人見知りを克服した子と、そうでない子

　心理学者のネイサン・フォックス、アナ・ソベル、スーザン・コーキンス、パメラ・コールが行った、人見知りの子どもに関する研究が

あります。*77 ２歳から７歳までの子を経過観察したものです。

　まず、２歳の時、研究室でピエロに話しかけられるところと、おもちゃのロボットを与えられる様子を録画しました。その子たちが７歳になってから、今度は初対面の３人を一緒に遊ばせて観察しました。次に録画していたビデオを見せ、「人見知り」についてどう思うか、自分が２歳の時のピエロやロボットへの反応をどう思うか、当時と変わったとすれば、その理由は何かを尋ねました。

　２歳の時は人見知りで、ピエロやロボットに尻込みしていても、７歳になった時、初対面の子とも積極的に遊べるようになった子どもたちの多くは、親がたくさんの物事に触れさせてくれたおかげだと考えていました。これは、「親は子どもの自信に影響を与えられる」という何よりの証明でしょう。

　ところで、２歳から７歳になる間に人見知りを克服した子は、変化のなかった子に比べて、自分の考え方や、他の人見知りをしている子を否定的に見る傾向がありました。人見知りを克服してきた子は、もしかすると、自分は立ち止まって考える性格だと分かっていたけれど、親がそれを変えようと熱心に努力したあまり、そのことを隠れた欠点だと思っているのかもしれません。

　でも、気質への理解ができていれば、子どもが自分の警戒心に引け目を感じることなく、人と関わっていけるようサポートできるでしょう。

　そうです。子どもは敏感という気質のため、慎重に観察してからでないと安心して前に進むことができないのです。でも、この気質には、欠点と片付けてはもったいないようなよい点がたくさんあります。

　子どもを、この敏感とはいえない社会に適応できるようにしていくのも一つの道です。でも、その前に、本当にそうしたほうがいいのかどうか、今一度考えてみましょう。

第10章　学校生活は、学び友情を深めながら、社会へ巣立つための土台に　　349

■ 子どもを変えるか、社会を変える子に育てるか

　小さいうちは、おしゃぶりや好きなぬいぐるみを持ち歩く、学校まで送ってもらって、母親と離れる時に泣いてしまう、などの「幼さ」から、HSCはなかなか抜けられないことがあります。

　親としては、他の子にからかわれたりしないよう、できるだけこういった行動をやめさせようと思うかもしれません。あるいは、自由に感情を表現させ、自分のペースで育っていけばいいという考え方もあるでしょう。これは難しい選択です。

　この社会は見た目が重視されます。子どもを社会に適応させたいと思ったら、相応の服を着せる必要があります。女の子なら、体重に気をつけて、おしゃれにしなくてはなりませんし、男の子もかっこよく見えることが求められます。でも、このようなことに力を入れることそれ自体が、「他の子のような外見で、他の子のように行動できることが、人生の最優先課題である」というメッセージを送っていることになります。ここでも、どんな決断をするかは親次第です。

　また、HSCは、他の子たちが楽しんで見ているようなテレビの暴力シーンが苦手です。子ども同士の陰口やからかい、いじめ、誰かが人と違うというだけで仲間外れにされている様子や、殺人や拷問、大量虐殺などの映画を、平気な顔で見ることができません。

　周りに受け入れられる子になってほしい、でも、その辺にいる不作法で乱暴な、問題のある子にはなってほしくないと、親なら誰でも板挟みになります。ここでもあなたが、子どもの方向性を決めなくてはなりません。

　さらに、私たちは皆、「自分の子にはこのようになってほしくない」という、それぞれの嗜好を持っています。テレビやゲーム漬けの子、競争心むき出しの子、ルックスや他人の目ばかり気にする子、スポーツにだけ夢中の子、昔の男性女性のイメージに縛られている子、上昇志向が強過ぎる子、人種偏見のある子、暴力を振るう子、他の人の気

持ちに無関心な子……。人によって「こうなってほしくない」というのはさまざまでしょう。でも、親の好みどおりにして、あまりにも「人と違う子」になってしまったら、子ども自身がつらい思いをすることもあります。

　例えば、親が、従来の男性、女性の役割に縛られる子になってほしくないと思っていると、料理や生け花が好きで、からかわれるとすぐに泣いてしまう男の子、ファッションや人形遊びに興味のない女の子になることがあります。また、親がテレビより読書の好きな子に育てようとすると、テレビの話題についていけなくなったり、クラスのガリ勉たちと仲良くなって、同じように見られることもあります。

　子どもをきっかけに社会を変えていきたいのか、親の望む子になってほしいのか。その答えを出すのは親しかいません。真剣に考えなくてはならない問題です。

　私にも「子どもをこのように育てたい」という理想がありました。

　例えば、息子には健康的で地球に優しい食生活をしてほしいと思い、肉や砂糖、精製した小麦を使わない食事を実践していました。でも、息子は茶色いパンや、肉の入っていないサンドイッチのことでからかわれ、ことあるごとに砂糖を欲しがりました。それで私は、代替肉や白パンを使うようになり、砂糖の禁止はあきらめました。

　何としても自分の理想を追求したいと思ったら、子どもにもそれを分かってもらうことが必要です。子どもが親の価値観に納得し、周囲の攻撃にも負けない主張ができるようになるまで、しっかりと説明しましょう。子どもの友達を選ぶ時は、その子の親の価値観もチェックしましょう（これは、小さいうちだからこそできることです）。

　そのような観点で選んだ友達は、子どもにとっても、あなたにとっても、同志となります。価値観を大切に育んでくれる学校があれば、そこを選ぶのもいいでしょう。ただし、そこまでしても理想どおりにはいかず、むしろ裏目に出てしまうことも頭に入れておいてください。

第10章　学校生活は、学び友情を深めながら、社会へ巣立つための土台に　351

私は息子にテレビを見せないようにしていましたが、今、彼は、毎週土曜の朝に放送されるアニメの脚本を書く仕事をしています。でも、いまだにベジタリアンで、私よりも砂糖を控えている面もあります。

　つまり社会が、人づきあいがうまく、自信に満ちて大胆で、冒険好き、外向的な子を求めていたとしても、子どもをその方向に育てるかどうかは親が決めることです。価値観は人それぞれです。

　自分の内側を見つめ、鋭い感受性を生かして芸術的能力を伸ばしていく子、社会に合わせて生きるのではなく、社会を創り、変えていくことのできる、個性と創造性の豊かな子を育てるという選択もあります。あるいは、誰も通ったことのない道でも他の人には見えないものを見つけて歩める子なら、スピリチュアルな道という選択もあります（ただし、見えないものを感じ取れる人間はそれほど多くはありませんから、孤独な道になるでしょう）。

　子どもを通して、親も自分の内側に目を向けたり、外の世界を思索したりすることで、もっと世界が深く見えてくると実感できれば、「じゅうぶんに自分の時間があれば、この子ならそんな深い世界が見えるのだろう」と信じられるかもしれません。

　しかし、これはどちらかを取り、どちらかを捨てるという問題ではありません。芸術家、宗教家、哲学者、科学者、心理学者にしても、人とうまくやっていき、必要とあらば社会に出て、初対面の人に自分の考えを述べる必要があります。ですから、子どもを世間に合うようには育てたくないと思っても、次のアドバイスに目を通してください。子どもに合いそうなことを、いいと思う程度だけ取り入れてください。

たくましいHSCに育てるためのヒント

　前述の、人見知りについての研究対象の子たちは、「以前は、初めてのことや知らない人が少し怖かったけれど、親のおかげで克服できました」と言っていました。

どうしたらそのようなサポートができるのでしょうか。

(1) チャンスを提供し続ける

子どもにいろいろな経験をさせましょう。ただし、一度にたくさんのことをさせてはいけません。例えば、子どもと一緒にレクリエーション・プログラムのカタログを見て、気に入ったものに登録してみましょう。

ボーイスカウト、ガールスカウトを勧めるのもいいです。釣り、フェンシング、手品、チェスなど、さまざまなジャンルの本を見せて、子どもがやってみたいことを探しましょう。新聞や雑誌を見て、人が多過ぎず、子どもの気に入りそうなイベントを探すのです。強制してはいけません。一度に体験させるのは、せいぜい2つまで。でもチャンスはいつでもあるよう、提供し続けましょう。

(2) レッテルを貼らない

「内気」というレッテルを貼って、子どもの気持ちをそがないようにしましょう。内気というのは、評価されたり、何か欠けていることに気づかれたりするのを怖がることで、誰にでも起こります。これは気質ではありません。「確かに、新しいことや知らない人に慣れるのは時間がかかるけれど、友達と話すのは好きだよね？」と言って、子どもの「自分は内気だ」という思い込みを取り除きましょう。

(3) 「ごっこ遊び」を利用する

人形やぬいぐるみ、フィギュアを使った遊びで、人の輪に加わったり、初対面の人と会ったり、友達になる練習をしましょう。複雑なものではなく、「こんにちは、ジェームズです。僕も遊んでいいですか」というような、簡単なフレーズを繰り返し練習させます。

途中で不安になるようなら、「もし、魚の学校に行くなら、どのよ

うに自己紹介しようか？」などのナンセンスな話題を出して、気分を変えてみましょう。ぎこちなくなってしまうことは誰にでもあるし、笑われることもあるけれど、それで何かが変わるわけではないと話して聞かせます。自分の失敗体験を面白おかしく話すのもいいでしょう。

同世代の子たちと関わる時の、適切なアドバイスをしておきます。他の子は実際にどんなふうに話をしているのか、耳を傾けましょう。

⑷ 仲間に入るのに必要なワンステップ

HSCにとって、グループに入るのは大変だということを理解しましょう。まずは、いちばん話しかけやすい子に話してみる、あるいはその子を呼んで2人で話をし、それからグループに加わることを勧めてみましょう。他には、同じように輪に入っていけない子や、子どもと好みが似ている子にアプローチするのもいい方法です。

⑸ 主役になれるような場を作る

年下の子と遊ばせたり、得意な活動をさせましょう。女の子なら、柔道教室に通わせれば注目されますし、男の子なら、演劇やダンスのクラスでリーダーになれるかもしれません。子どもの才能を見つけ、それを発揮できる場を提供しましょう。

⑹ スポーツチームに入る

子どもの運動能力を伸ばしましょう。特にチームスポーツがいいです。これはHSCにとっては難しいことですし、最初はうまくはいかないかもしれませんが、あきらめずに練習し、上達していけば、チームの一員になることができます。少なくとも高校生までは、この努力を続けたほうがいいでしょう。

■ いつもと違う経験を積ませましょう

キャンプに行く、チームやクラブに入る、グループレッスンを受けるなどのイベントは、HSC には大変かもしれません。でも、段階を踏んで進めていけば、気質のせいで不当な注目を浴びたり、大きな障害になったりすることなく、イベントに参加できるようになっていきます。

まず一つの例として、外泊の方法を考えてみましょう。これは他のことにも応用できます。

子どもが自分の家でしか眠れないと思っているようなら、早いうちに対策を執りましょう。子ども同士の力関係や絆は、泊まりがけ、特に合宿の場で培われることが多いので、ある程度は参加できるようにしていきましょう。

まず、仲のいい子に、こちらに泊まってもらえるようにするところからです。そのためには、相手の親に意図を説明し、理解してもらいましょう。最初はこちらに遊びに来てもらって、次に相手の家を訪ね、だんだんとその時間を長くしていきます。時期を見て、こちらに泊まってもらう提案をします。滞在時間は長過ぎないように、夜は、あなたから子どもたちに「寝なさい」と言うようにすれば、子どもも相手に気を遣わずに眠ることができます。

それがうまくできたら、今度は相手から「泊まりにおいで」と誘ってくるはずです。子どもが渋っているようなら、2人きりの時に、さりげなく理由を尋ねてみましょう。言いたがらないなら、無理に聞き出すのはやめ、理由を言ってきたら、否定したり、いいかげんな解決をしようとしないことです。理由を尊重し、他の提案は日にちを置いてからにしましょう。

泊まりの準備ができたら、食事の好みなど、相手先に伝えておきましょう。構い過ぎないよう、さりげなく話します。トイレのある所も教えてもらいましょう。

第10章　学校生活は、学び友情を深めながら、社会へ巣立つための土台に　355

相手の家まで見送り、一緒にあいさつしましょう。子どもが希望するなら、後で電話をかけて様子を聞きます。「理由をつけて連れて帰ってほしい」という意味の合言葉を決めておきます。「うまくやっていますよ」と言われても真に受けず、子どもから直接話を聞くことです。

　段階的に進めていく方法は、他にも応用できます。キャンプなら、最初は日帰り、次に泊まりで参加させます。信頼できる友達がひとり、部屋にいたらいいでしょう。付き添い係の人に、子どもの気質について、特に急にホームシックになるかもしれないことを話しておきましょう。しばらくしても慣れないようなら、いつでも迎えに行くと伝えておきます（ただし、子どもが「帰りたい」とあなたを呼んでも、その後「やっぱり残る」と心変わりすることもあります）。

社会的スキルを身につけるには

　ここまで、学校生活の第一の課題である「社会との関わり」について見てきました。次に移る前に、ここでいくつか、社会的スキルを育てるヒントを見ていきましょう。

(1) 大人へ近づかせる

　大人から一目置かれるということは、同年代の子と接する時の自信につながります。HSC は大人に興味を持ち、また大人から関心を持たれやすいです。親戚や友人にお願いして、子どもと話をしてもらいましょう。2 人の共通の話題を提供するのもいいでしょう。

　（会話を促すヒントは、本章末の「学んだことを実践してみましょう」の項を参照してください。また、第 8 章の、「新しい社会や人に慣れていくためのサポート方法」で述べた、子どもに話をさせる方法も参考になります）

　ある親は、大人との会話で子どもが困った時に助け出すことができ

るよう、①会話がうまく進まないので助け舟を出してほしい、②連れ出してほしい、という2種類の合言葉を決め、息を合わせて不安を克服していきました。

⑵ 言葉遊びで感覚を磨く

言葉遊びを通して、さっと自然な切り返しをするトレーニングをしましょう。言葉を自然に出せるようなサポートをしていきます。

⑶ 予約や問い合わせの役で、コミュニケーションの練習をさせる

必要な時には、子どもに会話をさせましょう。一緒に出掛けた時に道を尋ねたり、電話で問い合わせをする役をさせましょう。レストランの予約、メニューの注文をさせるのもいいと思います。歩ける場所に車で行ってほしいという時は、代わりに郵便料金や、店の開店時間を聞いて調べるなど、ちょっとした手伝いをさせます。これを、この章の終わりの実践プログラムに組み入れるのもいいでしょう。

⑷ 相手の目を見て話せるようにさせる

アイコンタクトは刺激が強いので、HSCにとっては難しいものです。でも、目を合わせないと、卑屈で相手を怖がっている印象を与えてしまいます。まずは気心の知れた家族の中で練習し、それから他の人の目を見て話せるようにしていきましょう。できるようになったら、存分に褒めてください。目に見えて何かが変わることはないかもしれませんが、アイコンタクトができるようになって、大きな力になっていることは間違いありません。

⑸ 周りを巻き込み、得意分野を伸ばしてもらう

先生やコーチ、親同士など、周りにいる大人に協力してもらいましょう。ただし、具体的にどのようにするかを最初に確認しておきます。

第10章　学校生活は、学び友情を深めながら、社会へ巣立つための土台に　357

仲のいい子や、似た子とペアにして作業させる、他の子が一目置くような分野で目立たせる、などの形で協力してもらうのがいいでしょう。しかし、人見知りについてみんなで話し合うとか、子どもをみんなのお手本にする（「○○ちゃんを見習いなさい」と教材代わりにする）のはお勧めできません。

(6) 前進したことを褒める

　変化とは、突然の奇跡ではなく、過程です。「去年はクラスでみんなの前に立って発言なんてできなかったね。でも、今年は簡単にできるようになったね」と、進歩したことをそのつど褒めましょう。

　最後に、ポイントを2つ挙げておきます。

　まず無理をしないこと。外向的なHSCですら、非HSCに比べれば、ずっと多くのダウンタイムが必要です。HSCの親の多くは、子どもの社交活動は週に1回までにし、サッカーや野球チームなど、強いプレッシャーがかかる活動はさせないようにしています。

　2つめに、子どもにたくさん友達ができ、仲間外れにされることなく、感情もコントロールして自分の気持ちを表現できるようになるなど、多くを期待し過ぎないようにしましょう。これからも、繊細で心優しく、独創性のある性質を育んでいくのです。

◆学校生活の課題②　環境作り
〜できるだけの準備をしておきましょう

　前に、チームや幼稚園を嫌がった、ランドールという男の子の話をしました。「ランドールは、9歳になっても、新学期の始まる前はず

っと信じられないぐらい怖がりで、学校にいるだけで呼吸困難になる
ほどだった」と母親は言います。

　毎年このように悩まないといけないのは、つらいことです（ランドー
ルの母親は、担任がどの先生になるか、あらかじめ知って準備して
おきたいと思っていましたが、学校が始まるまで公開されないことに
なっていました）。子どもが同じような不安を感じていたら、できる
限りサポートして、スムーズに移行できるようにしましょう。例えば、
次の年に担任になる可能性のある先生を調べることならできそうです。

　私がインタビューした先生は皆、「ほとんどの同僚は型にはまった
タイプで、創造的ではなく、どの子にも同じように接している」と言
っていました。実際、多くの教師は、静かな子を軽く見て、目立つ子
なら、思いやりがあるかどうかにかかわらず、リーダーの役割を与え
がちです。

　そのような先生ではなく、生徒一人ひとりの気持ちと資質を見てく
れる先生を探しましょう。担任になる可能性のある先生の授業を、見
学しておくことを勧める先生もいました。

　校長先生に「私の子どもには配慮が必要です。来年担任になる可能
性のある先生方の授業を見学させていただき、この先生にお願いした
いという希望をお伝えすることはできるでしょうか」という手紙を書
くといいでしょう。校長は必要な配慮をしてくれるはずです。生徒が
必要としているなら、力になる最適な先生を見つけてくれるでしょう。

　新学期の前に、どの先生に担任になってもらいたいかを決めたら、
校長先生にそれを伝えましょう。全て聴き入れてもらうことはできな
いかもしれませんが、校長先生も子どもが健やかに学べる環境を望ん
でくれるでしょう。

　文面はこうです。「息子の○○は、人から言われなくても一生懸命
学ぼうとするタイプの子ですが、実は、あまり多くのことを強くとが
められたり、叱られたりすると、うまく振る舞えなくなってしまうの

です。クラス決めの際には、その点をご配慮いただければ幸いです。優しい○○先生に担任になっていただけたらうれしいのですが」

友達のこともお願いしてみましょう。例えば、「昨年、娘は学校で友達を作るのに本当に苦労しました。それが学業にも影響しているようです。でも、この学校のキャロル・ムーアというお嬢さんとはとても仲良くしています。できれば2人を同じクラスにしていただけないでしょうか」というような感じで書いてみます。手紙を出したら、頃合いを見て、確認の電話をかけましょう。

前もって子どもを学校に連れていき、教室やトイレ、水飲み場、職員室の場所を確認しましょう。校長、教頭、保健の先生など、どのような時に、どの先生にお世話になったらいいかを説明しておきます。できれば、その中でいちばん近づきやすい人にあいさつしておきましょう。

▌担任の先生の理解が、強い味方に

校長だけでなく、担任の先生も、子どもに元気に育ってほしいと思っています。でも、先生は忙しく、また、多くの教師は、精神疾患については配慮するけれども、気質の問題には関心がなく、他の子と違うからといって特別な配慮はできない、すべきではないと考えがちです。ですが、先生の目指しているのは、子どもがしっかり学ぶことでしょうから、そのためにお願いしていると話せば、聞いてくれるようになるでしょう。

私がインタビューした先生方は、積極的に対応してくれない教師には、本書の巻末の「学校の先生のための20のヒント」を渡すことを勧めていました。学習障害やADD/ADHDの子どもをサポートする機関でも、学校の先生向けの資料を配布しています。敏感さは障害ではありませんが、資料によって、このような子が傷つきやすいだけではなく、高い能力が発揮できる可能性があることを分かってもらえます。

クラスの子どもたちを観察して、子どもとうまくやっていけそうな子の名前を、先生に伝えておくこともできます。子どもの得意なことと不得意なことを知っておいてもらうのもいいでしょう。ただし、スピーチやプレゼンテーションを免除してもらうという意味ではありません。

HSC も、少なくともある程度は不安を克服して、自分の創造的で豊かな考えを人に伝えられるようになる必要があります。また、先生たちは物静かな子の知的能力を過小評価しがちだということが分かりましたから、親としてはそのような評価をしてほしくないでしょう。[78]

先生には、子どもがクラスになじむまでに、2、3カ月はかかることを伝えておきましょう。

先生との信頼関係が築けたら、「うちの子みたいに、しゃべるのが苦手な子どもたちも、自信を持てるように」と言って、クラスを少人数グループに分けて活動することを提案してみましょう。最初は2人ペアになって互いに意見を発表する、次は3人、4人と増やしていくのです。

苦手な子が発表する時は、できればいちばん初めと最後は避けるよう配慮してもらえば、ある程度気持ちの準備もできますし、最後まで緊張して待っていなくても済みます。

スクールバスや遠足、放課後児童クラブなどでの注意点

HSC は、ちょっと気になることや、予期せぬ変化、不意の刺激などで、よい気分が一変してストレスでいっぱいになることがあります。そのようなことを避けるためにはどうしたらいいかを見ていきましょう。

⑴ 最初の難関は、スクールバスです

スクールバスは刺激が多く、親が見守ることもできません。車で送

っていくか、誰かの車に乗せてもらう、あるいは歩いて通わせるなどして、気分よく一日のスタートを切れるようにしましょう。

⑵ 遠足や修学旅行先で、困らないために

どんな楽しいことがあるのかを中心に、起こるかもしれない問題を事前に教えておき、どうしたらいいかも話し合っておきましょう。食べ物と服も不自由ないよう確認しておきます。

⑶ 放課後のクラブや、習い事にも注意

多くの親が言っていることですが、HSC は家に帰ってからひとりで過ごす時間が必要です。どんな課外活動をするにしろ、子どもに合ったコーチやリーダー、先生を選びましょう。適切な指導者がいるかどうかを基準にして決めてもいいぐらいです。

⑷「心のバランス日」を設けてみる

子どもに学校を休ませて、遅くまで寝たり、昼寝をしたり、ただリラックスして過ごす日を作ることを勧める親もいます。とにかく長い目で見て、子どもに最適なことをすることです。

◆学校生活の課題③　勉強
～勉強と、他に大切なこととの両立

ここまで、①友達関係、②環境作りという2つの課題について見てきました。第3の課題として、勉強面について見ていきましょう。

■ 完璧主義で、勉強に時間をかけ過ぎていませんか

　一般的に、HSCには優等生が多いものです。時にはいい子過ぎる子もいます。例えば、試験勉強や宿題に時間をかけ過ぎる、つまり、先生が求める以上に、また、同じようなよい成績の子がしている以上に、時間をかけて勉強することがあります。

　勉強時間を減らす提案をする前に、なぜそこまで勉強するのかを聞いてみましょう。先生が怖いからなのか、他の子に負けたくないからなのか、「なぜ宿題をしなければならないか」を考えて時間がたってしまうのか（その場合には「訓練するためだよ」と教えましょう）。

　それとも、内容が難し過ぎて理解ができないのか。あるいは、親が成績にこだわり過ぎている可能性もあります（子どもが満点を取れなかった時に、あなたはどのような反応をしていますか。親が少し落胆の様子を見せるだけで、HSCにはこたえるものです）。

　そうではなくて、子どもはただ楽しくてやっているのかもしれません。

　完璧主義の子には、自分自身のペースで生活すること、バランスの取れた人生を送ることの大切さを話して聞かせましょう。適度にできていれば、それ以上のことはやらなくていい、そうすれば、他のことを楽しむ時間ができるということを、事あるごとに伝えるのです。「心のバランス日」を作り、失敗しても、完璧にできなくても、無事に乗り越えられると思えるようにしましょう。その他のヒントを挙げておきます。

⑴ 切り上げるタイミングを伝える

　小さい子には、「〜したら〇〇しよう」と誘導してペースを作ってやりましょう（「4時まで宿題をしたら、夕飯まで一緒にゲームをしようよ」）。

第10章　学校生活は、学び友情を深めながら、社会へ巣立つための土台に　363

(2) 宿題は見ても、細かく口出ししない

　子どもと一緒に宿題をしましょう。この時、親が完璧主義にならないように注意しましょう。先生がするような修正までしてはいけません。親がチェックしておくことで、子どもは、「大きな間違いをしていないかな？」という心配をしなくて済みます。
「これぐらいできたらじゅうぶんだよ」「清書しないでこのまま提出しても、先生はきっと満足するよ」。本当によくできていたら「すごいね」と褒めましょう。

(3) 優先順位をつけて、バランスのとれた生活を

　子どもの優先順位のつけ方を手助けしましょう。毎回毎回、全ての宿題や、試験の準備を完璧にしていたら、いくら時間があっても足りません。子どもには、最優先にすること、2番め、3番めと順位を決めさせ、優先順位が低いものは、あまり、あるいは全くできなくてもいいのだと教えましょう。じゅうぶんな睡眠時間、友達や家族と一緒の時間、健康といった学校以外のことは、ちょっと相談しましょう。

　学校生活では完璧さを必要とされていません。そのため、そういったことにあきらめを強いられ、折り合いが難しいこともあります。ですが、バランスの取れた生活を送るには、優先順位をつけることが必要です。

(4) 制限時間を設ける

　時間は有限であることを教えましょう。作業するためにどれぐらいの時間が必要かを2人で考え、タイマーを使って、決めた時間の半分や4分の3まで来たら、子どもに分かるようにしましょう。これは、時間制限のある試験の準備にも役立ちます。

⑸ **人生には、勉強よりも大切なことがたくさんある**

　子どもに次のような話をしてみてください。私の母校、カリフォルニア大学バークレー校のファイ・ベータ・カッパクラブ（成績優秀な大学生・卒業生から成るアメリカ最古のクラブ）の入会式ディナーでのエピソードです。

　その式で名誉スピーカーに選ばれたのは、何千人の卒業生の中で、最も成績がよかった学生でした。彼は、自分の４年間の学生生活について事細かに話しました。毎日図書館で過ごしたこと、金曜日も土曜日も、他の学生たちがデートや映画に出掛けたり、バスケットに興じたりするのを横目で見ながら勉強したこと……、そして、一呼吸したあと、こう締めくくりました（このようなスピーチでは、何かしらのアドバイスや教訓を伝えるのが伝統です）。

「今、私には分かります。このような栄誉を頂いたのは、私の人生で最大の過ちでした。みんなと同じように時間を過ごしていたら、今よりはるかにたくさんのことを得ていたはずです」

　この言葉に感銘した私たちは、立ち上がって大きな拍手を送りました。

「人間には限界もあるし、過ちもする。それを受け入れて生きていく」というあなたの体験を伝えましょう。

■ **授業が退屈という HSC には、興味が持てる工夫を**

　もちろん HSC の中には、少なくとも初めの頃は完璧主義ではない子もいます。勉強が苦手で、授業中は退屈しているか、学習障害、視覚障害、聴覚障害と思われるような行動をします。

　このような子どもたちを、知的能力がない、やる気がないと切り捨てたりせず、正しく評価することが重要です。彼らの気を散らせ、邪魔をする障害を取り除けば、どんな子もじゅうぶんに賢く、やる気を持って学習します。大人たちが「知っておくべき」と考えていること

に、たまたま興味が持てないだけなのです。

　大半の HSC にとっての障害は、刺激の受け過ぎがプレッシャーとなって失敗し、そのためのケアがなされず、ひどく傷ついてしまったこと、そしてそれ以来、「これ以上、批判されたり、恥ずかしい思いをしたくない」と自分を守るようになってしまったことでしょう。私の息子もそうでした。「褒められたくも、けなされたくもない。ただ自分を守りたい」気持ちと、字が下手で丁寧な作業が苦手なことが重なり、実際はそうではないのに、「出来の悪い子」と思われていました。

　この問題を解決するには何年もかかりました。宿題は全て丁寧に仕上げさせました。時には私がタイプすることもありました（私が宿題をしたのではなく、あくまでも息子が仕上げたものを最後にタイプしたのです）。

　試験は入念に準備しました。プレゼンテーションする時は、視覚効果についてのアドバイスをし、作品を作る時にはよい資材を使わせました。このようなことによって、成績や作品が褒められるようになり、息子は結果を出すことに喜びを感じるようになりました。それ以降、担任になった先生たちは、学期が始まる前からすでに、息子を優秀な生徒だと思うようになりました（こういった先入観はないほうがいいのですが）。中学生の頃には上級コースに進みましたが、そのコースには HSC がたくさんいて、以前よりずっと心地よく過ごすことができました。

　ここまでする時間はないという方もあるでしょう。でも、これは投資です。子どもを育てるために、すでに多大な投資をしてきたと思います。学校で苦労しているなら、ここでもうしばらくの間、投資することを考えてもいいではありませんか。その見返りは大きいものです。

　HSC は授業に退屈してしまうことが多々あります。私の息子は小学生の時、学ぶ内容のあるのは1日のうち1〜2時間で、残りは「先

366

生が生徒とたわむれている時間」だと言っていました。おそらくその
とおりだったのでしょう。うんざりして、授業に集中しなくなったので
す。

　HSC特有の、情報を深く処理できる能力を、もっと引っ張りだせ
ることが本当は必要なのですが、上級クラスがある、少しだけでもク
リエイティヴな先生がいる、などでない限り、小学校の環境では難し
いものです。

　コロンブスと3隻の帆船の写真を見たら、HSCは、「こんな小さな
船で海を渡り、大陸を発見し、インディアンに出会ったなんて、どん
な気持ちだったんだろう」「このことによって、スペイン人とイン
ディアンの生活はどう変わったんだろう。今日の私たちにどのような影
響を与えているのだろう」というところまで考えています（これは、
筋肉を使ったら筋肉痛になるのと同じぐらい、HSCにとっては自然
なことなのです）。もちろん、親が子どもの深い創造的な思考を伸ば
してやることもできますが、それにも時間と労力がかかります。

　小学校という枠を外せば、可能性は広がります。息子の学校では、
夏の間、代数と幾何の教科書を持って帰って勉強することが許されて
いました。息子はそれをとても喜んでいました。前例がなかったそう
ですが、反対はされませんでした。ホームエデュケーション（在宅学
習）や、子どもに合う私立学校という選択肢もあるでしょう。

■ 子どもの好きな学び方を尊重しましょう

　HSCは、あらゆることに興味を持つ“ジェネラリスト”か、詩を
書く、虫の研究をするといった、一つのことに特化した“スペシャリ
スト”のどちらかになることが多いようです。バランスよく才能を伸
ばせたらと思うかもしれませんが、どちらにも才能があるということ
ですから、心配することはありません。ただし、ジェネラリストは、
この年齢では何でもできる優等生という評価を受け、後で自分の方向

第10章　学校生活は、学び友情を深めながら、社会へ巣立つための土台に　367

性を決める時、問題になることがあります。

スペシャリストは、先生たちにとっては問題児と思われがちです。そのような扱いを受けた時には、子どもをかばうか、少なくとも「確かにうちの子は作文は上手ではありませんが、虫の研究に熱中しているんです」というように、子どもの得意な面を伝えましょう。

スペシャリストは、「つまらない」と思っていた分野を、自分の得意分野と関連づけて世界を広げていくことがあります。昆虫のスペシャリストが詩を書く課題を出されたら、昆虫がそこにいるかのように表現するでしょうし、反対に、詩のスペシャリストが虫を勉強することになったら、カゲロウやコガネムシ、ノミなどのうまい比喩を生み出して、豊かな詩を書くようになるでしょう。スペシャリストは、小学校ではオールラウンドな優等生でなくても、得意分野でスターになる可能性があります。ですから、子どもの好きなことを尊重しましょう。その分野の師を見つけて、才能を伸ばす手もあります。

◆いじめのターゲットにされてしまった時

ここまで、HSCの学校生活での3つの課題（①友達関係、②環境作り、③勉強）について見てきましたが、最後に考えておくべき大切なテーマに、いじめの問題があります。

子どもがいじめられたり、からかわれたり、仲間外れにされたりして、泣いて帰ってくることもあるかもしれません。女の子には、秘密をばらす、陰口を言う、3人組で1人をのけ者にし、聞こえよがしに何か言う、などの独特のいじめもあります。

第8章で述べたとおり、HSCは変わったところがあって目立つので、いじめの標的になりやすくなります。また、強く反応するので、

いじめっ子や見ている人も面白がり、仕返しをしないから、いいターゲットになりがちです。これに対処するのは簡単ではありません。いくつかヒントを挙げておきます。

① 事態の深刻さを判断

親が行動を起こしたり、提案したりするだけでも、子どもはさらに注目され、事態が悪化することがあります。問題を過小評価してはいけませんが、1日、2日したら治まる問題かどうかを見極めることは大切です。

② 実際に調べてみる

何が起こっているかを具体的に調べましょう。状況をよく観察して、実際に起きていることと、「起こるのではないか」と子どもが怖がっていることを区別しましょう。

③ どんな場合も「いじめはよくない」と伝える

いじめは卑劣な行為だと教えましょう。話をじっくり聞いて、子どもが正しいと思ったら、そのことを伝えましょう。子どもは親の全力の共感とサポート、そして事実をしっかり見てくれることを必要としています。また、いじめる側の気持ちも考えてみましょう。

他の誰かにいじめられていたり、成績が悪く、皆の前で恥をかくのが嫌だといった理由でストレスがたまっている可能性もあります。思い当たることがあれば、それとなく子どもに伝えてみましょう。鋭い直感で、相手の気持ちが分かるかもしれません。

④ 解決への行動を起こす

どのような行動を起こすか決めましょう。しかるべき人に、しっかりと解決してもらえるように訴えましょう。ただ文句を言ったり、泣

いたり、我慢しているだけでは、何も変わりません。

⑤ 傍観者の立場に立ってみる

　他の子の反応にも目を向けさせましょう。いじめに対して、周りの子はどのような態度でしょう。見て見ぬふりをする子、その場から立ち去ろうとする子、はやしたてる子、冷笑するだけの子、中立であろうとする子……。親子でロールプレイングをして、自分はどう行動するかを考えてみましょう。ただし、他の子が簡単にやってみせる反応でも、子どもにとっては難しいかもしれません。また、「いじめられる側にも原因があるはずだ」と理由探しをしたり、「このぐらい、我慢しなさい」と言うのはよくありません。ますます疎外感を味わうだけです。

⑥ 付け込むすきを作らせない

　子どもがターゲットになりにくいようにしましょう。ちゃんとした服を着せ、付け込まれるすきを作らないようにします。柔道などの護身術（攻撃的でないもの）を習うのも得策です。「万が一けんかになったら、勝つことだってできる」という自信が持てれば、堂々と渡り合えるようになるでしょう。

⑦ 好転させる意外な方法

　特定の子が関与していたら、２人を一緒にするか、何かのイベントや係では、同じグループの同じチームに入れます。これについては、次に詳しく説明します。

⑧ 「何としてもいじめをなくす」という気持ちで

　いじめを止めるために、できることは全てやりましょう。いじめは、いじめられる側だけでなく、いじめる側や目撃する子にも悪い影響を

与えます。子どもと2人で解決できなかったら、すぐに担任の先生や校長、他の親たちに助けを求めましょう。ひどい状態なら、学校をしばらく休ませるか、他のクラスの先生、あるいは他校の先生で、いじめ問題の対処にたけている人の助けを求めましょう。

いじめは多くの学級で起こっていながら、見過ごされがちな問題です。近年では、いじめのない寛大な校風を作るのは、教師と学校管理者の責任だと考えられています。ただし、いじめの大半は、先生の目の届かない所で起きているということを心にとどめておいてください。

■ 母親同士の連携で、いじめを防いだマリリンの例

ランドールの母親、マリリンは、息子と、いじめっ子になりそうな子を引き合わせることでいじめに対処しました。学校の集会で、ランドールは、ジェフという初めて会った年上の子に乱暴な態度を執られました。それからはこの少年のことを怖いと思うようになり、できるだけ彼を避けるようになりました。マリリンが車で学校まで送っていった時でも、ジェフが前の車にいると、車から出ようとせず、ジェフのいるサッカーチームと、ランドールのいるチームが対戦する時には、試合に出ませんでした。

マリリンは、ランドールが他の子がいじめられるのを見て、自分も同じ目、あるいはもっとひどい目に遭うことを恐れているのではないかと考えました。それで、ジェフの母親に電話をして事情を話しました。ジェフの母親は、夫と離婚して以来、ジェフが乱暴な行動をするようになったことを打ち明け、「ジェフとランドールが、それぞれ友達を1人誘い、4人で遊べる機会を作りたい」というマリリンの申し出を快く受け入れてくれました。マリリンは4人の少年をピクニックに連れていきました。

マリリンはそれ以降も何回か、4人を連れて外出しました。ランドールとジェフはなかなか打ち解けませんでしたが、最後は一緒のサッ

第10章　学校生活は、学び友情を深めながら、社会へ巣立つための土台に　371

カーチームに入りました。

「HSC をうまく育てるには、大変な気力と体力が必要です」とマリリンは言います。マリリンはまさにそれを実践しているのです。

これはいじめの中でも軽いケースですが、ジェフや他の子がランドールの恐怖心に付け込んだら、もっと深刻になることもあります。でも、ランドールと知り合いになることで、ジェフはランドールを部外者ではなく、自分側の人間（知り合い、そしてチームメート）と考えるようになったのです。悲しいことですが、人間というものは、自分が弱くなると、部外者をいじめて喜ぶ生き物なのでしょう。

マリリンは、「HSC を育てるのは大変です。でもそれだけのいいこともあります」と言っていました。HSC を育てることは、親にとって精神的な修行であり、人として成長していく原動力にもなると私は思っています。

これから思春期の HSC を育てる時、この成熟した心の強さが必要になってくるでしょう。

◆学んだことを実践してみましょう

前章の「学んだことを実践してみましょう」と同じことをやってみます。

まず、改善してほしい点を挙げましょう。今回は、家の外での課題に注目します。人見知りする（大人か子ども、あるいはその両方）、友達がいない、宿題に時間がかかり過ぎる（あるいは、かけなさ過ぎる）、などが考えられるでしょう。

それから、前章の終わりで説明したステップをやってみましょう。

取り組んでみたい課題がないか、子どもに聞いてみます。あると言

ったら、一緒に計画を立てましょう。無理のない最終目標を立て、そのためのステップも考えます。

　以前にその課題に失敗したことがあるなら、理由を考え、新しく創造的な解決法を見つけましょう。例えば、子どもが水泳のグループレッスンを嫌がるなら、プライベートレッスンを検討してみるなどです。

　一緒に何人かのインストラクターに会い、信頼できて忍耐力のある人を選ぶといいでしょう。やる気を出させるためのご褒美に頼ってはいけません。例えば水に潜る練習で、プールでコインを拾って集めるなど、成功が目に見えてやる気につながるものならいいでしょう。

　子どもは、知らない大人と、もっとうまく話せるようになりたいと思っているかもしれません。その場合は、1週間に1人、親がいる時に話す目標を立てましょう。それができたら、週に2人、3人、4人、1日に1人、2人と増やしていきましょう。

　問い合わせの電話をかけさせるのもいい方法です。それから、家を訪ねてきた人と話をさせましょう。もちろん、親がいる時にします。「この家は築50年の木造です。あなたの家は築何年ですか？」「ここからは見えないけれど、実は奥に寝室が3つあります。あなたの家はどうですか」など、家についての会話を前もって一緒に練習しておくといいでしょう。

　最終的には、子どもが会ったことのない人と一緒にランチに連れていきましょう。相手には、子どもの質問に興味を持って答えてくれるようお願いしておきます。この時も、どんな話をするか練習しておくといいでしょう。例えば、相手が選んだメニューに、「私も五目焼きそばが好きです」など、失礼にならないように関心を伝えるコメントをして、「イタリアンは好きですか？」と質問できるようになるといいでしょう。

第10章　学校生活は、学び友情を深めながら、社会へ巣立つための土台に　373

第11章

中学、高校、そして大人の世界へ
人生の船出へ送り出す、
最後の仕上げにかかりましょう

HSC は急速に大人の世界へと近づいていきます。この時期に大切なのは、まず、子どもがどのような状態にあるか、何に悩んでいるかを知っておくことです。そして子育ての最後の仕上げをしていきましょう。この章ではそのためのヒントを提供します。

最後に、大人になっていく子どもと、末永くよい関係を築くことを考えましょう。

◆思春期から青年期に、親ができること

▌大人への一歩に、揺らぐ心を理解する

中学、高校生の時期は、子どもから大人への過渡期で、多くのことが要求されます。それまでは、おもちゃで気ままに遊んでいても、ほんの数年で車を運転し、お金を稼ぐようになっていきます。世話をされていた側から、する側になるわけです。性の問題にぶつかり、アルコールや薬物の誘惑もあるでしょう。

高校を卒業したら、大学、あるいは職場という世界が待っています

から、その準備が必要です。公立高校に通っているなら、好むと好まざるとにかかわらず、さまざまな子（親にしっかり育てられてきた子もいれば、そうではない子もいます）と交わることが課題となります。また、この社会では特に、早い時期に家を出て親離れすることが求められます。「いつまでも子どもでいたい」などと言ってはいられません。そうこうしている間にも、体は著しく変化しています。

　大人の世界に押し出されるのは大変なことです。自分が人一倍敏感で、他の子と違うことをしっかり理解していないと、「みんなができているのに自分にはできない」「自分はおかしい」という思いと戦わなくてはならなくなります。自信に満ち、自己肯定感がある子どもですら、これから未知の世界に放り出されることの大きさをひしひしと感じています。不安や緊張を抱えながら、大人になっていく局面で、一つひとつを深く真剣に受け止めて圧倒されることもあります。

　この時期のHSCには、「自分はじゅうぶんに理解され、サポートしてもらっている」「自分のペースで大人になっていけばいい」と感じられることが必要です。そうしないと、意識的に、あるいは無意識に、大人になるためのステップを「自分には無理だから、何とかして逃げよう」と思うようになります。さっさと結婚し妊娠する、将来を考えずに手近な仕事に就く、カルトに加わったり、体や心の不調を無意識に言い訳にしたりして、問題に取り組まずに逃げる子もいます。極端な例では、命を絶つことさえあります。

　大半のHSCは、葛藤があっても、それを大々的に外に出しません。はたからは大人になろうと頑張っているように見えても、実は、「異性とつきあうのは面倒だ」「パーティーに行かなくちゃと分かってはいるけれど、人が多い場所は苦手」「自分はどんな大学、どんな仕事を選んだらいいのだろう」などと、人知れず思い悩み、イライラしたり、不安になったりしていることもあります。一方で、親は（「のど元過ぎれば熱さを忘れる」のことわざどおり）、自分たちの青春時代

第11章　中学、高校、そして大人の世界へ　　375

はとても楽しかったという思いから、敏感な10代の子がどれほど大変な思いを抱えているかを考えもせずに、パーティーやスポーツ観戦への参加を勧めてきます。

　こんな不安になるような話をするのは、心配させたいからではなく、子どもの状況を、もっと知っておいてほしいと思うからです。今、どこで何をしているかだけではなく、何を考えているかを把握しておきましょう。もちろん、子どもは詮索されるのを嫌がりますし、プライバシーを必要としています。でも、子どもの立場に立って、不安な思いを抱えていないか、イライラしてはいないか注意して見守り、耳を傾けていけば、どのような手助けができるか考えられるようになります。

▌ 思春期は、意外と手がかかりません

　とはいっても、この時期の HSC は、親にも社会にもそれほど手のかからない子です。問題行動もほとんど起こしませんし、ひとたび自分の課題が分かったら、思春期を素っ飛ばすかのように、できる限り早く大人になろうとします。家族にも他人にも比較的思いやりを持って接します。学校でのいじめや、政治問題などでフェアでないことを目にすると、率先して声を上げます。

　HSC は、誘惑に乗って、アルコールやドラッグ、無防備なセックス、無謀な運転のような危険なこと、健康を害すること、不法行為に軽々しく手を出すことはありません。[*79] 中には、不安や抑うつ状態を何とか自分で克服しようとして、薬物に手を出してしまう子、無意識のストレスで投げやりになり、セックスに逃げる子、自己破壊的な気持ちで危険運転をしてしまう子もいますが、周りのサポート体制がしっかりとできていれば、極めてまれです。

　また、大抵の HSC は、学業や芸術の他、敏感さと深い処理能力を生かせる分野で、目覚ましく豊かで深い才能を発揮するようになりま

す。科学や発明、チェスなどの知的ゲーム、コンピューターなどで才覚を現す子、大人びた美的センスや、鋭い洞察力を見せる子もいます。友情を大切に育みます。充実した内面生活を送り、スピリチュアルなことや心理学、哲学に興味を持つ子もいます。

　この頃には、怖がり、内気、経験不足といった弱点を自分で克服していくようになり、個性も発揮するようになります。リバーの例を話しましょう。

◆小さい頃からの内気さを克服した、リバーの例

　リバーは19歳です。自分のことを「観察者タイプ」と言います。幼い頃は内気でしたが、タクシー会社でタクシーの手配の仕事をするようになってから克服したそうです。この仕事は、運転手と客のニーズにそれぞれバランスよく応えなくてはならない難しい仕事です。

　リバーが新しいことをする時には、いつも、「まずは、じっと観察して、どこまでが許されて、どこからが許されないかを把握します。『自分はそれをはみ出すようなことはしない』と自信が持てれば、内気なのを克服できます」。難しいことがあっても、「やるしかありません」と言います。自己コントロールができているのです。

　リバーにとって、公立の学校はストレスの多いものでした。高校の最初の1年は通信教育で勉強し、その後1年間、再び学校に通いましたが、結局は通信に戻って卒業しました。人と関わるのが苦手なわけではなく、学校でスポーツをするのは大好きで、得意だったそうです。でも、みんな勝つことばかりを考え、勝てなかったらコーチにどなられるのが次第に嫌になり、中学1年生でやめてしまいました。今、彼は自分で見つけた親友と小さなサークルを立ち上げて活動しています。

学校よりも、そのほうが合っているようです。

友達を見つけたきっかけは、公園で演劇のライブ・パフォーマンスをしているグループに加わったことです。グループの大半は「オタクっぽい」人だったけれども、その中に「友達になりたい」と思った人もいました。

リバーは自分のことを外向的だと言っていますが、一緒に過ごす人を選ぶのは慎重になります。「女性には特に慎重です。取り替えるわけにはいきませんから」。でも、興味があったらアタックしてみるとも言っています。

彼にとっていちばん問題なのは、周りの人の気持ちを自分の気持ちのように感じてしまうことです。例えば、誰かがタクシーを至急呼んでほしそうな時、反射的に、何が何でも対応しなくてはという思いに駆られます。（他人の感情に）振り回されたくなくても、振り回されてしまうところがあるので、普通の10代の中にいるのは大変です。彼自身もそう思っています。

▌HSC も、10代になると大胆になります

リバーはタクシー手配の仕事をし、公園でパフォーマンスもします。第1章で紹介したとおり、ホームレスの男性を家に泊めるように母親にお願いしたこともあります。とても簡単にはできない行動です。でも、彼がHSCであることを、両親も彼自身も認めています。

また、19歳のジャネットは、ニューヨークが大好きで、最近コロンビア大学に入学した女子大生です。フットボールを見るのもするのも大好きで、中学2年生の時、「女性だって、やれないことはない」と思うようになったそうです。

他にも、大陸をひとりバイクで横断した子、ハンググライダーに挑戦した子、アルカトラズ島からサンフランシスコまで泳いで渡った子、インドをひとりで旅した子もいます。こんなふうに大きなことをしな

いまでも、私がインタビューしたHSCの中には、コンサートやスポーツ観戦が好きで、人の集まる場所に行ったり、大都会の裏道の探索もすれば、変わった服を着て注目を浴びるのも好きな人も多くいました。また、料理をしながら電話をするなど、2つのことを同時にできます。年配のHSPなら「あえてそんなことをしたくない」と思うことを、喜々としてやっているのです。

本当にこんなHSCがいるのかと思う人もいるでしょうが、間違いなくそうなのです。非HSCの多くが、そういった行動が好きなのは事実ですが、もちろん、HSCの誰もがこのような大胆な行動が好きなわけではありません。でも、HSCにとっての青年期は、生涯の中で、新しいことに挑戦したいという思いがいちばん強く、過剰な刺激に煩わされることがいちばん少ない時期なのです。敏感な特性が最も強く現れるのは、小児期と20代後半以降で、その間の10代半ばから20代前半は、この気質が最も現れにくい時期であることが研究で分かっています。

その証拠に、HSCも10代になると、騒がしい音楽が好きになり、勉強中でもにぎやかな曲を聴く子が多くなります。でも、そのような傾向も長くは続かず、30歳までには、また静けさを好むようになります。

中には、大きなことに挑戦しようと、平和部隊のボランティアに志願したり、都会で成功しようと考えたり、事業を起こそうとしたりする子もいます。芸術や歴史の知識を深めたい、あるいは自分のルーツを探りたいと言って、外国に行きたがる子もいます。大きなリュック一つで、ユースホステルのガイドとノートを手に、行く先々で詩を書いたり、スケッチをしたりするのです。広い世界に出て、多くのことを学ぶ大切な時期なのです。

敏感さや警戒心が低くなるのには、たくさんの要因が絡んでいると思われます。ホルモンが分泌され、脳も成熟し、今までにない大胆さ

第11章　中学、高校、そして大人の世界へ　379

と自信が生まれ、世の中に出て自分の力を試してみたいと思うようになるのです。初めてディズニーランドや大きな博物館に行った時のように、あそこに出掛けてみたい、という気持ちがあふれてきます。経験が少ないことも原因です。実際に土の上で寝てみないことには、地面がいかに冷たく硬いかは分かりません。

　他の哺乳類も、この時期、親から一時的に離れます。このようなことから、何かしらホルモンの影響があると考えられます。特に HSC は、難しいこと、危険なことに挑戦して、自分は他の子と同じだと証明しようとしたがりますが、実は心の内では、「違う」と分かっていて、それを欠点だと思っているのです。

◆大人の顔と子どもの顔、２つの対応が必要

「大人の顔」と「子どもの顔」の両方があるため、今、目の前にいるのはどちらか見極めて接することが大切です。確かに、HSC は大人になりたい、大人として扱われたい、という気持ちを強く持って行動しています。そして、大人のように考え、振る舞うことも多々あります。でもその一方で、無意識のうちに「まだまだ子どもでいたい」と、子どものように振る舞うこともあります。相手が子どもなのか、それとも大人なのかが分かれば、それに合わせて対応すればいいのですが、見極めるのは簡単ではありません。

　さらに難しいのは、「大人の顔」と「子どもの顔」が瞬時に切り替わり、その変化が全く予測できないことです。

「大人の顔」だと思って対応したら、突然「子どもの顔」になり、当然のように助けを求めてくる、あるいは甘えてしまった自分を恥ずかしく思って、また「大人の顔」になることもあります。でもそれは子

どもが悪いのではありません。一晩で大人になることはできません。このようなことを繰り返して大人になっていくのです。

　そのうえ、おそらくすでにお気づきだと思いますが、相手にしているのはただの大人ではなく、世間知らずで、自信過剰で偉そうで、時には横柄になる大人です。実は、10歳から12歳の頃、脳は最後の急成長期（グローススパート）に入り、論理的に考える能力ができ上がっていきます。系統立てて考える力が飛躍的に伸びていきます。

　できれば学校で、続けて訓練を受けてこの新しい力を伸ばしていけるといいでしょう。特にHSCは深く考えることが得意ですから、論理的に考える力を優れた手段とし、うまく使いこなしていくことができます。あたかも自分が世界中の問題を解決できるように感じていて、なぜ先人が課題を残してきたのかを知りたいと思っています。

　この年齢になったら、基本的に生意気で、反抗的で、そっけない態度を執るものです。親はひたすら忍耐強くなることが必要ですが、主張すべきことは主張しましょう。子どもが世に出ていくために親がすべきは、巣立ちのための最後の仕上げです。

　比較的「いい子」のはずのHSCですら、ごみ出しや洗車、皿洗いなど、約束したのに守らないことがあります。忘れたふりをしたり、「そんなことを言われるとつらい」と感情に訴えてきたり、もっともらしい理由をつけて（さっさとやってしまったほうが簡単なのに）、大人の厄介な責任を引き受けたがらないのです。

　でも、ここで投げ出してはいけません。親には社会に、子どもの初めてのルームメイトに、そして夫や妻になる人に責任があります。約束とマナーを守ることを説きましょう。大人になったから、賢くなったからといって、親への尊敬の念を忘れてはいけない、人としての礼儀を忘れてはいけないと教え続けましょう。そうすれば、悪い行いはしにくくなります。子どもが巣立つ時には、その結果は明らかです。

　子どもがしっかりしていて、自信に満ちているように見える時でも、

第11章　中学、高校、そして大人の世界へ　　381

次の原則を守るようにしましょう。

① 子どもに相談相手を見つけておく

　親に相談できないなら、カウンセラーや、協力的な親戚、相談相手、コーチ、家族ぐるみでつきあいのある友人に、気質を理解してくれるか確認し、話せるようにしておきましょう。日常的に共感され、支えられるだけではなく、気質の観点でアドバイスを受けられることが大切です。よく観察し、深く考え、独創的なことを、子ども自身が長い目で見て、この気質ならではの注意点（ダウンタイムが必要、刺激のレベルに注意する、大人になるための準備に時間がかかるなど）を理解できるようにしていきましょう。

② アドバイスは押しつけがましくなく

　ちょっとした言葉をかけて、過剰な刺激を避けるようにしていきましょう。それが、忠告や押しつけにならないことが大切です。この時期の HSC は、自信に満ちていますから、下手にアドバイスをすると、侮辱と感じるかもしれません。階段を上る時や、車から降りる時に、さっと短いメッセージを投げるようにしましょう。ちょっとした冗談や愛情のこもった皮肉も効果的です。

③ いつも愛情を伝える

　この時期になると、一緒に過ごす時間はそれほど多くないかもしれません。応援している気持ちをさっと表現しましょう。例えば、「大好きだよ」「かっこいいね」「代数のテスト、本当によくできたね」と。

④ ずば抜けた思考力を伸ばすには

　常日頃から意見を聞いてみましょう。特にモラルの問題、政治や国際問題について話し合うと、「こんな考え方もあるのか」とお互いに

驚くことでしょう。ドラッグやアルコール、タバコは、ただ「だめ」と言うよりも、子どもの賢さを尊重して、体への影響を調べるように言ってみましょう。「タバコを吸う人が指を切断すると、元のように縫い付けるのは難しいんだって。毛細血管がボロボロだから」「アルコールは肝臓で分解される時に毒になるんだよ」など、ヒントを投げましょう。医者の知恵を借りるのもいいと思います。

「車の運転はまだ早いんじゃない？」と言うのではなく、免許を取りたての若いドライバーの事故確率と、保険料を調べてから、免許を取ることを検討させましょう。

⑤ 子どもを信頼する

常々、「正しいと信じてるよ」「考えるだけ考えたら、自分がいいと思うようにやってごらん」と伝えましょう。慎重になってほしい時も、「いいアイデアだね。ところで、そのキャンプでどうやって暖を取るの？」というように聞いてみましょう。

そこまで安心はできないと思われるかもしれませんが、相手は、誇りを持った思慮深い大人です。自分が全て分かっていると思ったら、それ以上学べませんし、必要もないのに判断力を疑えば、独立心を傷つけ、成長がなくなります。HSC は生まれつき、羽ばたく前に慎重に観察をしているのですから、信頼して大丈夫です。

⑥ 適切な距離を取る

皮肉なことに、親と親密だった子ほど、この時期には親から離れる必要があります（特に、母親と娘の場合）。2 人で仲良く話す時は、まだまだこれからやってきます。でもそのためには、子ども自身、親と話しても自分の大人としてのアイデンティティーが失われないと思えることです。子どもから拒絶されたように感じ、「あんなにかわいかったのに、どうしたの？」と言いたくなる時も増えるでしょう。

第 11 章　中学、高校、そして大人の世界へ　383

親にとってはつらい時期です。でも、あなたは子どものことがじゅうぶんに分かっています。一言で、あるいは声のトーンだけで、その気持ちを察することができるはずです。子どもは、愛情、一緒に過ごした素晴らしい時間、何よりも支えてくれたことを決して忘れたわけではありません。でも、いつまでもそういった宝物にしがみついてはいられない、親とは別の、自分だけのアイデンティティーを身につけていかなくてはならないと感じていて、そのために親から離れ、自分だけの内なる世界で羽ばたく準備をしているのです。

⑦ 父親の役割は重要です

特に HSC の場合、親の意見や手助けは、この年齢でも大切ですが、大人の世界に入る時には、父親が極めて重要な役割を担うことが分かっています（これは男児、女児ともにいえることです）。

父親の言うことは聞いていないように見えても、頭のどこかに残っていくはずです。

◆家庭で気をつけたいこと

ここまでは、思春期の HSC が直面する一般的な問題と、その対応方法、接し方の基本について見てきました。次に、家庭で気をつけるべき点を見ていきましょう。

▎自立の準備としてプライバシーを守る

HSC にはプライバシー、つまり自分の部屋か、少なくとも壁で仕切られたスペースで、リラックスして人生を思索する時間が必要です。できれば、その空間を好きなようにコーディネートさせ、「自分で全

てをコントロールできる」という感覚を味わえるといいでしょう。でも、子どもと大人は違いますから、例えば部屋の掃除当番を決めておくなど、ルールが必要です。部屋で食べていい物も決めておきましょう。

タバコ、酒、ドラッグなど、家庭や社会のルールに反することは禁止です。ルールを破った時には、しばらくドアを閉めてはいけないなどの妥当なペナルティーを与えましょう（ドアを取り払った親もいましたが、それはやり過ぎかもしれません）。

プライバシーは信頼によって得られる特権だと説明し、部屋の中のことは心配しないようにしましょう。無断で入ったり、よほどの理由がない限り、引き出しをあさったりしてはいけません。ノックしたら「はい」と答え、親のノックなら、「どうぞ」とか「ちょっと待って」と答えさせること。「忙しいからだめ」と言わせてはいけません。ノックするのは礼儀のためで、許可を得るためではありません。

しかし、子どもが親の部屋に入る場合は事情が違います。子どもは許可を求める必要があります。家から巣立つまでは、親には、保護者としての権利があります。HSC は、大人になることに不安を持っていますが、その権利を教えることで「大人になりたい」と思うようになります。独立して権利を持つためには、収入を得なくてはならないという現実も分かります。

多くの HSC は、経済的自立は大変だからと、できるだけ先延ばしにしようとします。でも、誰かに生活の面倒を見てもらうなら、その人に管理されてもしかたがないと知る必要があります。大人になるとは、自活していくということです。

■ できるだけ子どもに任せていく

この前の章は、食事、着替え、睡眠、スケジュールや宿題の責任を持たせる内容でしたので、実践している方も多いと思います。

第11章　中学、高校、そして大人の世界へ　385

第4章で述べた「静かな家作り」を心掛けているカーリンも、子どもに責任を持たせています。思春期の2人には、片付けをしなかったら注意は1度だけで、その後は思うままにさせているそうです。そうすれば、怒る必要もないし、自然に「いい子」になるそうです。

責任を持たせるとは、尊重するだけではなく、「きちんとしなかったら、結果は自分に返ってくる」と学ぶ機会を与えることです。財布を置きっぱなしにすると盗まれるし、メガネは乱暴に扱えば壊れます。自分がよいことをすれば、よい結果は自分に返ってくるのです。

責任感は、自分で培っていく力で、大きな喜びももたらします。洗濯物の仕分け、シャツのアイロンがけ、ボタンつけ、ほころびの繕いの他、料理もいいでしょう。私の家でもこれを実践していて、水曜日には家族3人のうち誰かが、新しいレシピを試すことにしています。息子が当番だった最初の頃には、とんでもないメニューばかりでした。そんな息子も今では料理上手です。

▌バイトや、車の運転も大きな自信に

可能なら、高校生のうちにアルバイトを勧めてみましょう。まずは、親もつきあいのある友人に手伝ってもらいましょう。次に、対外的な責任のある仕事に移行させていきます。仕事を通して社会の現実を見ることができ、自立し、世の中でやっていく自信につながります。

車の運転や、マイカーを持つのもいいでしょう。これは大きなステップですから、タイミングが重要です。私の息子が初めて仕事に就いたのは、大学2年生になってからでしたし、運転を習ったのはもっと後です。ですから、せかす必要はないと思いますが、大丈夫そうならできるだけ早くさせましょう。

◆学校生活をのびのびと過ごしていくために

　中学や高校は、小学校と違って、教科ごとに違った先生に教わることになります。教室から教室への移動も多くなります。もし授業の合間に廊下に立ってみたら、移動する生徒たちでごった返していることでしょう。子どもは毎日、そのような環境の中で、新しい先生、新しい課題に向き合っているのです。

「嫌な授業も、ずっと続くことはないからね」と伝えましょう。何日か休ませて逃れさせてもいいのです。図書館や空き部屋、校舎前の木の下など、静かな場所を見つけておいて、そこに避難するのもいいでしょう。HSC が学校生活を切り抜けていくには、柔軟な姿勢が必要です。

■ 期待に応えようと無理をした、キャサリンとジャネットのケース

　キャサリンは、高校 3 年生で、典型的な HSC です。ハキハキしていて、大人びていて、外向的ですが、集団の中にいるとすぐに疲れます。涙もろく、うるさい音が苦手で、他の人の気持ちを過剰なまでに感じ取ります。思慮深く、よく気がつき、「年の割りに賢い」ことから、小学 1 年生で「優秀な生徒のためのプログラム」というものに参加することになりました。でも、数学は苦手でした。不安と過剰な刺激のせいで力が発揮できず、2 年生の時に、プログラムの継続は難しいといわれました。

　母親はプログラムをやめさせましたが、高校に入ってから、また同じ体験をすることになりました。この時は、アメリカの高校生に、ヨーロッパに匹敵する教育を受けさせようという「国際学士号プログラム」に参加しました。ヨーロッパの高校生は、アメリカに比べて優れた一般教育を受け、卒業後はすぐに専門に進む傾向があります。このプログラムでは、大学生レベルの授業を 7 コース取り、年中休みなく

第 11 章　中学、高校、そして大人の世界へ　387

勉強しなくてはなりません。

キャサリンは、最初は順調でしたが、途中から疲れて泣きたくなるようになりました。頑張ったものの、最後の年にプログラムをやめることに決めました。「私はクラスで一番になって、母の自慢の娘になりたかった。でも、それを目指していたら、いつ休めばいいのか分からなくなった」と彼女は言います。時として、立ち止まって振り返り、他の道を探すことで、前に進むしかないこともあります。

ジャネットも、キャサリンと似たところがあります。外向的ですが親友は少なく、ひとりで過ごすのが好きです。そして「年の割りに成熟」しています。敏感さのおかげで優等生になり、高校1年で特進クラスに入りました。このクラスは大学への最短コースといわれていて、入学してからの授業がいくつか免除されるほど、大学レベルの準備ができているという証明になるものです。

高校生活は、ジャネットにとって大変なものでした。学業面では問題なかったのですが、課外活動がどんどん増えていきました（大学もそれを要求します）。彼女は、どの活動も嫌いではなかったし、全てをうまくこなしていきましたが、一方で、「息をつく暇がない」とも感じていました。中学生の時に母親が乳がんと診断され、闘病生活に入っていたことも影響しました。そして高校2年生の時から、不登校がちになりました。小さい頃の自分の写真を見つめ、幸せだった時代を思い出し、自分がこの世にいないのではないかと思う日々が続きました。しかもその気持ちをためてしまうので、母親が「自分の気持ちを書き出しなさい」と勧めるぐらいでした。

3年生の時、母親はスクールカウンセラーから、ジャネットの友達が彼女を心配してやってきたという連絡を受けました。プレッシャーと、母親の体調への心配から、ジャネットは神経がまいってしまったのです。

友達の機転と、カウンセラーが事態を理解してすぐに行動してくれ

たおかげで、ジャネットは心理療法を受け、抗うつ剤を飲むことになり、すぐに抑うつ状態から抜け出すことができました。コロンビア大学に入りましたが、まだ薬を服用しています。そう、本章の最初に紹介した、ニューヨークが好きでフットボール好きの女子大生です。彼女は自分の敏感さを、自分なりの方法で向き合っていくと決心しました。

▌学業面では、先生の影響が大きい

　高校での人づきあいにおける重要な点は後で取り上げますが、ここではまず、学業面について見ていきます。子どもにとっていちばんぴったりの先生に見てもらえるようにしましょう。教科毎の先生、演劇、芸術、科学の催し、ディベートなど、好きな活動を担当している先生、子どもを理解し愛してくれる先生……。中には、先生も HSP であることもあります。そのような先生のクラスなら、子どもの避難場所となり、その先生からの励ましが何よりの起爆剤となります（私は、先生たちは、この惑星で最も重要な人々だと思います）。

　宿題については、できるだけの手助けをしましょう。最初の何年かは、きちんとできているか、締め切りに間に合うよう提出できているかを確認します。でも、親はできる限り早く身を引き、子どもに任せるようにしましょう。

　HSC は直感力に優れているとはいっても、自分が何を求められているか分かっていないこともあるので、直感だけに頼らず、必要なら質問して、細かな意図を酌み取れるようにならなくてはなりません。親として目指すのは、子どもが自立して、自発的に行動すること、誰かに言われたからではなく、自分の長期的な目標のために宿題をするようになることです。

　実のところ、この年齢では、HSC の葛藤の大半、いや、ほとんどは本人の心の中で起こっています。「宿題をしたい、でもしたくない」

第 11 章　中学、高校、そして大人の世界へ　389

「お手伝いしたい、でもしたくない」と揺れ動いているのです。親にできるのは、子どもの気持ちを明確にすることです。例えば宿題なら、「疲れている」「退屈だ」などしたくない理由と、しなかった場合にどうなるかを、長い目で見て、比較して考えさせることです。大人から見た長期的な影響をはっきり伝えつつも、配慮も忘れないようにしましょう。

■ 大学進学は、高校に入った時から考えておきましょう

責任をできるだけ早く子どもに持たせたほうがいい理由の一つは、間もなく親から離れていくからです。そうなると、世話を焼くことができません。大学や職場で、自分で優先順位をつけてしっかりと学び、働き、成功してほしいのは、親として当然の願いです。ただし、その過程で子どもが間違いを犯す可能性もあるのです。失敗経験は、ひとりで世間に出てからより、親の目の届くうちのほうがいいでしょう。

ただ、大学に入るには高校の成績が大切ですから、間違いが多いのは許されません。課題の提出を忘れたとか、研究課題を選択しそびれたなどの間違いをしても、変わらず応援し続けましょう。そうした支えがあればあるほど、子どもの将来は明るくなります。

私は息子が中学3年生の時、このような話をしました。
「学校の勉強を好きではないのはよく分かってる。意味のないことに思えるだろうし、あなたには、他に面白いことや才能があるもの。でも、ちょっと考えてみてほしい。パパとママは、大学に行かせる協力はできるけれど、学費を全部払う経済的余裕はないから、奨学金が必要になる。奨学金は、優秀な生徒でないともらえないから、あなたの成績が重要なのよ。勉強したのは全部、SAT（大学進学適性試験）に反映される。私たちはできるだけのことをする。宿題をタイプするし、図書館にも連れていく。資料を探す手伝いもする。必要なら授業に送っていくし、嫌な先生から守ってあげる。でも、大学に行くかどうか

はあなた次第よ。押しつけたくはないから、一度だけ考えてみてほしい」

　それから、大学に行かなかった場合にどうなるかを話します（これはHSCにとっては、特に大きな問題です。その深い見識が社会で評価されるためには、学歴が強い武器になるからです）。「退屈な仕事にしか就けないよ。嫌な上司がいて、自由にすることもできない。家を持つこともできないし、好きな車も買えないよ。休暇もほとんどない。残業ばかりで、自分の時間は取れないよ」。それから、大学を卒業した場合はどうかを話します。そして、「後から自分で大学に行きたいと思っても、大学に通いながら生活するのは簡単ではないよ」ということも伝えます。

　確かに、これはゆううつな話題ですが、息子は学校の勉強をめぐって私たちと議論するぐらい自立していたので、将来どうなるかもしっかりと考えることができました。

　今は、高校生が自分に合った大学選びを補佐するプロもいますから、そのような人からアドバイスを受けるのもいいでしょう。現状を説明し、答えは子どもに委ねましょう。HSCにはこうしたアドバイスが必要です。いくら「原因と結果について考える」ことにたけているとはいっても、大人の説明がなければ、本当のところは分かっていないのです。そして、伝えるべきことを伝えておけば、後は自分でしっかり考えることができます。

■ 教授やスタッフの目が行き届きやすい大学を

　私は、「HSCを何としてでも大学に行かせるべきだ」と思っているわけではありません。ただ、この時期の子どもに、自分の人生に責任を少しずつ持たせていく必要性を述べているのです。もちろん、大学に行かないHSCも大勢います。これはただ、彼らが大学に行かない人生を選んだというだけのことです。大学に行っても留年の道を選ぶ

第11章　中学、高校、そして大人の世界へ　391

子もいます。同級生に後れをとることが気にならないならば、大学に入る前、あるいは入学してからでも、1年かそこら休むのは、悪いことではありません。

でも、進路を決めるのは、大抵は高校生の時です。子どもが進学を考えているなら、私は私立、それも、教授やスタッフの目が行き届き、生徒が勉強や人間関係で行き詰まっていたら、手遅れになる前に気づいてくれる、小さな学校を強くお勧めします。どうしても大きな大学に行きたいなら、近くを選べば、それほど環境を変えずに済みます。ルームシェアをさせるなら、高校時代からの友人を選びましょう。マンモス大学には、さまざまな性格や精神状態の生徒が集まってきます。その中からルームメートを選ぶのは、リスクが大き過ぎます。

◆仲間が増えていく時期、活動量のバランスは自分で学ぶ

中学・高校時代は、人生の中で極めて人との関わりが多い時期です。クラブやバンドなど、仲間を作っての活動が盛りだくさんです。でも、同じクラスや近所の友達、親との暮らしに慣れている HSC にとっては、かなりの刺激になるのも事実です。

HSC は、多過ぎず少な過ぎずのバランスのいい活動量を見つけなくてはなりません。子どもが家にいるうちは、親がそのバランスを取る手伝いができます。この年頃の子は、「周りと同じくらいのことをしなくちゃ」というプレッシャーを感じているでしょうし、大人になって仕事に就いても、いえ、生きている限り、さまざまな局面で、このプレッシャーを感じることになるでしょう。

多くの親は、初めは HSC の活動量を制限してきたと言っています。最初はいいですが、子どもは自分で制限を設定できるようにならない

といけません。そしてそれは、試行錯誤でしか身につけることはできないのです。

「誰かを助けたい」という思いも同じです。困っている友達を助ける場合であれ、ボランティアであれ、HSCは、他者の問題を、どれぐらいまで引き受けたらいいか学ばなくてはなりません。自分の責任範囲と、そうでない部分を学ぶ必要があります。「何もしない」という選択を含め、いくつかの方法をシミュレーションして、子どもに決めさせましょう。

▌傷つきやすさから守るには

中学、高校時代は、自意識過剰で、周りから傷つけられやすい時期です。実際、内気な性質の研究者の多くは、この極めて社交的で、心身ともに成長し、自分を友達や大人と比較する時期特有の内気について言及しています。

HSCは生まれつき、自分の欠点や、他人の視線によく気づいています。大人になり、あるいは大人のふりができるようになっていくにつれ、以前のように強い感情反応を示すことは少なくなっていきますが、それでも傷つきやすいことに変わりはありません。

この時期に救いとなるのは、学校外での活動や、友人です。例えば、趣味やボランティア、ペット、アウトドア、一緒に楽しんでくれる友達、そして何より、そばにいる家族の愛情が大きな力になります。親が落ち着けるような場所があるならば、そこは子どもにとっても同じように落ち着く場所であることが多いです。とにかく、学校でつらいことがあった時、それを癒やしてくれる世界が必要なのです。

幸い高校に通うと、学年が上がるごとに、だんだん社会とうまく関われるようになっていきます。この年齢では、「人と違うこと」がプラスに働くことも少なくありません。演劇や絵画などの選択授業、研究室、学内新聞の編集室などには、似た友達が集まります。

第11章 中学、高校、そして大人の世界へ　393

英語や科学、社会科学などの上級クラスで、自由に発言できる雰囲気の中で気の合う仲間を見つけることもあるでしょう。他校との交流会で知り合いになり、「変わり者」同士、「秀才」同士が集まって、自分たちの世界（いわゆるサブカルチャー）を楽しめるようにもなります。注目されたり、尊敬の目で見られたりするようにもなってきます。学校には、さまざまなチャンスがあると思います。

私の息子と、「変わり者」の友達は、非公認の学内新聞を作り始めました。フランスのある左派傾向の新聞『カナール・アンシェネ（「鎖につながれたカモ」の意味)』から取った、『シャドー・オブ・ア・チェインド・ダック（鎖につながれたカモの影)』という名前の新聞です。すぐに禁止され、一層、新聞も息子たちも注目を浴びるようになり、印刷所を学外に移して、そこで活動を続けました。大学でも、『ザ・リトル・フレンド』という少々過激な新聞を作っていました。

HSCは、人と全く違った視点で世界を見ています。そのオリジナリティーが、この時期特有の大胆さと自信とが合わさって発揮されれば、敏感な特質が社会的資産となります。自分のこれまでの制限を取り払って、世界に踏み出す準備の時期に来ているのです。

▌男女交際は急がない

この時期の避けられないテーマに、性の問題があります。少年と少女は、男と女に変わっていきます。同性同士、あるいはグループで遊ぶよりも、特定の異性と出掛けたいと思うようになります。「どんな人とつきあいたいか」と考えるようになり、「誰と誰がつきあっている」かが、あちこちで話題になります。

HSCは、好むと好まざるとにかかわらず、こういった世界に生きています。そして、大きな葛藤に陥ることも珍しくありません。性的な欲求もあり、みんなと同じことをしたい、受け入れられたいと思っています。でも、軽々しい体験は自分には不向きだとも分かっていま

す。相手が自分のよく知っている、信頼できる、成熟した人ならば別ですが、基本的に、デートやセクシャルなパーティーには不安を感じ、刺激を受け、圧倒されてしまいます。

私は、中学1年生の時、ポストオフィスという、男女がグループに分かれてキスをするゲームに参加させられてから、遊びのセックスは自分にはできないと分かりました。それで、ある男の子といつも一緒にいるという解決法を見つけました（HSCの中には、他にもそうしている子がいるようです）。

13歳から24歳まで、ずっとそうして誰かとつきあうのを避けてきたのです。男の子たちからつきあう対象として見られることもありませんでした。私も相手もHSCで、オクテだったので、少しずつ関係を育んでいくことができました。母親は何とかして私たちを引き離し、デートやパーティーなど、他の男の子たちとも出会える「正常な」思春期を過ごさせようとしました。でも、そういったこととは無縁でした。

この時期には、顔やスタイルなどのルックスを気にするようになります。HSCは特に、鏡を見て、「自分は人と違っている。それが顔にも表れている。小さな傷があって、鋭い人には気づかれてしまうだろう」などと思い、ますます自分に厳しくなっていきます。

また、HSCは、男女交際によって、一晩で親友が競争相手や裏切り者に変わってしまうことにも苦痛を感じます。心無い噂話や裏切り、うそにショックを受け、傷つきます。気にしないようにしようと思ってもできません。

ある女の子は、高校生の時、男の子たちに関心を寄せられて、それを面白く思わなかった女の先輩たちに、毎日のようにいじめられていました。誰にも打ち明けることができず、何年も、ひたすら耐えたそうです。10年たって、美術館で自分をいじめていたひとりを見かけた時には、当時のことが鮮明に蘇り、再びつらい気持ちになりました。

このような経験は心の傷となって残ります。

　この時親にできるのは、異性関係以外のことにも自信を持たせることです。自信が持てたら、いろいろなことが気にならなくなります。文章を書く、絵を描く、パソコンや科学に詳しくなる、アルバイト、ボランティア、個人スポーツ（チームのスポーツだと、チーム間でまた同じような問題が起こる恐れがあります）など、自信になることがあるはずです。また、気の合う相手がいたら、合コンのようなプレッシャーの強いことではなく、男女を意識せず自然に一緒に過ごせるといいでしょう。

　男女関係の進展については、周りと同じでなくていいのだと伝えましょう。HSC は非 HSC に比べると、「みんなと同じことをしなくては」というプレッシャーに耐えることができます。子どもは「いい子ちゃん」「上品ぶった子」と思われたくないかもしれませんが、セックスには、上品下品やよい悪いはありません。自分と相手が心地よくあること、そして感覚に従うことが大切です。怖くて、なかなか踏み出せなかったとしても問題ありません。

　一方で、私がインタビューしてきた人の中には、認められたい、ためらいを隠したいからと、体験を急いでしまった HSC もいました。みんな、「後になって違ったと後悔したけれど、当時は、もう元に戻れないとは思ってもいなかった」と語っていました。時として、人はつらい思いをして学んでいかなくてはならないことがあります。

　子どもは性を意識してはいても、じゅうぶんな知識は得ていないかもしれません。特に親とは話しにくいでしょうが、誰かと話をする必要があります。母親から教える場合、自分の価値観や、間違いから学んだ経験を話しましょう。

　HSC は無防備な行為の結果を考えますが、実際にそれがどのようなものか、どうやって防いだらいいかは、しっかりと教えてもらわない限り、分かりません。子どもが感染症や望まない妊娠を経験してか

ら、「この子に限って」と驚いても遅過ぎます。例えば、10代で親に
なる決心をしたら、生活はどのようになるかをしっかりと分からせま
しょう。よい点、悪い点を話しておきます。説教ではなく、情報を提
供するのです。感染症についても同じで、情報を提供し、AIDS は大
変な難病であることも伝えましょう。

ネットにのめり込んだら

　外に出て人との関わりを持たないといけないのも、HSC にとって
社会生活の難しさの一つです。でも、ひとりだけでも親友がいて、家
の他に出掛ける場所があるなら心配はいりません。おそらく10代の社
交不安から抜け出す道を探しているのでしょう。

　しかしながら、今は、世界がインターネットを通して10代の若者に
接触してくる時代ですから、状況は少々複雑です。特に HSC の男の
子は、バーチャルリアリティーや、ネット生活にのめり込むところが
あります。部屋の外の、騒がしく煩わしい世界で過剰な刺激を受けな
くても、指先でキーボードをたたけば、全ての知識が手に入る、誰と
でも知り合いになれる（なれた感じがする）のですから、これ以上い
いことはないと考えるのです。

　インターネットは素晴らしいものですし、ネットのない生活は考え
られません。パソコンに詳しくなるのは優れた資質でもあります。し
かし、ネットは、実際に相手の顔を見て、関係を築いていく代わりに
はなりません。インターネットの世界には、微妙な感情のあやもなけ
れば、プレッシャーもありません。刺激が減るので、人とのコミュニ
ケーションが簡単になったように見えます。でもそれは、授業で発言
をしたり、現実に生きている魅力的な異性と話したり、目の前の人に
声を上げたりするのとは別物です。性格は、このような忙しくて煩わ
しい外の世界でこそ鍛えられるのです。

　じゅうぶんな現実社会での経験がないままに、大人の世界に入った

らどうなるかを話して聞かせましょう。それから、インターネット依存になっていると認めていたら（依存という言い方は親からしないほうがいいでしょう）、その習慣を断つ計画を一緒に立てます。不安に思って嫌だと言われるかもしれません。少しずつ進めることが大切です。一緒に取り組んでくれる人がいることが、大きな力になります。

　力づくでパソコンを取り上げても、うまくいきません。外へ出ればいくらでも使えるし、一人暮らしでアパートにこもると言いだすかもしれません。強引に引き離すのではなく、話をしながら、自分からパソコンから離れるのを辛抱強く待つことが大切です。

　また、社会活動に参加し、友達を作ることに、平均以上の期待をしないようにしましょう。子どもは前述のリバーのように、公園で「オタク」たちとパフォーマンスをしたり、プロのカメラマンと写真の勉強をしたり、一匹狼タイプの人と山登りをするほうが好きかもしれません。私たちの座右の銘を思い出しましょう。「他とは違う子の親になるには、他とは違う親になる覚悟が必要です」

■ 精神世界や宗教について

　HSC の中には、内面生活が充実しているために外の社会との関わりを持ちたがらない子もいます。「外面生活と内面生活のバランスを見つけるべき」という意見もあるでしょうが、特に HSC、HSP にはごく自然なことです。

　多くの HSC が、幼い頃から瞑想的、神秘的な経験をしています。正式な宗教の指導を受けた場合ではなくても、祈ったり、天使を見たり、天の声を聴いたり、現実世界を超える神秘的な体験をした子もいます。これはあながちおかしなことではありません。それまで宗教やスピリチュアルな経験、神秘体験とは無縁なのに、青年期になってからそのような体験をした子もいます。

　突然、宗教やカルトに入信して、親の元を去ってしまう子がいます。

どんな子がそのような道を選択するかは、はっきりしたことは分かっていません。誰でもそうなる可能性があります。悲惨なことばかりではないでしょうし、永久に続くとも限りませんが、親にとってはつらいことです。宗教や儀式、教祖という存在や、新しい思想は、往々にして「崇高」で神々しく見えるものですが、実は「目新しいだけ」ということも少なくありません。

　子どもがそのようなことにとらわれてしまわないようにするには、心を開いて話し合いをしておくことが一番でしょう。私たちの周りには、さまざまな宗教、カルトが氾濫しています。そこから何を自分に取り入れていったらいいか、話し合っておきましょう。

　この時、極度な偏見を持たず、いくつかの宗教を比較して話しつつ、「同じゴールを目指すにも何本かの道があるけれども、私の歩んできた道は、私の魂を深く開拓できてとてもよかった」と伝えるといいでしょう。心を開き、関心を向ければ、今何を考え、何を学んでいるかを話してくれるでしょう。

　敏感さゆえにこのような経験をしたとしても、それはこの気質からの最高のプレゼントだと思います。よい方向に伸びていけば、世界に価値ある最高の貢献ができるでしょう。

◆最も大きな変化、経済的自立に向けて

　おそらく、人生で最も難しい「変化」の一つは、家を出て自活することでしょう。HSCにとってはさらに困難です。繰り返し述べてきたとおり、HSCの変化への対応は簡単ではありません。他の子のように、きっぱりと巣立っていくことは期待できないかもしれません。いくつかのステップを踏んで、少しずつ親から離れ巣立っていくこと

も覚悟しておきましょう。

ひとりで生活する最初の機会は、おそらく高校卒業後に訪れます。大学卒業後まで延びるかもしれませんが、家を出て大学に行くのは、精神的自立の大きなチャンスになります。でも、準備を念入りにしていても、「大学は刺激が多過ぎる」と傷ついて脱落するHSCが大勢います。そのような場合、自分を否定せず、よい経験にしていけるように、できる限りのことをしましょう。

家に帰らせ、地元の大学やコミュニティカレッジ[※]に通わせるのもいいです。同時に、アルバイトでもいいので仕事をすることを勧めましょう。少ない賃金で自活しようとした経験がきっかけで、大学に戻ったり、大学院や職業訓練校に行ったりすることもあります。自活できるようになれば、大学に行く準備も整います。

HSCの「準備」には、時間がかかります。これは印象だけではなく、研究結果からもいえることです。仕事に就くのも遅くなります[*80]。一方で、HSPの女性は若いうちに結婚してもうまくいかず、夫が生涯のパートナーではなかったと気づく傾向があると報告されています（できればそういったことが減っていけばいいのですが）。

HSCが自立に時間がかかるのには、背景がいくつかあります。まず、非HSPが優遇される社会で、「自分は少数派としてやっていくんだ」という自信を築いている途中のケース。また、非HSPのように生きていこうとしたもののうまくいかず、新たな道を模索しているケース。その他、選択肢をよく検討し、先に進んだらどうなるかまで予測できるため、行動を起こすのをためらっているケースもあります。

このような時期に親ができるのは、ただじっくりと話を聞くことです。

※コミュニティカレッジ　専門教育や職業訓練を主とする、公立の２年生大学。大学進学のための、教養科目や専門基礎を学ぶコースも用意されているのが特徴。

▌親は客観的に、幅広い意見や情報を提供する

独立する計画に意見を求められたら（これはじゅうぶんにあり得ることです）、過保護にせず、背中も押し過ぎず、バランスよく刺激と危険を取り除くことです。

誰かの決断を助ける時は、私は、その過程に注目するようにしています。つまり、その人が決定すべきことに目を向けるのではなく、その人が関わっている問題や、感情を全て洗い出せるようにしておくのです。決断が正しくなされるかだけではなく、人生を左右するようなことを子どもがひとりで決められるよう、その方法を学ぶことを目指しましょう。可能な限り情報を集めること、複数の経験者の意見を聞くこと、そうして得た情報を時間をかけて精査し、温め、真剣に検討する。そうして決めたら、振り返らずに前に進めばいいと伝えましょう。

ここで大切になるのが、親の客観性です。時には、子どもの立てた計画が「無謀だ」あるいは逆に「慎重過ぎる」と思うこともあるでしょう。この時の対処法について、それぞれ見ていきます。

▌子どもの計画が無謀だと感じたら

子どもが無謀な計画を立てていると思ったら、どうしたらいいでしょう。例えば初めての仕事を、家から遠く離れた、競争が激しく、プレッシャーのかかる雰囲気のところに就こうと考えているとしましょう。これまでの子どもの様子からは、ちょっと無理な計画だと思うけれど、せっかくの気持ちに水を差したくはありません。そんな時の対応を挙げてみたいと思います。

① 子どもの考えを確かめる

どうするつもりなのか、質問して確かめましょう。実はしっかりとした考えがあるのかもしれません。見落としがあるようなら、それも

第11章　中学、高校、そして大人の世界へ　401

考えたかどうか穏やかに聞いてみます。

② 功罪を検討する

　よい点と悪い点を話し合いましょう。ただし子どもの視点からです。それによって、親の意見も変わるかもしれません。

③ ゴールへは段階を追って

　同じ目標を目指すにも、一歩ずつ進めることを提案しましょう。例えば、近くで似た仕事を探す、あるいは、まずは友達や親戚と一緒に住むなどの方法を採れば、段階を踏みながらゴールに近づいていくことができます。ただし、提案ではなく、あくまで参考用の意見だと伝えましょう。

④ 心配を具体的に伝える

　親の心配を「自分はこう考える」と話しましょう。「そんなに環境が大きく変わったら、大変じゃないか心配」「遠くに行ってしまうと寂しいし、あなたも心細くないかしら」と言ってみましょう。

⑤ 失敗もイメージしておく

　子どもがそれでもやりたいと思っているようなら、うまくいかなかった場合はどう考えているかを話し合いましょう。それほどひどいことにはならないことが多いものです。ちゃんと逃げ道を用意しておけば、子どももそれほどリスクを心配しなくて済みます。うまくいかなかったら、現実面と心理面でどのような影響があるかを確認しておきましょう。

■ 計画が慎重過ぎると感じたら

例えば、子どもがいつまでも家にいるつもりでも、親は出ていってほしいと思っている時はどうしたらいいでしょうか。この年齢の子の目をどう外の世界に向けるかは、とてもデリケートな問題です。追い出すことになってはいけません。出ていってほしいから、あるいは、他の子たちはそうしているからという理由ではなく、「それがあなたにとっていちばんいい」というスタンスで話しましょう。

大人になる時期は、試行錯誤の時期でもあります。冒険と失敗を繰り返し、道を見つけていくのです。失敗しても後悔することはありませんが、冒険しないと後悔することになります。そのような話をすれば、子どもも、今行動しなかったら長い目で見てどうなるかが分かるでしょう。

一方で、子どもが内面世界の充実や、自己表現を追求したいと考えていたり、家にいながら外の世界を探検しようとしているなら、それもいいかもしれません。世の中にはさまざまな生き方があります。寛大な心で、子どもの気持ちを察するようにしましょう。

① 社会へ踏み出す準備はできていますか

子どもが将来、いつか家を出ようと考えているなら、その準備期間が問題になります。余裕を持って見守りましょう。HSC は変化に適応するのに時間がかかります。また、子どものやりたいことについても考えてみましょう。プロのチェロ奏者になろうとしているのに、世界旅行をしたり、何人もの女の子とつきあったりする必要はありますか。HSC にとっては精神面での冒険が、実際の体験と同程度の価値があるのです。

第 11 章　中学、高校、そして大人の世界へ　403

② 子どもに相談相手を探しましょう

感情面での問題を抱えているなら、セラピストか、子どもと似た性格、同じ気質を持つ大人に聞き役になってもらい、大人の世界に引き入れましょう。親にはこの仕事はできません。聞き役の大人に、親が考える問題点を話し、2人で解決させましょう。

③ 大人になる儀式は、人それぞれ

昔から、儀式には生活を変える区切りとしての役割があります。儀式を経て、AからBになる——大人になるには、成人式がこの儀式の役割を果たします。高校の卒業式も、ある意味では大人になる儀式といえますが、現実的な意味合いが強く、神聖な気持ちで念入りに準備をして大人になる儀式とは違います。地域によっては、独自の儀式もあります。

大きなリュックを背負っての旅行や、新しい資格を取るのも、大人の世界への儀式になります。形式にとらわれない儀式をしたいと言ってきたら、見守りましょう。「家を出る前に、ひとりで海外旅行をしたい」と言うなら応援しましょう。子どもは独自のやり方で、大人への移行をしているのです。親の腕から飛び立つきっかけをうかがって、自分の冒険システムを奮い立たせている途中なのです。大人になるというのは、ひとりで暮らすことや、職を得ることだけではありません。後押しをしてやれば、その大人への儀式がもっと素晴らしいものになるでしょう。

④ 親元を離れないなら、その理由を確かめる

家を出るのを怖がっているのか、それとも単に出たくないのか、この2つは全く違う問題です。家を出るのが怖いなら、この不安に伴う自己否定感や過剰な刺激を減らし、一緒に段階を踏みながら家を出られるようにしていきましょう。

子どもが単に家を出たくないと思っている場合は、このまま家にいたら、5年後、10年後、20年後にはどうなるかを話し合ってみましょう。それでも気持ちが変わらないのなら、親の「出ていってほしい」という気持ちを正直に話してみます。嫌いだからではなく、離れて生活したい（あるいは、親の本当の理由）を伝えましょう。「家にいてもらうとお金がかかるから」「余計な家事が増えるから」と言ったとしても、部屋代や食事代を払うというだけで、出ていこうとはしないでしょう。ただし、生活費を払ってもらうことで子どもとの関係がよくなるようなら、話をするのもいいと思います。

⑤ 自立するには、段階を追って

　住む場所や生計を立てる方法を決める、精神面でも自立していく──。一つずつ、段階を踏んで検討していきましょう。一度に全部解決する必要はありません。実家の近くに住む、友達と暮らす、あるいは旅に出るといったことで、親離れを始める方法もあります。経済的に自立するには、まずはアルバイトをし、必要ならお金を貸しましょう。親元から離れて経済的に自立できれば、精神面でも自立していきます。でも、いつでも助ける、見守っているということを伝えましょう。「ひとりでやっていく」とは、家族や友達がいないことではありません。

◆子どもの自立のためには、
   親も子離れすることが大切です

　最後に、私の息子が生まれた時に、心の師から頂いた言葉を紹介したいと思います。
「子育てとは、一言でいえば、『子どもを自分から切り離して、世の中に送り出すこと』です。子どもが生まれた時からこの作業は始まっています。でも大半の親は切り離しができず、まるで自分の一部のように扱っています。いつまでも幼く、弱く、自立していないと思い込んでいるのです。子どもにとってはつらいことです。親が子を思う気持ちとは裏腹に、その気持ちはどんどん離れていきます」

　ある友人が「親は皆、子どもの変化に合わせていかなくてはならない」と言っていましたが、HSCの親は、それ以上に、変化にうまく対応する「お手本」にならなくてはなりません。HSPの多くは、成長による変化を避けてきたために、どこか未熟さを残しています。彼らにとって、変化とは何かを失うことであり、痛みを伴うものなのです。自ら変化に対応する場合でも（多くは自発的ではないですが、そのように見えるものです）、できる限りリスクを避けようとします。親も同じです。何かを失うのが嫌で、自分の子にリスクを背負わせたくないと思っています。でも、これでは子どもはいつまでもたっても大人になれません。大人になり、生きて、老いていくことを教えてやるのは親の務めです。親が手本になって、変化に合わせて強く生きていくことを教えなくてはなりません。

　でも、自立させるとは、つながりを断ったり、愛さないこと、相手からの愛を期待しないことではありません。本当の愛、本当の親子関係は、親と子がそれぞれ独自の世界を持った時に生まれるのです。子どもは自立して初めて、親を本当に愛するようになるのです。

　子どもが成長すれば、あなたのよい友人になってくれるでしょう。

しっかりした礼儀を持って接しましょう。記憶の中には、小さな赤ちゃん、よちよち歩きの子、無邪気だった5歳の頃の姿が鮮明に残っているでしょうが、それは親だけの思い出です。子どもは、親ほどそのことを覚えていません。もっと強い関係を築いていきたいなら、2人で共有できる思い出を作っていかなくてはなりません。並んで歩んでいきましょう。子どもに子どもが生まれたら、じゅうぶんかわいがりましょう。その子がHSCだったら、どのようにして育てたらいいかを伝えてください。

◆学校の先生のための20のヒント

① クラスの5人に1人は、人一倍敏感な子

　クラスにいるさまざまな気質の子のうち、15〜20パーセント（約5人に1人）は、人一倍敏感な子（HSC）です。この本で説明してきたように、HSCは何か初めてのことをする時、細かいことをじっくりと観察し、情報を徹底的に処理してから行動するという神経システムを生まれつき持っています。その結果、極めて思慮深く、直感力に優れ、創造的になります（事態がどうなるか、次に何が起こるかを察知する力があります）。誠実で、公平さを大切にし、人の気持ちをよく考えます。ささいな変化や、細かなこと、異変に気づきます。同時に、精神的にも身体的にも圧倒されやすく、簡単に傷つきます。物事を始めたり、人の輪に加わったりするのに時間がかかり、時には教室で口を開こうとしないこともあるかもしれません。でも、誤解しないでください。類いまれな才能のある子に育てられるかもしれないのです。

② HSC を正しく理解する

気質の違いと、それが学習に与える影響について常に情報を得ておきましょう。敏感さは遺伝的な性質で、変えられるものではありません。全く正常なことで、ほぼ全ての種に同程度の割合で見られるものです。また、状況によってメリットとデメリットがあることを、他の親や先生方に理解してもらえるようにしましょう。

③ 両親との連携を図る

その子の親と協力し合いましょう。HSC とつきあうのに役立つ洞察力と、戦略を持っていることが多いです。また、親も、「この子は家では賢くて、てきぱきしていて外向的だけれど、学校ではどうなのだろう？」と不安に思っていますから、先生の助けを必要としています。

④ 前担任からも、情報をもらって

問題が起こったら、前にその子を担任していた先生に相談して、これまでどのように対処してきたかを聞いてみましょう。HSC があなたの期待どおりの反応をしなかったからといって、反抗的な子だとか、問題児だと思ってはいけません。HSC には、気質と環境に合わせた接し方が必要です。もう少し大きくなれば適応していけますが、小さいうちは、大人が子どもに合わせましょう。

⑤ ふさわしい役割を与える

ビジュアルアート、パフォーマンスアートなど、HSC 向けのカリキュラムを選びましょう。創造力や思考力が必要な課題を提供していきます。モラルの問題や、複雑な感情を扱った文学を読ませます。HSC は子どもというより、大人に近い感覚を持っていますから、休み時間や昼休憩などに会話をして、思考を整理したり、クラスのプロ

ジェクトを考えるのを手伝ってもらいましょう。また、自然への感覚も鋭いので、植物を育てるなどのガーデニングや、飼育係をさせるといいでしょう。また、他の人の気持ちに気づきやすく、言葉を使わないコミュニケーションが得意ですから、留学生のサポートをするには最適です。

⑥ 刺激のレベルには注意

　誰でも、刺激が多過ぎでも少な過ぎでもない、適度なレベルの時に最も学習効果が上がります。HSC は非 HSC に比べて、簡単に興奮してしまうため、静けさと、経験を処理するためのダウンタイムが必要です。これは、学校全体が取り組んでいくべき課題です。というのは、刺激の受け過ぎから回復するには、最低でも20分はかかるので、できるだけ受け過ぎないほうがいいのです。また、学校が一時的であれ、慢性的であれ、刺激の多い場所になってしまったら、学校に行くのを怖がるようになり、行くと考えただけで興奮してしまいます。

⑦ 背中を押す時と、守る時のバランスを

　安定している HSC は、学年がスタートする時期に少々の刺激に慣れておくと、その年の後半は、同じ刺激でも大丈夫なことが分かっています。ただし、すでに強いストレスを受けている HSC は、それ以上、背中を押されると傷ついてしまいます。背中を押すべき時とそうでない時を見極め、バランスを取りましょう。また、HSC が苦手だからといって、プレゼンテーションや野球の打席の順番から外すのはよくありません。気持ちをそぎ、自分はだめだと思わせてしまうことになります。準備をさせて適切なタイミングで入れましょう（１対１でのプレゼンをしてから、数人の前で、次はクラス全体で、と段階を踏んでいくなど）。あるいは、同じレベルの作業で、HSC が得意なことをさせるのもいいでしょう。（例えば、野球で打席に立つよりも、

第 11 章　中学、高校、そして大人の世界へ　409

バレーボールでサーブをするほうが気楽です）。一つのことがじゅうぶんできるようになったら、大いに褒めましょう。そうすれば、次のステップに進んでみたいと思うようになります。

⑧ 一緒に、逃げ場や逃げ道を作っておく

例えば、低学年の子なら、刺激の少ない活動をさせたり、クラス全員で散歩に行ったりなどの方法で、刺激を抑えましょう。あるいは、いくつかの選択肢から子どもに選ばせ、静かな過ごし方をさせるのもいいです。高学年の子なら、気持ちを落ち着け、反応をコントロールする責任を持たせましょう。前もって相談し、刺激過剰になりそうだったら、自分で決めた方法に従わせるのがいいと思います。静かな読書コーナーに避難する（低い本棚の脇にコーナーを作っておくといいでしょう）、いったん教室を出て新鮮な空気を吸う、水を飲む、廊下に出るなどの方法があります。HSC が他の生徒の前で先生に質問ができないようなら、助けが必要なサインを意味するカードを、机に置いておきましょう。何度も質問してきたからといって、叱ってはいけません。

⑨ その子のペースを大切に

自分のペースで新しい環境に入っていけるようにしましょう。幼稚園、小学校、中学校でも、HSC が新しい環境に溶け込むには、何週間も、何カ月も、時には 1 年くらいかかることもあります。特に幼いうちは、人の輪に入りたがらない場合は焦らせないようにしましょう。ただしばらく観察することが必要なのです。構い過ぎてもいけません。そうすると余計に時間がかかってしまいます。このような行動に、「内気」とか「怖がり」というラベルを貼ってはいけません。慎重になっているだけで、安心できると分かれば怖がりはしないのです。HSC は石橋をたたいて渡ります。安全と分かるまでは、リスクを取

りたがりません。そしてその子たちにとっては、学校生活そのものが
リスクの塊なのです。

⑩ リラックスできるような授業を

　ある程度の学年なら、朗読が上手な子は、みんなの前で読ませまし
ょう。最初は2人ペアになって音読させるのもいいと思います。この
時、HSCが話しだすのに時間がかかって沈黙が流れたとしても、気
まずくならないように配慮します。欠点には触れず、褒めることです。
調子がよさそうなら、どんどんいろいろなことをさせましょう。HSC
がよくしゃべり、自由でイキイキした生徒になっていくことは珍しく
ありません。

⑪ 発言できるきっかけを与えていく

　時には、あなたがよかれと思った配慮が、刺激を増やしてしまうこ
ともあります。例えば、HSCを呼ぶ時には、しっかりと見つめるよ
りも、視線を合わせないほうがいい場合もあります。クラスで発表し
て、皆から質問を受けさせる時には、先生は質問する側に回らず、自
分自身のこと（例えば、ペットのイヌの名前、旅行先など）を話して、
HSCの反応を引き出しましょう。クラスでの話し合いでは、HSCに
も質問を投げかけて、発言できるタイミングを作りましょう。それで
もHSCが答えられない時には、不自然にならないようにそのまま進
行していくか、「こんなことが言いたいのかな？」と聞いて反応を待
ちましょう。

⑫ 目標までに、スモールステップを設定する

　いくつかのステップに分けると、一見時間がかかりそうですが、
HSCの場合は、結果的に時間の節約になります。不安に思っている
ようなら、いったん中断して、細かな作業に分割しましょう。例えば、

第11章　中学、高校、そして大人の世界へ　411

帰宅の準備なら、「家に帰る」という大きなことを、いくつかの小さなステップに分けます。「家に帰る準備をするよ」ではなく、「さあ、ロッカーに行って上着を取ってらっしゃい」と言うようにしましょう。

⑬ テストや発表での注意点

生徒を評価する時、少なくとも最初はできるだけ気質を考慮した方法を採りましょう。テストや、発表などの機会では、HSC をリラックスさせ、真の能力が評価されるようにします。HSC は生まれつき、たくさんの情報の中から、状況を一つひとつ処理するので、時間がかかります。情報を集めるのにも時間がかかりますが、それ自体の刺激が強ければ、アクセスが不可能とはいわないまでも、複雑なほど深く処理するのは難しくなります。本人や結果に注目が集まり過ぎると、強いプレッシャーがかかります。ですから、特に最初は、学んだことを発表する方法には選択肢を用意しましょう（例えば、アート作品を作る、口頭発表する、エッセーを書くなど）。いちばんやりやすいことから始め、時間制限がなく、じゅうぶんに準備ができるテストを経て、時間制限のあるテストへと進めていきましょう。刺激の強い評価方法も少しずつ増やして、だんだんと耐えられるように鍛えていきます。

⑭ 心の準備をさせる

クラスで決まっていたやり方を変える時や、特別な行事の際には、前もって HSC に心の準備をさせましょう。そうすれば、問題なく適応できます。

⑮ こんなことも刺激の原因に

したくないことをさせられることが、一時的、あるいは慢性的な刺激の原因になることもあります。HSC の中には、過剰な刺激を受け

ると、ひきこもる、気が散る、ぼんやりする、忘れっぽくなる、やる気がなくなるなどの症状を見せる子がいます。不安、抑うつ状態、臆病になる子もいます。泣いたりイライラしたりといった強い感情を見せる子もいます。ADHD のように、落ち着きがなくなったり、注意散漫になったり、時には、攻撃的になる子もいます。でも、いずれの場合も、刺激がなくなれば、元の状態に戻ります。このような行動をやめさせるには、まず、「ちょっと気持ちが乱れているみたいだね」と、その行動の原因に気づかせましょう。それから、「読書コーナーで、少し気を静めてきたらどう？」というように、対処方法を提案しましょう。その後で、「今度、同じようなことがあったら、爆発する前に先生に知らせてちょうだい」と、今後の改善策も伝えていきます。

⑯ 厳しい罰はいりません

HSC はルールを守りますから、穏やかに伝えるだけでじゅうぶんです。時には、自分が悪いことをしたと言われるだけで泣いてしまいます。強く叱ったり、罰を与えたりすると、HSC にはその時の苦痛がずっと残ります。叱られたことと、叱った先生のこと、そしてつらかったことだけが心に残り、先生が伝えたかった教訓は全く伝わらないのです。

⑰ 注意深く、教室の環境を見てみる

HSC は、人が多過ぎる、騒がしい、暑過ぎる、寒過ぎる、風通しが悪い、ほこりっぽい、照明が強過ぎる、整理整頓がされていないなどの要因に、非 HSC よりも強く影響を受けます。できる限り環境を改善していきましょう。HSC にとって不快な環境は、他の生徒にも、程度の差こそあれ不快なものです。

第11章　中学、高校、そして大人の世界へ　413

⑱ 友達の輪に入っていく手助けをする

問題があれば、時間を与えて自分で解決させましょう。でも、何日間も苦しんでいたり、かたくなに殻にこもっていたり、孤立したり、拒否されたりいじめられているようなら、措置を執ります。親やカウンセラーにも相談しましょう。HSC は友達を作るのに、他の子よりも時間がかかり、何らかのサポートが必要なこともあります（友達作りについては、次の項を参照してください）。他の子に誤解されるような行動を執ることもあります。例えば、泣いていると「弱虫」と思われ、ひとりの空間を必要とするのは「細かいことを気にする子」だと誤解されます。圧倒されてイライラしていると、理由もなく怒っていると思われます。また、動揺しやすいので、格好のいじめの標的になります。

最近では、仲間外れやからかいなど、異色なものを笑いものにしたり、最も弱い子を攻撃したりする、いじめの根幹の雰囲気をなくし、どんな子も受け入れ、敬意を払う空気を大人が作っていかなくてはならないと考えられています。生徒たちに、人は皆「個性」を持って生まれてくること、すぐに人にラベルを貼ってはいけないことを伝えましょう。

⑲ 親友作りをサポートする

HSC は、1対1の関係が得意で、普通はひとりの親友がいれば、社会的にも感情面でもじゅうぶん幸せになれます。でも、そのひとりは不可欠です。前の年に仲が良かった子や、近所の子を同じクラスにして、隣の席にしたり、2人組で作業をさせたりして、お互いに打ち解けるようにしましょう。

⑳ 相談できる大人を見つける

　ある程度の年齢になると、大人の聞き役の存在が大きなプラスになります。HSC は極めて早い時期から、得意分野（一つに限らない）で大人レベルの能力を発揮します。これが HSC の自己肯定感につながっていきます。また、豊かな感性を持っているので、美しいものを見たり、社会正義について考えたり、スピリチュアルな体験をしたり、あるいは、自分自身の深い感情に気づいた時、強いインスピレーションを受けますから、自己を表現する場がないと、苦しい思いを抱えることになります。詩、ダンス、ビジュアルアート、演劇、スピーチ、エッセーなど、さまざまな表現のしかたを紹介し、HSC が自分に合ったものを見つけられるようにしましょう。宿題もしっかりさせましょう。宿題を出発点にして、そこから自己表現を開拓させる方法もあります。

参照文献

本書で取り上げた成人の気質についての記述は、次に挙げる5つの書籍および論文を参考にしたものです。この5冊に掲載されていないHSCについての研究、小児全般についての研究については、章ごとに挙げました。

・エレイン・N・アーロン『ささいなことにもすぐに「動揺」してしまうあなたへ。』（冨田香里訳、講談社、2000年）
・エレイン・N・アーロン『敏感すぎてすぐ「恋」に動揺してしまうあなたへ。』（冨田香里訳、講談社、2001年）
・E. N. Aron and A. Aron, "Sensory-Processing Sensitivity and Its Relation to Introversion and Emotionality." *Journal of Personality and Social Psychology* 73 (1997):345–68.
・E. N. Aron, "High Sensitivity as One Source of Fearfulness and Shyness: Preliminary Research and Clinical Implications," in *Extreme Fear, Shyness, and Social Phobia: Origins, Biological Mechanisms, and Clinical Outcomes*, eds. L. A. Schmidt and J. Schulkin (New York: Oxford University Press, 2000), 251–72.
・E. N. Aron, "Counseling the Highly Sensitive Person," *Counseling and Human Development* 28 (1996):1–7.

第1章

1: J. Kagan, *Galen's Prophecy* (New York: Basic Books, 1994).

2: J. Strelau, "The Concepts of Arousal and Arousability as Used in Temperament Studies," in *Temperament: Individual Differences at the Interface of Biology and Behavior*, eds. J. E. Bates and T. D. Wachs (Washington, D.C.: American Psychological Association, 1994), 117–41.

3: J. J. Renger, W.-D. Yao, M. B. Sokolowski, and C.-F. Wu, "Neuronal Polymorphism among Natural Alleles of a cGMP-Dependent Kinase Gene, *foraging*, in *Drosophila*," *Journal of Neuroscience* 19 (1999):RC28, 1–8; K. A. Osborne, et al., "Natural Behavior Polymorphism Due to a cGMP Dependent Protein Kinase of *Drosophila*," *Science* 277 (August 8, 1997):834–36.

4: M. Mead, *Sex and Temperament in Three Primitive Societies* (New York: Morrow, 1935), 284.

5: R. Plomin, "The Role of Inheritance in Behavior," *Science* 248 (1990): 183–88.

6: J. Kristal, *The Temperament Perspective: Working with Children's Styles* (Baltimore: Brookes, in press).

7: M. van Ameringen, C. Mancini, and J. M. Oakman, "The Relationship of Behavioral Inhibition and Shyness to Anxiety Disorder," *Journal of Nervous and Mental Disease* 186 (1998):425–31.

8: J. Kagan, N. Snidman, M. Zentner, and E. Peterson, "Infant Temperament and Anxious Symptoms in School-Age Children," *Development and Psychopathology* 11 (1999) :222.

9: J. Biederman et al., "Psychiatric Correlates of Behavioral Inhibition in Young Children of Parents With and Without Psychiatric Disorders," *Archives of General Psychiatry* 47 (1990): 21–26.

10: M. Prior, D. Smart, A. Sanson, and F. Oberklaid, "Does Shy-Inhibited Temperament in Childhood Lead to Anxiety Problems in Adolescents?," *Journal of the American Academy of Child and Adolescent Psychiatry* 39 (2000): 461.

11: W. T. Boyce et al., "Psychobiologic Reactivity to Stress and Childhood Respiratory Illnesses: Results of Two Prospective Studies," *Psychosomatic Medicine* 57 (1995):411–22; L. Gannon, J. Banks, and D. Shelton, "The Mediating Effects of Psychophysiological Reactivity and Recovery on the Relationship Between Environmental Stress and Illness," *Journal of Psychosomatic Research* 33 (1989):165–75.

第2章

12: J. Belsky, K.-H. Hsieh, K. Crnic, "Mothering, Fathering, and Infant Negativity as Antecedents of Boys' Externalizing Problems and Inhibition at Age 3 Years: Differential Susceptibility to Reading Experience?," *Development and Psychopathology* 10 (1998):301–19.

13: S. J. Suomi, "Genetic and Maternal Contributions to Individual Differences in Rhesus Monkey Biobehavioral Development," in *Perinatal Behavioral Development: A Psychobiological Perspective*, eds. N. Krasnegor, E. Blass, M. Hofer, and W. Smotherman (San Diego, CA: Academic Press, 1987), 397–419.

14: M. R. Gunnar, "Psychoendocrine Studies of Temperament and Stress in Early Childhood: Expanding Current Models," in *Temperament: Individual Differences at the Interface of Biology and Behavior*, eds. J. E. Bates and T. D. Wachs (Washington, D.C.: American Psychological Association, 1994), 175–98.

15: M. Nachmias, M. Gunnar, S. Mangelsdorf, R. Hornik Parritz, and K. Buss, "Behavioral Inhibition and Stress Reactivity: The Moderating Role of Attachment Security," *Child Development* 67 (1996):508–22.

16: 同上

17: 同上519.

18: J. M. Braungart, R. Plomin, J. C. DeFries, and D. W. Fulker, "Genetic Influence on Tester-Rated Infant Temperament as Assessed by Bayley's Infant Behavior Record: Nonadoptive and Adoptive Siblings and Twins," *Developmental Psychology* 28 (1992):40–47.

19: L. B. Sherber and S. C. McDevitt, "Temperament-Focused Parent Training," in *Handbook of Parent Training: Parents as Co-Therapists for Children's Behavior Problems*, 2nd ed., eds. J. M. Briesmeister and C. E. Schaefer (New York: John Wiley & Sons, 1998), 301–19; J. R. Cameron, R. Hansen, and D. Rosen, "Preventing Behavioral Problems in Infancy Through Temperament Assessment and Parental Support Programs," in *Clinical and Educational Applications of Temperament Research* (Lisse, Netherlands: W. Swets and Zeitinger, 1989), 155–65.

20: X. Chen, K. Rubin, and Y. Sun, "Social Reputation and Peer Relationships in Chinese and Canadian Children: A Cross-Cultural Study," *Child Development* 63 (1992):1336–43.

21: S. T. Fiske, "Stereotyping, Prejudice, and Discrimination," in *Handbook of Social Psychology*, 4th ed., eds. D. T. Gilbert, S. T. Fiske, and G. Lindzey (New York: McGraw-Hill, 1998), 357–411.

22: R. A. Hinde, "Temperament as an Intervening Variable," in *Temperament in Childhood*, eds. G. A. Kohnstamm, J. E. Bates, and M. K. Rothbart (New York: John Wiley & Sons, 1989), 27–33.

第3章

23: M. Ross and F. Sicoly, "Ego-Centric Biases in Availability and Attribution," *Journal of Personality and Social Psychology* 37 (1979):322–36.

第 5 章

24: S. E. Taylor and J. D. Brown, "Illusion and Well-Being: Some Social Psychological Contributions to a Theory of Mental Health," *Psychological Bulletin* 103 (1988):193–210.

25: C. J. Showers, "Compartmentalization of Positive and Negative Self-Knowledge: Keeping the Bad Apples Out of the Bunch," *Journal of Personality and Social Psychology* 62 (1992):1036–49.

26: S. Kitayama, H. R. Markus, and H. Hisaya, "Culture, Self, and Emotion," in *Self-Conscious Emotions: The Psychology of Shame, Guilt, Embarrassment, and Pride*, eds. J. P. Tangney and K. W. Fischer (New York: Guilford, 1995), 439–64.

27: J. P. Tangney, "Shame and Guilt in Interpersonal Relationships," in Tangney and Fischer, *Self-Conscious Emotions*, 114–39.

28: T. J. Gerguson and H. Stegge, "Emotional States and Traits in Children: The Case of Guilt and Shame," in *Self-Conscious Emotions: The Psychology of Shame, Guilt, Embarrassment, and Pride*, eds. J. P. Tangney and K. W. Fischer (New York: Guilford, 1995), 439–64.

29: G. Kochanska, "Mutually Responsive Orientation Between Mothers and Their Young Children: Implications for Early Socialization," *Child Development* 68 (1997):94–112.

30: M. L. Hoffman, "Affective and Cognitive Processes in Moral Internalization," in *Social Cognition and Social Development: A Sociocultural Perspective*, eds. E. T. Higgins, D. Ruble, and W. Hartrup (New York: Cambridge University Press, 1983), 236–74.

31: G. Kochanska and R. A. Thompson, "The Emergence and Development of Conscience in Toddlerhood and Early Childhood," in *Handbook of Parenting and the Transmission of Values*, eds. J. E. Grusec and L. Kuczynski (New York: Wiley, 1998), 53–77.

32: S. I. Greenspan with J. Salmon, *The Challenging Child* (Cambridge, Mass.: Perseus, 1995).

第 6 章

33: V. A Hunziker and R. G. Barr, "Increased Carrying Reduces Infant Crying: A Randomized Controlled Trial," *Pediatrics* 77 (1986):641–48.

34: A. Solter, *Tears and Tantrums: What to Do When Babies Cry* (Goleta, Calif.: Shining Star Press, 1998).

35: T. Hogg, *Secrets of the Baby Whisperer* (New York: Broadway, 2001).

36: W. B. Carey with M. M. Jablow, *Understanding Your Child's Temperament* (New York: MacMillan, 1997).

37: W. B. Carey and S. C. McDevitt, *Coping with Children's Temperaments* (New York: Basic Books, 1995).

38: M. Papousek and N. von Hofacker, "Persistent Crying in Early Infancy: A Non-Trivial Condition of Risk for the Developing Mother-Infant Dyad," *Child: Care, Health and Development* 24 (1998):395–424.

39: T. Lewis, F. Amini, and R. Lannon, *A General Theory of Love* (New York: Random House, 2000).

40: S. Epstein, "Integration of the Cognitive and Psychodynamic Unconscious," *American Psychologist* 49 (1994): 709–24.

41: 同上.

42: 同上.

43: D. J. Siegel, *The Developing Mind: Toward a Neurobiology of Interpersonal Experience* (New York: Guilford Press, 1999).

44: N. A. Fox, H. A. Henderson, K. H. Rubin, S. D. Calkins, and L. A. Schmidt, "Continuity and Discontinuity of Behavioral Inhibition and Exuberance: Psychophysiological and Behavioral Influences Across the First Four Years of Life," *Child Development* 72 (2001):1–21.

45: D. N. Stern, *The Interpersonal World of the Infant* (New York: Basic Books, 1985).

46: C. Super and S. Harkness, "Cortisol and Culture: Preliminary Findings on Environmental Mediation of Reactivity During Infancy." Paper presented at the Occasional Temperament Conference, Westbrook, Connecticut, September 2000.

47: 同上

48: 同上195.

49: M. R. Gunnar, L. Hertsgaard, M. Larson, and J. Rigatuso, "Cortisol and Behavioral Responses to Repeated Stressors in the Human Newborn," *Developmental Psychobiology* 24 (1992):487–505.

50: W. B. Carey, "Night Waking and Temperament in Infancy," *Behavioral Pediatrics* 84 (1974):756–58.

51: S. Mangelsdorf, M. Gunnar, R. Kestenbaum, S. Lang, and D. Andreas, "Infant Proneness-to-Distress Temperament, Maternal Personality, and Mother-Infant Attachment: Associations in Goodness of Fit," in *Annual Progress in Child Psychiatry and Child Development*, eds. S. Chess and M. E. Hertzig (New York: Brunner/Mazel, 1991), 312–29.

52: 同上

53: 45に同じ。

54: 同上148.

55: 同上151–52.

56: 43に同じ。

57: R. K. Rothbart, S. A. Ahadi, and K. L. Hershey, "Temperament and Social Behavior in Childhood," *Merrill-Palmer Quarterly* 40 (1994):21–39.

第7章

58: J. R, Cameron, "Parental Treatment, Children's Temperament, and the Risk of Childhood Behavioral Problems: 1. Relationships Between Parental Characteristics and Changes in Children's Temperament Over Time," *American Journal of Orthopsychiatry* 47 (1977): 568–76.

59: A. Kowal and D. Pritchard, "Psychological Characteristics of Children Who Suffer from Headache: A Research Note," *Journal of Child Psychology and Psychiatry* 31 (1990):637–49.

60: L. W. Lee, *The Role of Temperament in Pediatric Pain Response*. Ph.D. dissertation, University of Illinois at Chicago (1993).

61: D. K. Carson, J. R. Council, and J. E. Gravley: "Temperament and Family Characteristics as Predictors of Children's Reactions to Hospitalization," *Journal of Developmental and Behavioral Pediatrics* 12 (1991):141–47; S. G. McClowry, "The Relationship of Temperament to the Pre- and Post-Behavioral Responses of Hospitalized School-Age Children," *Nursing Research* 39 (1990):30–35.

62: I. R. Bell, "Allergens, Physical Irritants, Depression, and Shyness," *Journal of Applied Developmental Psychology* 13 (1992):125–33.

63: W. T. Boyce et al., "Psychobiologic Reactivity to Stress and Childhood Respiratory Illnesses: Results of Two Prospective Studies," *Psychosomatic Medicine* 57 (1995):411–22; L. Gannon, J. Banks, and D. Shelton, "The Mediating Effects of Psychophysiological Reactivity and Recovery on the Relationship Between Environmental Stress and Illness," *Journal of Psychosomatic Research* 33 (1989):165–75.

第 8 章

64: J. B. Asendorpf, "Beyond Temperament: A Two-Factorial Coping Model of the Development of Inhibition During Childhood," in *Social Withdrawal, Inhibition, and Shyness in Childhood*, eds. K. H. Rubin and J. B. Asendorpf (Hillsdale, N.J.: Lawrence Erlbaum, 1993), 265–89.

65: S. I. Greenspan with J. Salmon, *The Challenging Child* (Cambridge, Mass.: Perseus, 1995).

66: J. B. Rosen and J. Schulkin, "From Normal Fear to Pathological Anxiety," *Psychological Review* 105 (1998): 325–50.

67: M. Nachmias, M. Gunnar, S. Mangelsdorf, R. Hornik Parritz, and K. Buss, "Behavioral Inhibition and Stress Reactivity: The Moderating Role of Attachment Security," *Child Development* 67 (1996):508–22.

68: K. Burgess and K. Rubin, "Behavioral and Emotional Consequences of Toddlers' Inhibited Temperament and Parenting." Paper presented at the meeting of the Society for Research in Child Development, Albuquerque, New Mexico, April 1999.

69: M. A. Evans, "Control and Paradox in Teacher Conversations with Shy Children," *Canadian Journal of Behavioral Science* 24 (1992):502–16.

70: A. C. Dettling, S. W. Parker, S. Lane, A. Sebanc, and M. R. Gunnar, "Quality of Care and Temperament Determine Changes in Cortisol Concentrations Over the Day for Young Children in Childcare," *Psychoneuroendocrinology* 25 (2000):819–36.

第 9 章

71: M. S. Kurcinka, *Kids, Parents, and Power Struggles* (New York: HarperCollins, 2000), 232.

72: D. Liu et al., "Maternal Care, Hippocampal Glucocorticoid Receptors, and Hypothalamic-Pituitary-Adrenal Responses to Stress," *Science* 277 (1997):1659–61.

第 10 章

73: S. Harkness, C. Super, M. Blom, B. Muller, and B. Moscardino, "The Cultural Meanings of Temperament Dimensions: Findings from the International Study of Parents, Children, and Schools." Paper presented at the Occasional Temperament Conference, Westbrook, Connecticut, September 2000.

74: K. Fordham and J. Stevenson-Hinde, "Shyness, Friendship Quality, and Adjustment During Middle Childhood," *Journal of Child Psychology and Psychiatry* 40 (1999):757–68.

75: 同上

76: H. H. Goldsmith, N. Aksan, M. Essex, N. A. Smider, and D. L. Vandell, "Temperament and Socioemotional Adjustment in Kindergarten: A Multi-Informant Perspective," in *Temperament in Context*, eds. T. D. Wachs and G. A. Kohnstamm (Mahwah, N.J.: Lawrence Erlbaum, 2001), 103–38.

77: N. Fox, A. Sobel, S. Calkins, and P Cole, "Inhibited Children Talk About Themselves: Self-Reflection on Personality Development and Change in 7-Year Olds," in *Emotional Development in Atypical Children*, eds. M. Lewis and M. S. Sullivan (Mahwah, N.J.: Lawrence Erlbaum, 1996), 131–45.

78: R. P. Martin and J. Holbrook, "Relationship of Temperament Characteristics to the Academic Achievement of First-Grade Children," *Journal of Psychoeducational Assessment* 3 (1985):131–40.

第11章

79: A. Caspi et al., "Personality Differences Predict Health-Risk Behaviors: Evidence from a Longitudinal Study," *Journal of Personality and Social Psychology* 73 (1997):1052–63.

80: A. Caspi, D. Bern, and G. Elder, "Continuities and Consequences of Interactional Styles Across the Life Course," *Journal of Personality* 57 (1989):390–92.

───日本語版の発刊に際して───

HSCを育てることは、
　　　世界への大きな貢献になるでしょう

エレイン・N・アーロン

　ようこそ。皆さんは、大変よいタイミングで本書を手に取られましたね。この本の内容については、最初に英語で出版された版からの修正は必要ないと思っていますが、出版されてからこれまでの間に行われてきた「敏感であるという性質」に関する重要な研究について、ここでお知らせする必要があると感じています[*1]。これからお伝えすることは、人一倍敏感な子ども（HSC）を持つ親にとって、大きな助けとなることと思います。ただし、ここで述べることは、本書で提供した子どもの育て方についてのアドバイスに変更を加えるものではありません。子どもの持つ、他の子とは違った素晴らしい性質には、しっかりした裏づけがあると、より確信していただけるものだと思います。

　また、敏感であるという性質の存在を知らず、懐疑的な親戚や親たち、あるいは、子どもの世話をしてくれる人、カウンセラーや医師、学校の先生（特に重要な存在です）、そして配偶者に真実を伝えるのに、大きな助けになると思います。もしあなたが「自分の子どもは人一倍敏感だけれど、これは喜ばしい個性なんです」という話をすると、子どもの世話をよくしてくれている人に限って、「あなたは何か間違った情報を得ているのでは」「過保護になっているのでは」と心配するものです。そういう人に本書を読んでもらうのは無理としても、ここだけ見てもらえれば、その心配を消し去ることができるでしょう。簡単にまとめてみようと思います。

■「敏感さ」の本質を理解するための研究

　第1章では、私の2002年までの研究を紹介しました。敏感であるという性質を私が研究し始めたきっかけや、まず成人に向けてのインタビューを行い、その指標を開発し、数百人にテストをしたこと。それから内向性などの敏感性と間違われやすい性質との違いも述べました。実際のところ、成人のHSPのうち70パーセントが内向的でしたが、残りの30パーセントは外向的だと分かりました。第1章ではその理由についても説明しました。また、私は新しい性質を発見したわけではなく、この性質はこれまで間違った名前で呼ばれてきたことにも触れました。以前に行われていた、生まれ持った気質の研究では、目に見える一つの行動（大抵は、新しい状況を前に立ち止まること）ばかりが注目され、恥ずかしがり屋、内向的、引っ込み思案、始めるのに時間がかかる、あるいはただ怖がりなどと呼ばれていたのです。敏感な子どもが引っ込み思案や内向的、怖がりになることがないわけではありませんが、こうした言葉では、その子の根底にある性質をとらえることはできません。それは一つの行動だけで分かるものではないのです。このような性質をもたらす遺伝子にラベルはついていませんし、もっとよい言葉がありそうですが、私は「人一倍敏感であること」という名前を付けました（学術文献では、「敏感性感覚処理（sensory processing sensitivity）」と呼ばれています。第1章でも述べましたが、感覚処理障害（sensory processing disorder）や、感覚統合障害（sensory integration disorder）と混同しないでください）。

　第1章では、親が自分の子どもがHSCかどうかを判断するための質問票を作成した経緯もお話ししました。成人向けの質問票を使い、100人を超える親にインタビューし、それを基に質問リストを作成して、さらに100人以上の親に回答してもらいました。その後、そこから吟味して絞り込んだ質問リストを、敏感である性質の指標としました。子どもが、もし一つでも質問に当てはまるなら、他の質問も当て

はまる可能性が高いということです。

　成人向けの質問票と同じように、子ども向けの質問票の内容も、「すぐにびっくりする」「服の布地がチクチクするのを嫌がる」ということから、「誰かがつらい思いをしていることに気づく」「難しい言葉を使う」といったことまで多岐にわたっています。こうした質問は、親が気づく内容なのはもちろんですが、さまざまな行動の根底にある性質を理解し、その理由を探ろうというものです。

▍ 4つの面（DOES）が、全て当てはまりますか

　最近、私はこの根底にある性質には「4つの面がある」と説明しています[*2]。つまり、人一倍敏感な人にはこの4つの面が全て存在するということです。4つのうち1つでも当てはまらないなら、おそらくここで取り上げる「人一倍敏感」な性質ではないと思います。この4つを、D（深く処理する：Depth of processing）、O（過剰に刺激を受けやすい：being easily Overstimulated）、E（全体的に感情の反応が強く、特に共感力が高い：being both Emotionally reactive generally and having high Empathy in particular）、S（ささいな刺激を察知する：being aware of Subtle Stimuli）で、DOES と覚えてください。これから、この4つの切り口の根拠を示す最近の研究を簡単に紹介していきます。

（1）D: 深く処理する

　刺激を過剰に受けやすいとかささいなことを察知するというのは、HSC の親が最初に気づくことかもしれませんが、その根底には「深く処理する」という性質があります。物事を徹底的に処理したり、深く考えたりするのは、実際には無意識に行われることもありますが、深い質問をする、聞きかじりの言葉を使って、年齢の割りに大人びたことを言う、ユーモアのセンスがある、あれこれ可能性を考えてなかなか決断ができない、じっくり観察して考える必要があるので初めて

日本語版の発刊に際して　425

の人や場所を前に「行動を起こすのに時間がかかる」といった形で表れてきます。本書で強調したとおり、どの子もこういった行動の全てが当てはまるとは限りませんが、いずれにせよ、これらは深く考えることを示すサインです。誰でも、真の恐怖（通常の警戒心を超えた）のために「行動を起こすのに時間がかかる」ことはありますが、HSCがすぐに行動を起こせないのは、過去のつらい体験と共通する、何かの要素がその状況にあるはずです。私は子どもが生まれつき怖がりだったり、内気だったりすることはないと考えています。そのような生まれつきの性質があるなら、遺伝子の中で淘汰されてきたはずでしょう。

　HSPの深く処理する性質については、かなりの新しいデータがあります。ヤージャ・ヤゲロヴィッチらによる研究では、fMRI（磁気共鳴機能画像法）を用いて成人の脳の活動を調べる実験を行いました[*3]。わずかに違う2枚の写真を見せて違いを見つけさせた時、HSPはそうでない人に比べて、物事の表面でなく複雑なことや細かいことを認識する時に使う脳が活発に働いていることが分かりました。つまり、「深い」精密な処理をつかさどる脳の部分をそうでない人よりも使っていたのです。

　私のチームが行った研究では、アジア地域とアメリカのそれぞれで生まれ育ったHSPと非HSPについて、育った地域によって難易度が異なるとされる認知処理の作業のしかたを比較しました[*4]。つまり、アジアのように集団を尊重する文化で育った場合と、アメリカのように個々を尊重する文化で育った場合とで、脳の活動度がどのように違うかを検討したのです。非HSPの脳は、自分の文化で育った人にとって難しいと感じる作業をした時に、ふだんより多くの労力を使っていましたが、HSPの場合は、生まれ育った地域にかかわらず、特別な労力を使ってはいませんでした。彼らは文化の枠を超えて、物事の「本質」を見ているかのようでした。

ビアンカ・アセヴェドによる研究で、HSPと非HSPが、それぞれ知らない人と親しい人の写真を見た時の脳の動きを調べたところ、ヤゲロヴィッチの研究結果と同じく、HSPは非HSPよりも精巧な認知処理をしているだけでなく、脳内の「島」と呼ばれる部位が活発に動いていることが分かりました[*5]（この部位は、その時々の内面状態や感情、体の位置、外部の出来事といった情報を統合して現状を認識するので、「意識の座（seat of consciousness）」と呼ばれることもあります[*6]）。HSCが自分の内や外で起っていることを、人よりよく分かっているとしたら、その時は、脳のこの部分が特に活発に動いているのでしょう。

（2）O: 過剰に刺激を受けやすい

　自分の内外で起っている全てに人一倍気がつき、処理する人は、精神的にかなりの負荷がかかり、それゆえに体も人より早く疲労を感じます（脳は体の一部です）。どんな子にとっても、一瞬一瞬が新しいこととの出合いです。私たちは、子どもが成長する段階でよかれと思って新しいことを教えますから、子どもたちは往々にして過剰な刺激を受け、疲れ、ストレスを感じてしまうのです。HSCであれば、なおさらです。彼らは、敏感でない子よりも全ての新しいことに気づき、考えるように生まれついています。つまり、過剰に刺激を受けやすいのは、深く処理できる性質の裏返しで、ごく自然なことなのです。

　刺激を過剰に受けた子がどのような様子になるかは、お話しするまでもないでしょう。刺激の多い外出の後や、「楽しい」はずのイベントや旅行の時ですら、驚いて圧倒され、ストレスを感じてぐったりしている姿、興奮することがあった日の夜には、眠れず目がさえてしまう姿、そして何かが変わったり、痛みに極端なまでに反応する姿をあなたは日々、目にしていることと思います。HSCは大きな音にダメージを受けます。暑さや寒さ、自分に合わない靴、ぬれたりチクチク

日本語版の発刊に際して　427

したりする服などに文句を言います。人一倍「ダウンタイム」や静かな時間が必要です。サプライズパーティーが苦手で、過剰な刺激を避けたがるので、パーティーやチームスポーツ、クラスの前で発表するなどの行動をしたがりません。得意なことでも、例えば学校の音楽会など、「大きな」大会のように、人に見られたり実力を試されたりする場面では、ふだんの力を発揮することができません。おそらく、刺激の強過ぎる強烈な罰を与えるよりも、穏やかにしつけるほうが効果的であることもお気づきでしょう。過剰な刺激を受けた時は、誰でも、落ち着いてうまく行動したり、何かを学んだりすることが難しくなりますが、HSC は比較的短時間で刺激過剰になってしまうのです。

HSP が刺激を過剰に受けやすいというデータとして、ドイツの学者フリードリヒ・ゲルステンベルクによる研究があります。この研究では、コンピューター画面にさまざまな向きの L の文字が並ぶ中に、T の文字が紛れているかどうかを判断するという、いささか厄介な認知作業をさせて比較を行う実験がなされました。HSP は、そうでない人に比べて短時間で正確にできましたが、作業後の疲労も強く感じていました。知覚を使って作業をしたための疲労か、それとも実験していることによる感情の作用か、理由は何であれ、HSP がストレスを感じていることは明らかでした。例えば、金属板が過剰な負荷によりストレスを感じるのと同じです。

HSP である親についての私の現在の研究では、親として、そして子育てに伴う社会的な活動において、過剰な刺激を受けていると報告しています（例えば、妊娠しているだけで、見知らぬ人から話しかけられたりするのも刺激になります）。セオドア・ワックスの研究で、家の散らかり具合が同じくらいでも、HSP の度合いの高い母親は、そうでない母親に比べて「散らかっている」と感じていることが分かりました。

しかしながら、敏感であることの「本質」は、騒音や散らかった部

屋、絶え間ない変化にストレスを感じるということではありません。感覚面での不快感がつのりやすいだけです。その他の HSC の性質が見られず、通常以上にストレスを感じやすい場合は、「深く精密に」処理しているというよりは、感覚処理の「問題」による疾患が疑われます。例えば、自閉症スペクトラムの場合は、感覚処理の過剰な負担に反応することもありますが、反応しないこともあります。自閉症の場合は、注意を向けるべきものと排除していいものとを見極めるのが難しいようです。ですから、人と話す時に、相手の顔よりも靴に気をとられてしまうことがあるのです。それに対して、HSP は顔をはじめとする社会的な手がかりに注意を払います。全ての情報を排除できずに受け止めたら、当然、子どもは過剰な刺激に圧倒されてしまうでしょう。自閉症スペクトラムの人は、自分が執着していることに対しては、ささいなことに気づいたりします。でも、社会生活では（人づきあいをしていく中では）、関係ないことのほうに注意を払いがちです。

（3）E: 感情反応が強く、共感力が高い

感情反応も、深く処理することと密接に関係しています。処理を行う時に、何に注意を向け、何を学び、何を記憶するかは感情が教えてくれます。動機づけ（motivator）としての感情がなければ、処理して記憶することはできません。[*9] 新しい言語を学ぶのに、その言語が話されている地域のほうが簡単なのは、言葉が常時耳に入ってくるだけでなく、周りの人と話せるようになりたいという動機があるからです。また子どもなら、暖かい場所にいるにはどうしたらいいのか、お母さんに笑ってもらう方法は、お父さんにクッキーをもらうポイントは何か、あるいは、いい成績を取る方法、やけどを防ぐ注意点、親を怒らせない工夫、ひどい成績を取らないための注意点を覚えていきます。敏感な子どもの場合、どんなことにも人一倍注意を払い、観察し、学

んでいきます。共感とはつまり、他の人が知っていることを知り、その人の気持ちを感じることであり、社会生活からごく自然に学んでいくための一つの方法です。共感が強いほど、思いやりが生まれるのです。

　HSCの親は、この感情反応と共感力の強さがどのようなものか、すでに目にしていると思います。物事の一つひとつを深く感じ取り、涙もろく、人の心を読むことにたけていて、完璧主義で、ささいな間違いにも強く反応します。学校の友達や家族、初めて会った人まで、他人のストレスによく気づきます。時には動物の気持ちにも共感して、小さな子ヒツジがラム・チョップになるとか、ホッキョクグマの子どもが温暖化のためにおぼれて死んでしまうことを知って心を痛めます。

　私たちの質問票による調査や実験で、HSPは、よい経験にも悪い経験にも人一倍反応することが分かりました。ヤージャ・ヤゲロヴィッチによる一連の実験と脳の活動に関する研究によると、HSPは、好きなものの写真（子イヌ、子ネコ、バースデーケーキなど）と、不快なものの写真（ヘビ、クモなど）に人一倍反応しますが、特に、好きなものに反応を示し、よい幼少期を送ってきた人ほどその傾向が強いことが分かりました。[*10]好きなものの写真に対する反応は、脳の強い感情を初めて体験した時に働く部位だけでなく、思考や処理をつかさどる高等な部位（処理の深さに関係する部位の一部）で起こっていました。

　Eは、共感（empathy）のEでもあります。前出のビアンカ・アセヴェドの研究では、知らない人と自分の愛するパートナーが、うれしい表情、悲しい表情、普通の表情を浮かべている写真を見せたところ、HSPは脳内の認知に関与する「島（とう）」が、そうでない人よりも活発に働いていました。どんな状況にもこの傾向が見られましたが、特に顕著だったのが、自分のパートナーがうれしい、あるいは悲しい表情を浮かべている時です。このことから、こうした写真を見た時に、HSP

は特に高い認知状態になっていることが分かりました。私たちの予測どおりだったわけです。

HSPは非HSPに比べて、ミラーニューロン系の働きも活発です。[11]特に、自分の大切な人がうれしい、あるいは悲しい表情を浮かべるのを見た時や、知らない人がうれしい顔をした時にもこの傾向が見られます。これは、HSPが、感情を感じ取った相手に同調すること、全般的にポジティブなことに同調した結果といえるでしょう。ミラーニューロンとは、ほんの20年前に発見された神経細胞です。他の人が何かをしたり感じたりしているのを見ると、このニューロンが発火し、あたかも自分が同じことをしている、感じているかのようになるのです。例えば、自分でサッカーボールをけらなくても、他の人がけったり、ボールをける音を聞いたり、「キック」という掛け声を聞いただけで、このミラーニューロンが発火します。自分がすべきでない行動を見た時には、他のニューロンがまねしないように働きかけますが、完璧に阻止することはできません。運動選手やダンサーが激しい動きをしてるのを見て、筋肉がぴくりとしたならば、それはミラーニューロンが働いているのです。

この驚くべきニューロンは、模倣による学習の助けになるだけでなく、ビアンカ・アセヴェドの研究で、HSPで特に活発に働くことが認められた脳の部位と協働して、他人の意志や気持ちを深く酌み取る助けとなることが分かりました。つまり、脳のこの部位は、共感を生むのです。私たちは言葉を手がかりにするだけでなく、共感によって、他人の気持ちをある程度まで知ることができるのです。そして、HSPは非HSPに比べて、この共感を生む部位が活発に働いているのです。子どもが、残酷なことや不公平なことに動揺しやすいのも当然でしょう。

日本語版の発刊に際して　431

（4）S: ささいな刺激を察知する

　小さな音、かすかな臭い、細かいことに気づくのは、もちろん敏感な人によく見られるものです。中には感覚器が特に発達している人もいますが、大半は、感覚器の反応が大きいのではなく、思考や感情のレベルが高いためにささいなことに気づくのです。これは処理の深さと区別するのが難しい点です。親は、さまざまな場面で、HSCがささいな刺激に敏感なことが分かるでしょう。人や場所の外見上の小さな変化に気づき、家具の配置がちょっと変わったり、置いてあった物がなくなったりしたことに気づきます。変わった臭いがするとその場所に入ることができない、遠くの鳥の声や飛行機のエンジン音が聞こえる、大きな子の場合、芸術作品について、あたかも他の子よりもたくさん見えるかのような観察力を発揮したりもします。声のトーン、視線、あざ笑い、あるいはちょっとした励ましにも気づきます。ささいなことに気づく性質は、スポーツ、芸術の他、学校でも（先生の望むことを察知することを含め）役に立ちますが、プレッシャーや過剰な刺激で疲労するなど、興奮し過ぎた状態では、この鋭い察知力も当然ながら消えてしまいます。これはどんな神経システムにもいえることです。過剰な負荷状態になることがあるのです。

　HSPのこうした性質についても、脳の活動を調べた研究データがあります。まず、似た写真を見せて違いを見つける試験では、試験中、HSPの脳は非HSPに比べてはるかに活発に動いていました。また、前出の文化背景に関する試験では、ささいな違いを見つける能力は、HSPは育ってきた文化の影響を受けていないのに対し、非HSPはその影響を受けていました。これも前述のドイツで行われた、さまざまな向きのLの文字列から、Tの文字を見分ける試験でも、HSPは非HSPよりも速く正確に見つけ出していました。

▌子ども時代に問題を防ぐほうがはるかに簡単

　本書を読んでいるということは、おそらくあなたはすでに、子どものケアをしっかりして、よい子育てをしているのだと思います。これから述べることは、心配させるつもりで書くのではありません。あなたが子どもにポジティブな影響を与えることができると知っていただき、応援するためのメッセージです。私たちの研究から、HSPは不幸を感じやすく心配しやすい傾向があると分かりました[*12]。この点について、私は、育ち方に関係があるのではないかと考えていました。敏感な人は、若い時は特にストレスの影響を受けやすいのではないかと思ったのです。そして実際、研究結果からそのとおりであることが分かりました。さまざまな調査で、不幸な子ども時代を送ったHSPは、同じく不幸な子ども時代を送った非HSPに比べ、落ち込み、不安、内向的になりやすい傾向がありました。でも、じゅうぶんによい子ども時代を送ったHSCは、非HSCと同様、いやそれ以上に幸せに生活しているのです。HSCはそうでない子よりも、よい子育てや指導から多くのものを得ることができるということです。

　HSPは子ども時代の影響を大きく受けています。私が本書を書いた大きな理由はそこにあります。大人になってから過去の傷を癒やそうとするよりも、子ども時代に問題を防ぐほうがはるかに簡単です。HSPはいかにも傷つきやすく見えるかもしれません。でも、研究結果を集めてみると、それ以上のことが分かってきました。本書では（その重要性をじゅうぶんに認識しないまま）そうした研究のいくつかを紹介しています。例えば、W・トーマス・ボイスのチームによる、1995年の研究では、「『感受性が強い』子どもは、ストレスのかかる環境では、病気やケガにかかりやすいが、比較的ストレスがかからない家庭や教室では、他の子どもに比べて病気やケガが少ない」という発見があったのもその一つです。

　しかしながら、本書を書いて以降、ジェイ・ベルスキーとマイケル・

プルースによって、敏感さのマイナス面ばかりに注目するのは間違いだと指摘され、「差次感受性（differential susceptibility）」というテーマが、子どもの成長に関する研究で注目を集めるようになりました。[*13]
HSCは周囲から、反応が強いとか、身体面でのストレスを受けやすい、内気、引込み思案、あるいは、抑うつや不安症に関係する遺伝子を持っていると評価されることが多いのですが、これらのいずれの面も、例えば良質の子育てを受けるなど、よい環境に置かれた場合には、他の子よりもプラスに作用します。「プラスに作用する」「有益になる」とは、成績がよい、モラルのある行動を執れる、ということから、社会的な競争力を持つ、自己を制御することができる、愛されることへの安心感がある、ということまで、あらゆることを意味します。特に母親がポジティブでしっかりと子育てをしているケース、親が子育てのスキルを身につけたケース、子どもが抑うつ状態の時の対処法を学んだケース、児童養護施設にいた子どもがスキルのある里親のもとに引き取られたケースなど、こうしたプラスの影響を最も大きく受けるのが、「感受性」が高く、「敏感」な子どもたちです。敏感な子は、そうでない子に比べて悪い環境を吸収するだけではなく、よい環境も人一倍吸収するのです。[*14]

　マイケル・プルースは敏感な子どもに見られる、この「ポジティブな側面」に注目し、これを「敏感力（Vantage Sensitivity）」と名づけました。[*15]例えば、HSPはポジティブな印象の写真、あるいはポジティブな表情を浮かべた人の写真に特に強く反応します。一般的に人間が怖いことに強く反応するなら、このポジティブな性質によって、HSCは周囲のよいこと（愛、心遣い、有益なアドバイス、美しい芸術、面白い情報など、あらゆること）に、他の子よりも目を向けて、そこからプラスになることを吸収しているといえるでしょう。

　プルースは「敏感力」を「回復力」と対比させ、回復力のある人は悪い出来事の影響を受けにくいが、おそらくよいことの影響も受けに

くい可能性があると述べています。子どものことを「回復力に欠けている」と思う方は、このことを心にとどめておいてください。

この大規模な研究結果から、「お子さんは、ある意味では、最終的に他の子よりもうまくいく可能性がある」「人生は競馬のようなもので、お子さんを『勝ち馬』に育てることはできる」ということを伝えたいのではありません（ただし、子どもについて心配している親にとっては、このこともうれしい事実でしょう）。ここで言いたいのは、HSCの親は、非HSCの親よりも、子どもの持っている最高のものを引き出すことができるということです。子どもは、あなたが提供すべき全ての助けや知恵に反応する準備が、他の子よりもできているのです。

▍人一倍敏感な性質は、主に遺伝子で決まる

第2章で、私はスティーヴン・スオミによって報告された「差次感受性（differential susceptibility）」の初期の研究を引用しましたが、スオミはすでに、「興奮しやすい」、つまりストレスの影響を受けやすい特別な遺伝的変異で生まれた、少数派のアカゲザルについての研究をしていました[*16]。しかし、この少数派のサルも、スキルのある母ザルに育てられると、他のサルと遜色ない力を発揮し、群れのリーダーになることも珍しくありませんでした。本書の執筆当時は、HSPがこのサルと同じ遺伝的変異であることを示すデータがなかったため、サルの行動の遺伝的な背景については書いていませんでしたが、ここで記しておきます。

後で分かったことですが、アカゲザルも人間も、どちらも脳が使うセロトニンの量の違いによる、正常な変異でした。「興奮しやすい」サルは、「興奮しやすい」人間、つまり不安や抑うつ状態になりやすい人と同じ変異が見られました。しかし、この変異のある人の大半は、不安症や抑うつ状態にはなりません。それどころか、セロトニンに関

日本語版の発刊に際して　435

する遺伝的変異は「差次感受性」をもたらす主因なのです。つまり、サルであれ人であれ、この変異は、学んだことをしっかりと記憶する力、意志決定力、優れた精神機能といった多くの利益をもたらすのです。[17]

　本書でこのサルの研究について紹介して以降、デンマークのセシリー・リヒトの研究チームが、HSPにも同じ遺伝子変異が見られることを示唆する研究を発表しましたが、これは驚くことではありません。[18] この遺伝子変異は、どちらも極めて社会的で、さまざまな環境に適応できる、人間とアカゲザルという2種類の霊長類に見られました。とすれば、これらの持つ適応力は、群れの中で特に敏感なメンバーが、食べたことのない食べ物が安全かどうか、どの場所が危険かといった細かいことを察知でき、新しい場所で生き残れたからこそ得られたと考えることもできそうです。

　HSP、HSCの誰もがセロトニンに関する遺伝子変異があるわけではありません。敏感になる遺伝子には多くの経路があると考えられています。例えば、中国のチェンの研究チームが、ドーパミンに関連する7つの遺伝子が、HSPの評価基準と関係することを発見しています。[19] これも一つの変異といえるでしょう。近年のエピジェネティクス、つまり遺伝子は環境で変化するという考えからは、敏感な性質には、遺伝子以外にも要因があると考えることもできそうです。しかし、私は、研究によって見えてきた「敏感性の進化的な理由」という観点から、人一倍敏感であるという性質は「主に」遺伝子で決まると考えています。

■ 少数派なのは、種が生き残るためのユニークな戦略

　第1章では、観察研究が行われている段階で、データがまだ少ないという話をしました。しかし現在では、かなりのデータが得られています。第1に、この性質は、人だけではなく他の種でも見られること

からも、障害や問題、弱点ではないということです。第1章では例を
3つ挙げましたが、現在では100以上を挙げることができます。[20]いず
れの種でも、環境のささいな局面に敏感なのは、少数派です。ドイツ
のマックス・ヴォルフの研究チームがコンピューターを用いてこの敏
感さ、つまり「生物学的応答性（biological responsivity）」の進化の過
程をシミュレーションしました。[21]基本的に、ささいなことに気づいた
り、世界の仕組みや情報を深く処理すること、今の状況と、これまで
に経験してきた似た状況を比較することは、その労力に見合う価値が
あることもあれば、そうでないこともあります。特に、神経系を酷使
する場合、時間の無駄になることもあります。だから、誰もかれもが
敏感なわけでなく、少数派が敏感になるのでしょう。実際、みんなが
敏感だったら、誰にとってもよいことはありません。渋滞にはまって、
皆が迂回路を知っていてそこを目指していけば、また新たな渋滞が起
きるようなことになります。

　想像してみてください。あなたの子どもが、暑い日に遊び場で、ち
ょっとした木陰を見つけていたとします。ほとんどの子は暑くてぐっ
たりしてもその場所に気づきません。長い目で見た時、子どもが他の
子よりうまく生きていけるかどうかは分かりません。しかし、子ども
は自分が学んだことに人一倍反応するので、自分の健康に気を遣い、
タイヤが擦り減ったことに気づき、自分の子を危険から守ることがで
きるようになることは確かでしょう。

　現在、種の中の「個性」に関するこうした変異について、生物学的
研究が進んでいます。変異という、生き残りのためのユニークな戦略
がなければ、種として生き延びることができないのは明らかです。つ
まり、あなたの子どもの気質は、どんなに人と違っていたとしても、
しかるべき理由があったからこそ、ヒトの遺伝子の中に存在している
のです。

「誰もが多少は敏感だから」ではなく、0か100か

　本書で取り上げてから、今日までに多くのことが分かってきましたが、敏感性は程度の差ではないということが一つのポイントです。つまり、敏感という性質をグラフにすると、身長や体重のように大部分の人が中間値付近に分布するような、なだらかな山形になるのではなく、右端か左端かに偏っているのです。0か100かどちらかで、多数派が片方に位置し、少数派がもう片方に位置します。敏感であることと一見似たように見える子どもの「引っ込み思案」も、程度の差ではないといわれていましたが、現在、敏感性についても同じであると、フランツィスカ・ボリースがドイツのビーレフェルト大学の博士論文で示しています。[*22] HSP をはじめとする900を超える事例に、それが分類できるのか、程度の差なのかを区別する特殊な統計手法を用いて調べました。そして、他のテストの評価にかかわらず、敏感であるというのは一つの種類であって、程度の差ではないことが分かりました。あなたは HSP か非 HSP のどちらかで、子どもも HSC か非 HSC かのどちらかなのです。もし誰かに「この子は特別変わっているわけではない。誰もが多少は敏感だから」と言われたら、このことを説明してください。

　もちろん、自己報告や親による報告は正確ではありません。大半の人は、この特性がないのでスコアの中間値に分布します。例えば、全ての項目に中間の答え方をする人もいますし、好奇心や怒りっぽさなどの、他の特性で、敏感性が隠れてしまうこともあります。結局のところどの HSC も、どの人も、ユニークな存在なのです。

世界は素敵に成長した HSP を必要としています

　ここを書くにあたり、本文を読み返してみることにしました。同じことを再び言うことになるだろうと予想していたのですが、再読してみて改めて、皆さんに送りたいいちばん重要なメッセージが見えてき

ました。それは、世界は素敵に成長したHSPを必要としているということです。これは切実にです。慎重に考え、深く感じ、ささいなことに気づき、最終的には大局を見ることができる人材を、今ほど必要としている時代はありません。これからもっと必要となるでしょう。でも、そうした人は、そうでない人の考えや思考、注意力の及ばない点について、声を上げ、主張していく勇気を持たなくてはなりません。

　子どもをきちんと育てることは簡単ではありません。でも、その方法と意義が分かれば大きな力になります。本書が、子どもを育てる指南書としてだけでなく、その重大さを知っていただく助けとなることを願っています。親や教師の助けでHSCが自分の価値を知り、自分自身の視点を育て、周囲の敏感でない人とうまくやっていく方法をも見つけることができれば、それ自体が、世界全体を大きく変えていくことになります。あなたが子育ての他に何をしていたとしても、HSCを世界に送り出す仕事をしていること、今、子どもが素晴らしい人生のスタートを切るためのサポートをしていること、それだけで、私たちに大きな貢献をしてくれているのです。心からの感謝を送ります。

2015年2月

日本語版の発刊に際して　参照文献

第1〜11章に述べた内容については416ページから記載しています。

1: 2011年に行われた研究のサマリーについては、

E. N. Aron, A. Aron and J. Jagiellowicz, "Sensory processing sensitivity: A review in the light of the evolution of biological responsivity," *Personality and Social Psychology Review* 16 (2012):262–282

2: E. N. Aron, *Psychotherapy and highly sensitive person: Improving outcomes for that minority of people who are the majority of clients* (New York: Routledge, 2010).

3: J. Jagiellowicz, X. Xu, A. Aron, E. N. Aron, G. Cao, T. Feng, and X. Weng, "Sensory processing sensitivity and neural responses to changes in visual scenes," *Social Cognitive and Affective Neuroscience* 6 (2011):38–47.

4: A. Aron, S. Ketay, T. Hedden, E. N. Aron, H. R. Markus, and J. D. E. Gabrieli, "Temperament trait of sensory processing sensitivity moderates cultural differences in neural response," Special Issue on Cultural Neuroscience, *Social Cognitive and Affective Neuroscience* 5 (2010):219–226.

5: B. Acevedo, A. Aron, E. N. Aron, "Association of sensory processing sensitivity when perceiving positive and negative emotional states" (2010).

6: A. D. Craig, "How do you feel—now? The anterior insula and human awareness," *Nature Reviews Neuroscience* 10 (2009):59–70.

7: F. Gerstenberg, "Sensory-processing sensitivity predicts performance on a visual search task followed by an increase in perceived stress," *Personality and Individual Differences* 53 (2012):496–500.

8: T. D. Wachs, "Relation of maternal personality to perceptions of environmental chaos in the home," *Journal of Environmental Psychology* 34 (2013):1–9.

9: F. R. Baumeister, D. K. Vohs, N. C. DeWall, and L. Zhang, "How emotion shapes behavior: Feedback, anticipation, and reflection, rather than direct causation," *Personality and Social Psychology Review* 11(2) (2007):167–203.

10: J. Jagiellowicz, "The relationship between the temperament trait of sensory processing sensitivity and emotional reactivity" (2012).

11: ミラーニューロンについて詳しくは、

M. Iacoboni, *Mirroring people: The new science of how we connect with others* (New York: Farrar, Straus, and Giroux, 2008).

12: E. N. Aron, A. Aron, and K. Davies, "Adult shyness: The interaction of temperamental sensitivity and a negative childhood environment," *Personality and Social Psychology Bulletin* 31 (2005):181–197.

13: J. Belsky, and M. Pluess, "Beyond diathesis stress: Differential susceptibility to environmental influences," *Psychological Bulletin* 135(6) (2009):885–908.

14: M. Pluess, and J. Belsky, "Vantage sensitivity: Individual differences in response to positive experiences," *Psychological Bulletin* (2012, October 1).

15: 同上

16: S. J. Suomi, "Genetic and maternal contributions to individual differences in Rhesus monkey biobehavioral development," *Psychobiological aspects of behavioral development*, eds. Krasnogor E. M. Blass, M. A. Hofer, and W. P. Swothervon (New York: Academic Press, 1987), 397–419.

S. J. Suomi, "Up-tight and laid-back monkeys: Individual differences in the response to social challenges," *Plasticity of development*, eds. S. Brauth, W. Hall, and R. Dooling (Cambridge, MA: MIT Press, 1991), 27–56.

S. J. Suomi, "Early determinants of behaviour: Evidence from primate studies," *British Medical Bulletin* 53 (1997):170–184.

17: 14に同じ。

サルにおける同様の発見については、

H. P. Jedema, P. J. Gianaros, P. J. Greer, D. D. Kerr, S. Liu, J. D. Higley et al., "Cognitive impact of genetic variation of the serotonin transporter in primates is associated with differences in brain morphology rather than serotonin neurotransmission," *Molecular Psychiatry* 15 (2009):512–522.

18: C. Licht, E. L. Mortensen, and G. M. Knudsen, "Association between sensory processing sensitivity and the serotonin transporter polymorphism 5-HTTLPR short/short genotype," *Biological Psychiatry* 69 (2011), (supplement for Society of Biological Psychiatry Convention and Annual Meeting, abstract 510).

19: C. Chen, C. Chen, R. Moyzis, H. Stern, Q. He, H. Li, and Q. Dong, "Contributions of dopamine-related genes and environmental factors to Highly Sensitive Personality: A multi-step neuronal system-level approach," *PLoS ONE* 6 (2011):e21636.

20: M. Wolf, S. Van Doorn, and F. J. Weissing, "Evolutionary emergence of responsive and unresponsive personalities," *PNAS* (2008) 105(41), 15825.

21: 同上

22: F. Borries, "Do the 'Highly Sensitive' exist? A taxometric investigation of the personal construct of sensory-processing sensitivity" (2012).

──訳者あとがき──

明橋　大二

　この本は、2002年にアメリカで出版された、エレイン・N・アーロン著『The Highly Sensitive Child』の全訳です。

　翻訳に当たっては、著者の言わんとすることをできるだけ正確にお伝えすると同時に、この本を、専門家のみならず、ぜひ一般の方に読んでもらいたいという願いから、できるだけ分かりやすく、平易な言葉に置き換えるよう努めました。

　それでも、読者の中には、ここの文章は分かりにくい、などと感ずる人もあると思います。それは全く私の力不足によるものです。どうかお許しいただきたいと思います。

　この本の読み方について訳者より一つアドバイスをしたいと思います。パート１は、全てのHSCに共通する特徴と対応が書かれているので、一通り読んでいただければと思います。パート２はそれぞれの年代別に分かれているので、まずはお子さんの年齢に当てはまる章から読まれてもよいと思います。お子さんの成長に従って、少しずつ読み進める、という読み方もあると思います。

　人一倍敏感な子どもに接する時の、きめ細かいアドバイスの底にある、アーロン氏の、優しさ、温かい人柄が、少しでも読者の皆さんに伝われば幸いです。

　最後に、この本の翻訳に多大な協力を頂いた、梶浦真美さん、ならびに、１万年堂出版編集部の皆さんに心から感謝します。

10歳までの子育てに大切なこと

みんな輝ける子に

子どもが10歳になるまでに、周りの大人が大切にしたいこと

明橋大二 著 | 定価 本体1,300円+税 四六判 オールカラー
224ページ ISBN978-4-925253-89-5

誤った常識が、子どもや親を、二重三重に傷つけています

（主な内容）

- 叱っていい子といけない子がいる
- 「がんばれ」より、「がんばってるね」と認めるほうがいい
- 10歳までは、しっかり甘えさせる。そうすることで、心の安定した、いい子に育つ
- 「ほめて育てる」と、自信がつく子と、逆効果になる子があります
- 子どもから、「どうせ」という言葉が出てきたら、気をつけなければなりません
- キレる子どもや、引きこもりの原因は、しつけがなされていないからではない
- 「手のかからない、いい子」は、ほめられ続けないと不安なので、休むことができず、大変苦しいのです
- いじめを苦にして自殺するより、不登校という道を選ぶほうが、よほどましだと、私は思います

子どもに関するQ&A 30問も掲載

- **Q** 「甘やかす」と「甘えさせる」は、どう違うのか
- **Q** きょうだいげんかがひどいです
- **Q** 子育ての中で、父親の役割とは？
- **Q** 家で悪い子、学校で良い子に、どう接したらいいの？
- **Q** 息子がアスペルガー症候群と診断
- **Q** 乱暴な子に、どう対応したらいいの？
- **Q** 「やればできるんだから」と子どもを励ましても、ちっともやろうとしません
- **Q** 子どもが、スーパーで万引きをしました
- **Q** 共働きで、じゅうぶん、子どもに接する時間をとることができません など

揺れ動く10代の子どもの心

見逃さないで！
子どもの心のSOS

思春期に がんばってる子

明橋 大二 著　　定価 本体1,300円+税　四六判
304ページ　ISBN978-4-925253-67-3

揺れ動く10代の子どもに、どう接すればいいのでしょうか。精神科医・スクールカウンセラーとして、いじめ、不登校、引きこもり、自殺などに真っ正面から取り組んできた著者が、30年の診療から得た全てを記しました。この本の、正しい知識と具体的なアドバイスが、必ずや、子どもに接する大人に大きな安心感を届けることでしょう。それがそのまま「このままじゃ生きていけないよ」とSOSを発している子どもを救うことにつながります。

(主な内容)

- 身体の成長は、目で見て分かるが、心の成長は、目で見て分からない。
  具合が悪くても、すぐには気づきません

- 人間が生きていくうえで、甘えは絶対必要なものです。
  決して「甘えるな」と言ってはならない

- 甘えが満たされる時、「自分は愛される価値のある存在なんだ」と感じます。
  この土台があって初めて、しつけや学力が身についていきます

- 傷ついている人や疲れている人への禁句
  「もっとがんばれ」「甘えるな」「それは逃げだ」「気の持ちようだ」……

- 不登校は、「心のサーモスタット」が切れた状態。
  これ以上、心が壊れるのを防ぐための、自然な、正常な反応です

- いじめられている人は、ものすごくつらい中でも、
  必死に耐えている、本当にりっぱな人です。
  「いじめられるおまえも悪いんだ」とは、絶対に言ってはなりません

- 子どもが「いじめ」に遭って、
  悪循環に陥らないために、親や周囲が心がけておくとよいこと

- 体罰は、なぜいけないのか。大人の認識が甘すぎる

子育てを見つめ直すきっかけに

心の声に耳を傾ける

親と子の心のパイプは、うまく流れていますか？

これ一つ解消すれば、子どもは輝いていく

明橋大二 著

定価 本体1,300円+税　四六判
272ページ　ISBN978-4-925253-99-4

親も、悪くない。子どもも、悪くない。問題の根っこは、心の「パイプ詰まり」にあります

(主な内容)

- なぜ、伝えようとすればするほど、逆効果になるのでしょうか

- 「子どもと、コミュニケーションを、うまく取れない」と感じたら……

- 親と子の「心のパイプ」が詰まると、子どもに心配な行動が現れてきます

- パイプ詰まりの原因と予防法
  乳幼児期、学童期、思春期
  年代ごとにアドバイスします

- 子どもの心を、
  一日も早く回復させるために
  親がやるべきこと、
  決してやってはいけないこと

- 体罰は、子どもの心の成長を、大きくゆがめてしまいます

- ウソをつく子どもの気持ちも
  全部ひっくるめて、
  そのまま信じましょう

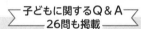
子どもに関するQ&A
26問も掲載

- **Q** 子どもを叱る時に、注意することは？
- **Q** 子どもが、いじめに遭わないかと心配です
- **Q** 子どもが反抗的で、ちっともかわいく思えません
- **Q** キレない子に育てるには？
- **Q** 子どものしつけ方について教えてください
- **Q** 父親が、不登校の娘を理解しようとしません
- **Q** 娘が、なかなか学校へ行こうとしません。いじめを乗り越えるには？
- **Q** 引きこもっている子どもに、どう対応すれば？
- **Q** 子どもが、少しも自分の非を認めようとしません
- **Q** 高校一年の長女が、摂食障害になりました　など

マンガで楽しく、心がかる～くなる

HSCの子育てハッピーアドバイス

HSC＝ひといちばい敏感な子

明橋大二 著
イラスト 太田知子

定価 本体1,200円+税
四六判 オールカラー 232ページ
ISBN978-4-86626-034-1

敏感さは、すてきな自分らしさ

敏感な子の子育ては、そうでない子の子育てと、違うことがたくさんあります。HSCの日常や、自己肯定感を育むアドバイスが、マンガでわかります。

（主な内容）

- 「甘やかすからわがままになる」というのは間違いです

- 敏感な子がイキイキと伸びるために親ができること

　↳ HSCは、自分を責めてしまいます

対応
いいところを見つけてほめるようにする

- HSCの特性は、見方を変えれば子どもの長所の表れです

＼HSCの子育ての大原則／
その子のペースを尊重しましょう

〈著者略歴〉

エレイン・N・アーロン

カナダ・ヨーク大学（トロント）で臨床心理学の修士号、アメリカ・パシフィカ大学院大学で臨床深層心理学の博士号を取得。サンフランシスコのユング研究所でインターンとして勤務しながら、臨床にも携わる。各地で HSP のワークショップを開催。
著書『ささいなことにもすぐに「動揺」してしまうあなたへ。』『敏感すぎてすぐ「恋」に動揺してしまうあなたへ。』（ともに冨田香里訳、講談社刊）など。

〈訳者略歴〉

明橋　大二（あけはし　だいじ）

専門は精神病理学、児童思春期精神医療。
昭和34年、大阪府生まれ。京都大学医学部を卒業し、現在、真生会富山病院心療内科部長。児童相談所嘱託医、NPO法人子どもの権利支援センターぱれっと理事長、富山県虐待防止アドバイザー、富山県いじめ問題対策連絡会議委員として、子どもの問題に関わる。
著書『なぜ生きる』（共著）、『子育てハッピーアドバイス』シリーズ、『みんな輝ける子に』『見逃さないで！子どもの心のSOS　思春期に がんばってる子』『心の声に耳を傾ける　親と子の心のパイプは、うまく流れていますか？』など。
『子育てハッピーアドバイス』は、シリーズで490万部を超えるベストセラーとなり、韓国、中国、台湾、タイ、ベトナムでも翻訳出版されている。
● 明橋大二ホームページ　http://www.akehashi.com/

翻訳協力　梶浦　真美（株式会社トランネット）

ひといちばい敏感な子

子どもたちは、パレットに並んだ絵の具のように、さまざまな個性を持っている

平成27年(2015) 2月16日　第1刷発行
平成31年(2019) 1月11日　第8刷発行

著　者　エレイン・N・アーロン

訳　者　明橋　大二

発行所　株式会社 1万年堂出版

〒101-0052　東京都千代田区神田小川町2-4-20-5F
電話 03-3518-2126　FAX 03-3518-2127
https://www.10000nen.com/

装幀・デザイン　遠藤 和美

印刷所　凸版印刷株式会社

©Daiji Akehashi 2015, Printed in Japan　ISBN978-4-925253-84-0 C0037
乱丁、落丁本は、ご面倒ですが、小社宛にお送りください。送料小社負担にてお取り替えいたします。定価はカバーに表示してあります。